会计基础与实务

韦绪任　杨　军　主　编

北京理工大学出版社
BEIJING INSTITUTE OF TECHNOLOGY PRESS

内 容 简 介

本教材是根据最新修改的《中华人民共和国会计法》《企业会计准则》编写的，在全面营改增的背景下，采用了最新的业务案例，引入了大量的新政策，如固定资产最新抵扣政策、会计档案最新保管期限等。本教材由具有丰富实战经验的韦绪任、杨军老师主编，融入了大量的实战业务案例，理论与实战紧密结合，达到学以致用的目的。在编写上，采用项目形式，总共分为十一个项目，每个项目都有学习目标、引例、业务分析、习题与实训，突出理论与实战结合。

本教材适合应用型本科院校、高职高专经济管理类专业学生使用。

图书在版编目（CIP）数据

会计基础与实务/韦绪任，杨军主编 . —北京：北京理工大学出版社，2018.1

ISBN 978 - 7 - 5682 - 5136 - 5

Ⅰ. ①会… 　Ⅱ. ①韦… 　②杨… 　Ⅲ. ①会计学 – 高等学校 – 教材 　Ⅳ. ①F230

中国版本图书馆 CIP 数据核字（2018）第 000465 号

出版发行／北京理工大学出版社有限责任公司

社　　　址／北京市海淀区中关村南大街 5 号

邮　　　编／100081

电　　　话／（010）68914775（总编室）

　　　　　　　（010）82562903（教材售后服务热线）

　　　　　　　（010）68948351（其他图书服务热线）

网　　　址／http：//www. bitpress. com. cn

经　　　销／全国各地新华书店

印　　　刷／北京盛彩捷印刷有限公司

开　　　本／787 毫米×1092 毫米　1/16

印　　　张／16　　　　　　　　　　　　　　　　　责任编辑／王晓莉

字　　　数／380 千字　　　　　　　　　　　　　　文案编辑／王晓莉

版　　　次／2018 年 1 月第 1 版　2018 年 1 月第 1 次印刷　　　责任校对／周瑞红

定　　　价／59. 80 元　　　　　　　　　　　　　　责任印制／施胜娟

前　　言

　　会计是经济管理类专业学生的基础必修课程，通过学习该课程，学生可以掌握会计入门知识的基本理论、基本方法和基本操作技能。该课程既是一门基础主干课程，又是财会类专业的核心课程。

　　本书以最新修订的《企业会计准则》及其应用指南为依据，采用项目和任务的形式，根据会计工作的特点和工作的流程编排教学内容。本书主要阐述了会计入门知识的基本理论、基本方法，以实际工作案例促进学生掌握做账基本技能，通过安排企业筹资过程、供应过程、生产过程、销售过程、利润形成及分配过程等环节，有效巩固和提升学生的核算基本技能；通过填写原始凭证、记账凭证、登记账簿、编制会计报表等环节，强化做账技能的应用。

　　本书具有以下几个方面的特点：

　　（1）创新性。根据最新的《企业会计准则》以及应用指南，结合企业会计的特点与时俱进，结合全面营改增的背景，创新性地融合企业税务知识，达到接触知识前沿的目标。

　　（2）基础性。运用会计基本原理与方法，为学生奠定扎实的会计理论基础和实际操作技能，强化基础会计知识与基本实务的操作。

　　（3）应用性。融入丰富的案例资料，结合企业会计工作的流程和特点，由浅入深，简明扼要，通俗易懂，凸显应用性，实现学以致用。

　　本书共有十一个项目，内容包括认识会计，认识会计要素与会计等式，认识和使用原始凭证，认识会计科目、账户与记账方法，掌握企业主要经济业务的核算，认识和使用记账凭证，认识和使用会计账簿，期末会计处理，认识和使用会计报表，认识会计核算形式，认识会计工作组织等。

　　本书由韦绪任担任第一主编，杨军担任第二主编。其中，项目一、项目四、项目五、项目七、项目八、项目九由韦绪任编写；项目二、项目三、项目六、项目十、项目十一由杨军编写，全书课后习题和实训资料由韦绪任编写，最后由韦绪任修改并定稿。

　　本书在编写过程中，参考了大量国内外有关专家、学者的论著、教材，吸收了一些最新的研究成果，在此表示衷心的感谢。

　　由于编者水平有限，教材中难免存在疏漏或不足，恳请广大读者和同行批评指正。

韦绪任

2017 年 4 月

目　录

认识会计

学习目标

认识会计的发展历程、概念、特点；

理解会计的对象、资金运动的过程、会计信息质量要求；

掌握会计的基本职能、基本假设及会计基础。

引 例

会计老韦的账

有一天资深会计老韦到外地出差，路过一家新开的餐厅，老韦看见餐厅的广告牌写着"吃饭打8折"，于是决定在这家餐厅吃午饭。最后账单显示"消费共90元"，服务员要求老韦付款90元，老韦诧异道："不是说打8折吗？"再仔细一看，广告牌下面写着一行小字："满100元起。"于是老韦又点了一杯10元的饮料，这样他一共消费了100元，那么打折之后，就是80元。于是老韦付了80元，高兴地走了。

任务一　认识会计的内涵

一、会计的产生和发展

人类的生存、发展很大程度上依靠物质资料，没有物质资料的供给，人类就无法生存，更不用说发展。在漫长的人类改造自然的活动中，物质资料的生产是连续不断的，随着经济社会发展的需要，会计因适应人类物质资料生产的经营管理需要应运而生，并随着经济社会的变迁、发展而得到完善。会计作为一项记账、算账和报账活动，属于一种经济管理活动。实践证明，经济越发展，社会越进步，经济业务越复杂，会计就越重要。

会计从产生至今，已经有几千年的历史，具体分为三个阶段。

（一）古代阶段

我国原始社会末期，随着社会分工的需要和劳动产品的分配、交换、消费等问题不断出现，"记录数据"慢慢地成为生活不可缺少的部分，人们尝试着以实物、结绳、刻契等方式来表现经济活动的数量关系。我国最早出现有文字记录的会计业务事项是在商朝的甲骨文里。《周礼》记载，西周国家设立"司会"一职对业务收支活动进行"月计岁会"，又设司书、职内、职岁和职币四职分理会计业务，其中司书掌管会计账簿，职内掌管财务收入账户，职岁掌管财务支出类账户，职币掌管财务结余，并建立了定期会计报表制度、专仓出纳制度、财物稽核制度等。

随着社会的进步，到唐宋时期，我国的会计理论与方法得到进一步的完善，如形成《元和国计簿》《太和国计簿》《会计录》等会计著作。其中，《元和国计簿》和《太和国计簿》分别由唐代专家李吉甫、韦处厚撰写，是反映唐代人口、赋役、财政、税收等的专门资料；《会计录》为宋代人撰写，是一种按照国家规定的财计体制和财政收支项目归类整理，并加以会计分析的经济文献。在唐宋时期，"四柱结算法"得到全面推广。所谓"四柱"，是指旧管（上期结余）、新收（本期收入）、开除（本期支出）和实在（本期结存）四个栏目。

随着经济社会变迁，到明清时代，出现了《万历会计录》，该专著按旧额、见额、岁入、岁出汇录了人户、田粮、军饷、俸禄及各种税收和交通运输等统计资料，编排规律有序，数据先后可查，并突出了财务收支项目的对比关系，便于查阅和分析。在明末清初，我国出现了"龙门账"。龙门账是山西人傅山根据"四柱结算法"原理设计出的商业会计核算方法，在民间得到广泛的应用，其要点是将全部账目划分为进、缴、存、该四大类。"进"指全部收入，"缴"指全部支出，"存"指资产（并包括债权），"该"指负债（并包括业主投资），四者的关系是：该 + 进 = 存 + 缴，或进 − 缴 = 存 − 该。也就是说，结账时"进"大于"缴"或"存"大于"该"即为盈利。傅山将这种双轨计算盈亏，并检查账目平衡关系的会计方法称为"龙门账"。"龙门账"的诞生标志着中式簿记由单式记账向复式记账的转变。

（二）近代会计阶段

1494 年，意大利数学家卢卡·帕乔利在《算术、几何、比及比例概要》中全面阐述了复式计账法的基本原理，标志着近代会计的形成，这是会计史上的又一个里程碑。

工业革命之后，会计理论、会计方法得到新的发展，出现了有关会计的重要思想。

1. 折旧思想

在工业革命以前，商业不发达，固定资产非常少，企业使用的固定资产一般都不进行摊销，而是一直使用到报废时一次性结转固定资产的价值。但是，随着商业化程度的提高，固定资产日益增多，成为企业生产经营活动的重要组成部分。人们应当按照一定的比例和方法将固定资产使用中的损耗纳入盈亏计算中，这就形成了"折旧"的理念。

2. 划分资本与收益

随着商业活动的发展，企业规模越来越大，投资者与经营者分离成为企业的一个明显特征。投资者出钱投资，委托职业经理人管理企业。在信息不对称及监管手段不完善的条件下，投资者更加关心投入资本所带来的收益。因此，必须将投资者的投资与投资收益进行严格的区分，会计人员应当严格区分收益性支出与资本性支出，同时也要求进行收入与成本费用配比，损益表成为重要的报表对外披露。

3. 成本会计

重工业的持续发展带动了生产过程的核算。随着企业生产规模的不断扩大，生产产品的工艺和流程日益复杂化，生产过程的制造费用也大量增加，其成为产品成本的重要组成部分。加强对制造费用的核算，有利于产品成本的归集，因此，专门计算企业产品生产耗费的会计模式应运而生，这就是成本会计，它的出现为成本会计制度的出现提供了契机，后来又逐渐形成了以历史成本计价的存货计价模式。历史成本计价方法成为成本会计的主要核算方法。

4. 会计报表审计制度

在投资者与经营者分离的条件下，投资者不参与企业的日常经营管理活动，无法及时获取会计信息，他们将重点放在了投入资本的保值、增值方面。这就要求经营者定期提供反映企业财务状况、经营成果的财务报表，为投资者决策提供依据。但是，由于信息不对称，所以投资者对经营者定期提供的会计报表存在疑惑或者不信任，希望通过第三方独立机构进行审计，提供审计报告，从而形成了会计报表审计制度。

（三）现代会计阶段

现代会计是商品经济发展到一定阶段的产物。欧洲资本主义商品经济的迅速发展促进了会计职能的转变和发展。其主要标志：一是利用货币计量进行价值核算；二是广泛采用复式记账法，从而形成现代会计的基本特征。20世纪以来，特别是第二次世界大战结束后，资本主义的生产社会化程度得到空前的提高，现代科学技术与经济管理科学的发展突飞猛进。受社会政治、经济和技术环境的影响，传统的财务会计不断充实和完善，财务会计核算工作更加标准化、通用化和规范化。与此同时，会计学科在20世纪30年代成本会计的基础上，紧密配合现代管理理论和实践的需要，逐步形成了为企业内部经营管理提供信息的管理会计体系，从而使会计工作从传统的事后记账、算账、报账，转为事前的预测与决策、事中的监督与控制、事后的核算与分析。管理会计的产生与发展，是会计发展史上的一次伟大变革，从此，现代会计形成了财务会计和管理会计两大分支。随着现代化生产的迅速发展、经济管理水平的提高，电子计算机技术广泛应用于会计核算，这使得会计信息的搜集、分类、处理、反馈等操作程序摆脱了传统的手工操作，从而大大地提高了工作效率，实现了会计科学的根本性变革。

二、会计的含义

会计是以货币作为主要计量单位，以凭证为依据，运用一系列专门的方法，对特定主体的经济活动进行全面、系统、连续的核算和监督，为信息使用者提供决策有用信息的一种经济管理活动。

会计具有以下五个方面的特征：
（1）会计以货币为主要计量单位。
（2）会计是一项经济管理活动。
（3）会计是以凭证为依据。
（4）会计具有两项基本职能。
（5）会计具有一系列专门的方法。

三、会计的对象与目标

（一）会计的对象

会计的对象，是指会计核算和监督的内容，即能用货币反映的经济活动，但并不是所有的经济活动都属于会计对象，如经济合同、人事任命等就不属于会计对象。只有以货币表现的经济活动，才是会计核算和监督的内容，即会计对象。在实务中，会计对象又称为资金运动或价值运动，经济活动也称交易或事项。

会计主体的资金运动一般包括资金投入、资金循环与周转、资金退出三个环节，当然，具体到不同的企业、行政事业单位，会有比较大的差异，因为不同的会计主体，其组织形式、管理过程与要求不尽相同，所以在具体企业、行政事业单位中的表现形式就不一样。

一般制造企业的资金运动包含以下三个环节：

1. 资金投入

制造企业没有一定数额的资金是无法开展生产经营活动的，资金是企业存在的基础，是企业发展与抵御风险的保障。从资金的来源看，其主要有投资者投入的资金和债权人借入的资金两部分，投资者投入的资金形成企业的所有者权益，债权人借入的资金形成企业的负债。资金的投入是企业成立的基础，有了资金，企业就可以购买机器设备、原材料等。

2. 资金循环和周转

制造企业的资金循环和周转包括供应、生产、销售三个阶段。有了资金，制造企业就可以租赁厂房、购买机器设备、购买材料等，为生产经营活动做必要的准备，这构成了供应过程。在这个过程中，会产生一些材料的消耗、固定资产的折旧等，这构成了生产过程。在生产过程中，企业与职工、往来单位之间发生工资劳务结算关系，形成生产结算关系。生产结束之后，企业把生产的产品销售出去。在这个过程中，会产生销售费用、相关税费等，同时收回货款、实现资金回笼，这构成了销售过程。在销售过程中，与客户发生货款结算关系，与税务机关发生税务结算关系等，形成了销售结算关系。

综上所述，资金的循环与周转是从货币资金开始依次转化为储备资金、生产资金、产品资金，最后又回到货币资金的过程。

3. 资金退出

资金退出，是指经过投入、循环与周转之后，有一部分资金继续留在企业参与周转，另一部分资金则退出企业，不再参与资金的周转。资金退出包括偿还债务、上缴税费、向所有者分配利润等。

上述资金运动的三个阶段是相互影响、相互制约的统一体，没有资金投入就没有资金循环和周转，没有资金循环和周转就不会有资金退出；没有资金退出，就不会有新一轮的资金投入，就不会有新的资金循环与周转。

（二）会计的目标

会计的目标，是指企业通过会计报表的形式对外提供关于企业在某一特定日期的财务状况、某一会计期间的经营成果及现金流量等会计信息，为会计信息使用者提供对决策有用的会计信息，同时反映管理层受托责任的履行情况。会计报表使用者包括投资者、债权人、政府部门和社会公众等。满足投资者的信息需求是企业编制会计报表的立足点，如果企业提供的会计报表信息与投资者的决策需求无关，则表明会计报表就失去了存在的意义。一般来说，会计报表能够满足投资者的会计信息需求，也可以满足其他信息使用者的信息需求。

【例1-1】下列各项中，属于会计报表目标的有（   ）。

A. 反映某一特定日期财务状况

B. 某一会计期间经营成果

C. 某一会计期间现金流量

D. 管理层受托责任履行情况

【例1-2】下列各项中，属于会计信息使用者的有（   ）。

A. 投资者　　　　B. 债权人　　　　C. 管理者　　　　D. 社会公众

四、会计的职能

会计的职能，是指会计在经济管理过程中所具有的功能，包括基本职能和拓展职能。现代会计具有很多功能，如会计核算、会计监督、预测经济前景、参与经济决策、参与经济管理等，但是，会计的基本职能只有两个：一是会计核算，二是会计监督。

（一）会计核算职能

会计核算职能也称会计反映职能，是指会计以货币为主要计量单位，对特定主体的经济活动进行确认、计量和报告，如实反映特定主体财务状况、经营成果和现金流量等会计信息，为信息使用者提供对决策有用的会计信息。其中，确认是运用专门的会计方法、通过文字和数字金额同时描述某一交易或事项的会计程序；计量是用货币或其他计量单位反映某一交易或事项过程及其结果的会计程序；报告是在确认、计量的基础上，对特定主体的财务状况、经营成果和现金流量情况，以会计报表的形式向有关方面披露。

1. 核算职能的特征

（1）会计核算主要以货币为主要计量单位，从数量上反映会计主体的经济活动。由于经济活动的复杂性和多样性，只有以货币为主要计量单位，以实物计量单位和劳务计量单位为辅助计量单位，将发生的经济业务从数量方面如实地反映出来，通过一定的原理和手段，将经济业务转化为会计信息，才能既从总体上反映经济活动，又从明细上反映经济活动。

（2）会计核算具有连续性、系统性和完整性。连续性，是指会计核算要对会计对象进行连续的确认、计量、记录和报告；系统性，是指会计核算应采用科学的程序和方法，运用一定的手段确保提供的会计信息成为一个有机的整体，满足不同信息使用者的需要；完整性，是指企业应当对属于本企业的所有会计对象进行确认、计量、记录和报告，不得遗漏，更不得隐瞒。

2. 会计核算的内容

会计核算贯穿于企业经济活动的全过程，是会计的首要职能。会计核算的具体内容包括：

（1）款项和有价证券的收付。款项，是指作为支付手段的货币资金，主要包括库存现金、银行存款，其他货币资金。其中，其他货币资金包括：银行汇票存款、银行本票存款、信用卡存款、信用证保证金存款、存出投资款、外埠存款等。有价证券，是指代表一定财产拥有权或支配权的证券，主要包括股票、债券、基金等。

款项和有价证券是企业流动性最强的资产，企业应当按照国家的有关规定，加强对款项和有价证券进行管理，保证其安全完整和高效运转。

（2）财物的收发、增减和使用。财物，是指企业拥有或控制的财产物资，是看得见摸得着的实物资产。财务一般包括原材料、燃料、包装物、低值易耗品、在产品、半成品、产成品、商品等流动资产和房屋建筑物、机器设备、设施、运输工具等固定资产。财物的收发、增减和使用是企业资金运动的重要组成部分，是会计核算中常见的业务。因此，加强对财物的监管，有助于企业控制成本和降低成本，有助于保障财物的安全、完整，防止资产流失。

（3）债权债务的发生和结算。债权债务，是指企业基于过去的业务所拥有的权利或义务。其中，债权，是指企业基于过去的业务具有的应收款项的权利，主要包括应收账款、应收票据、其他应收款、预付账款、长期应收款等；债务也称负债，是指企业基于过去的业务需要承担的应付款项的现时义务，主要包括短期借款、应付票据、应付账款、预收账款、应付职工薪酬、应交税费、应付股利、其他应付款、长期借款、应付债券、长期应付款等。

债权债务是企业在日常活动中产生的，其发生的类型、时间、规模等会直接影响到企业的财务状况、经营成果和现金流量。因此，企业应加强对债权债务的核算，如实地反映企业的债权债务情况，以有助于控制企业资金运转，有助于企业稳定发展。

（4）资本、基金的增减。资本，是指投资者投入企业的资本，包括实收资本和资本公积两部分。资本是企业成立的前提，没有资本，企业就无法成立和发展，资本是明确投资者权利和利益分配的依据，是现代企业产权化标准。基金，是指具有特定目的和用途的资金，主要包括事业发展基金、集体福利基金、社保基金等。资本、基金的增减都会引起企业资金的变化，会计机构、会计人员必须及时办理会计手续，进行核算。

（5）收入、支出、费用、成本的计算。对企业来说，收入是企业在销售商品、提供劳务等日常经济活动中所形成的经济利益的总流入；支出是企业在日常活动和非日常活动中发生的经济利益的流出；费用是企业在生产和销售商品、提供劳务等日常经济活动中发生的经济利益的总流出；成本是企业生产产品、提供劳务过程中发生的对象化的费用。收入、支出、费用、成本是相互联系、密不可分的，都是判断企业经营成果的依据，企业应当加强核算。

（6）财务成果的计算和处理。财务成果，是指企业在一定期间内通过从事生产经营活动而在财务上取得的成果，要么是盈利，要么是亏损。财务成果的计算和处理包括利润的计算、所得税费用的计算、利润分配或亏损弥补等。财务成果是反映经营成果的最终要素，对它的计算和处理涉及有关方面的经济利益，因此必须及时进行会计核算。

（7）其他需要办理会计手续，进行会计核算的事项。前面六项内容基本上涵盖了会计核算的主要内容，但由于会计环境纷繁复杂，经济活动及会计业务的发展也是日新月异，仍有可能产生一些新的会计核算内容，如企业的终止清算、破产清算等，也是会计核算不可缺少的内容。为了适应经济发展对会计核算工作的要求，会计法将可能产生的新的会计业务事项以"其他事项"来概括，以保证各种复杂的经济活动都能够得到及时的核算和反映。

（二）会计监督职能

会计监督职能也称控制职能，是指在核算的过程中对特定主体经济活动的真实性、合法性、合理性进行审查，即以一定的标准和要求利用会计所提供的作息对各单位的经济活动进行有效的指导、控制和调节，以达到预期的目的。其中，真实性审查，是指审查各项记录是否和实际发生的业务一致，提供的信息是否真实可靠；合法性审查，是指审查各项经济业务是否符合国家有关法律法规，是否遵守财经纪律，是否执行国家的方针政策；合理性审查，是指审查各项财务收支是否符合特定对象的收支计划，是否有利于预算目标的实现，是否存在浪费，是否存在违反内部控制的要求等。

监督具有以下两个方面的特征：

1. 会计监督主要是通过价值量指标来实现职能的

会计核算主要从数量上面综合反映会计主体的会计信息，会计监督则通过利用会计核算所提供的信息从价值层面上实行职能。会计监督以价值量为主要监督依据，全面、及时、有效地监督和控制企业的各项经济活动。

2. 会计监督包括事前、事中和事后环节

会计的监督活动贯穿于企业的经济活动，包括事前监督、事中监督、事后监督。其中，事前监督是在经济活动开始前进行的监督和审查，主要包括对经济活动的可行性进行审查以及对经济事项是否合法合规进行审查；事中监督是对正在进行中的经济活动进行监督，找出失误和偏差的原因并进行纠正，使经济活动沿着预定的目标进行；事后监督是对已经发生的经济活动进行审核和分析，发现问题，改正问题，总结经验教训。

会计核算与会计监督是紧密联系、相辅相成的，会计核算为监督提供数据和信息，会计核算是会计监督的基础，只有正确地进行会计核算，会计监督才能有真实可靠的依据；会计监督是会计核算质量的保证，只有在核算的过程中进行严格的监督，才能保证会计核算所提供资料的真实、合法、合理，如果只有会计核算而不进行严格的监督，会计核算所提供的信息质量就难以保证。

（三）会计拓展职能

现代会计是一项职能多样化的经济管理工作，除了核算和监督两项基本职能以外，会计还具有预测经济前景、参与经济决策、评价经营业绩等拓展职能。

1. 预测经济前景

预测经济前景，是指企业根据财务报表提供的数据，采用一定的手段定量或定性地判断和推测经济活动的发展变化规律，描绘出经济发展的趋势，用来指导企业的经营管理活动，提高经营管理的效益。

2. 参与经济决策

参与经济决策，是指企业根据财务报表提供的数据，结合企业生产经营的状况，运用定量或定性的分析方法，对多项备选方案进行分析，找出最适合企业的方案，为经营决策提供参考依据，促进决策的科学化，提高决策效益。

3. 评价经营业绩

评价经营业绩，是指企业根据财务报表提供的数据，运用一定的方法，对企业在一段时间内的生产管理、市场营销、投资收益等进行分析，对照行业标准或计划标准，做出客观、准确的评价。

随着经济环境的变化以及企业管理手段的变化，会计的职能会发生不断的变化，因此，应该用发展的眼光去学习会计的职能。

任务二　会计基本假设与会计基础

一、会计基本假设

会计基本假设是企业会计确认、计量和报告的前提，是对会计核算所处的时间、空间环境所作的合理假定，会计基本假设是会计确认、计量和报告的基础，也是一系列会计原则和会计方法得以运用的前提条件。会计基本假设包括会计主体、持续经营、会计分期和货币计量。

（一）会计主体

会计主体，是指企业会计确认、计量和报告的空间范围，是会计核算的特定组织或单位。为了向会计信息使用者反映不同主体的财务状况、经营成果和现金流量等会计信息，应当明确提供会计信息的主体，将不同的主体区别开来；不同的主体各自提供财务报告，如实反映各自的财务状况、经营成果和现金流量等会计信息，为信息使用者提供对决策有用的信息。在会计主体假设下，特定主体应当对本身发生的交易或事项进行会计确认、计量和报告，反映特定主体本身的交易或事项，不能越界处理业务，反映其他主体的会计信息，如 H 公司只能反映 H 公司的会计信息，不能反映其他公司的会计信息。

1. 明确会计主体对会计主体的确认、计量和报告有着重要的作用

（1）明确会计主体才能明确会计主体所核算交易或事项的范围。在会计工作中，首先要明确核算的交易或事项的范围。会计只对影响主体本身的各项交易或事项进行确认、计量和报告；不影响主体本身的交易或事项不需要确认、计量和报告。

（2）明确会计主体才能将不同会计主体的交易或者事项区分开来。明确会计主体，应当将会计主体与会计主体的所有者以及其他会计主体区分开来。公司所有者与公司无关的交易或者事项是属于公司所有者私人的交易或事项，不应纳入公司会计核算的范围。

2. 会计主体与法律主体的关系

会计主体是指会计独立核算的主体，包括法律主体和非法律主体；法律主体是指法律认可的法人组织，属于会计主体的范畴。一般来说，一个法律主体必然是一个会计主体，但会计主体不一定是法律主体。一个公司作为一个独立的法律主体，应当建立独立的财务系统，进行独立核算，反映公司本身的财务状况、经营成果和现金流量等会计信息。但是，会计主体不一定是法律主体，如在多个具有控股关系的集团里面，一个母公司拥有若干子公司，母、子公司虽然是不同的法律主体，但是母公司对于子公司拥有控制权，为了全面反映集团整体的财务状况、经营成果和现金流量等会计信息，就有必要将集团作为一个会计主体，编制合并财务报告；另外，个人独资企业、合伙企业等也属于会计主体，但其不具备法律主体资格，不属于法律主体。

【例 1 - 3】判断正误：会计主体一定是法律主体，法律主体也一定是会计主体。（　　　）

（二）持续经营

持续经营是指在可预见的将来，企业按照当前的规模和状态继续经营下去，不会停业，也不会大规模削减业务。在持续经营的假设下，企业的债权可以按时收回，企业的债务可以按时清偿，因此，企业的确认、计量和报告是围绕持续经营展开的。会计一系列的核算方法、计量原则的使用均是在持续经营基本假设下进行的，企业能否持续经营下去，对企业会计原则、会计方法的选择有很大影响。明确这个基本假设，就意味着会计主体将按照既定用途使用资产，按照既定的合约条件清偿债务，会计人员就可以在此基础上选择会计原则和会计方法。如果判断企业会持续经营，就可以假定企业的固定资产在持续经营的生产经营过程中长期发挥作用，并服务于生产经营过程，固定资产就可以根据历史成本进行记录，并采用一定的折旧方法，将历史成本分摊到各个会计期间或相关产品的成本中。如果判断企业不会持续经营，固定资产就不应采用历史成本进行记录并按期计提折旧。

如果一个企业在不能持续经营时仍按持续经营基本假设选择会计确认、计量和报告原则和方法，就不能客观地反映企业的财务状况、经营成果和现金流量，从而误导会计信息使用者的经济决策。

【例1-4】判断正误：持续经营是指企业永远经营下去，不会停业、不会破产。（　　　）

（三）会计分期

会计分期是指将一个企业持续经营的生产经营活动划分为一个个连续的、长短相同的期间。会计分期的目的，在于通过会计期间的划分，将持续经营的生产经营活动划分成连续、相等的期间，据以结算盈亏，按期编制财务报告，从而及时向财务报告使用者提供有关企业财务状况、经营成果和现金流量的信息。

在会计分期假设下，企业应当划分会计期间，分期结算账目和编制财务报告。会计期间通常分为年度和中期。中期，是指短于一个完整的会计年度的报告期间。由于有了会计分期，才产生了当期与以前期间、以后期间的差别，才使不同类型的会计主体有了记账的基准，进而孕育出折旧、摊销等会计处理方法。

【例1-5】判断正误：中期是指一年的一半（即半年）或一个月的一半（即半月）。（　　　）

（四）货币计量

货币计量是指会计主体在会计确认、计量和报告时以货币计量，反映会计主体的生产经营活动。在会计的确认、计量和报告过程中之所以选择货币作为基础进行计量，是由货币的本身属性决定的。货币是商品的一般等价物，是衡量一般商品价值的共同尺度，具有价值尺度、流通手段、贮藏手段和支付手段等特点。其他计量单位，如重量、长度等，只能从一个侧面反映企业的生产经营情况，无法在量上进行汇总和比较，不便于会计计量和经营管理，只有选择货币尺度进行计量，才能充分反映企业的生产经营情况，所以，《企业会计准则——基本准则》规定，会计确认、计量和报告选择货币作为计量单位。

【例1-6】会计的基本假设包括（　　　）。

A. 会计主体　　　　B. 持续经营　　　　C. 会计分期　　　　D. 货币计量

二、会计基础

会计基础是指企业确认、计量和报告的基础，是明确收入、费用等要素入账的时间依据，包括权责发生制和收付实现制。

权责发生制要求，凡是当期已经实现的收入和已经发生或应当负担的费用，无论款项是否收付，都应当作为当期的收入和费用，计入当期利润表；凡是不属于当期的收入和费用，即使款项已在当期收付，也不应当作为当期的收入和费用。

收付实现制是与权责发生制相对应的一种会计基础，它以实际收到或支付现金的时点作为确认收入和费用的依据，不考虑经济业务是否发生。

在实务中，单位的交易或者事项的发生时间与相关货币收支时间有时并不完全一致。例如，款项已经收到，但销售并未实现；或者款项已经支付，但并不是为本期生产经营活动而发生的。为了更加真实、公允地反映特定会计期间的财务状况和经营成果，《会计准则》明确规定，企业在会计确认、计量和报告中应当以权责发生制为基础，行政单位在会计确认、计量和报告中应当以收付实现制为基础，事业单位在会计确认、计量和报告中应当以收付实现制为基础，但带经营性质的业务在会计确认、计量和报告中应当以权责发生制为基础。

【例1-7】KL有限责任公司2017年5月份发生如下经济业务：

（1）销售产品5万元，其中3万元已收到并存入银行，尚有2万元未收到。

（2）收到上月为外单位提供的劳务收入5 000元，存入银行。

（3）用银行存款支付本月的水电费用900元。

（4）用银行存款预付下半年房租1 500元。

（5）用银行存款支付上月借款利息500元。

（6）预收A产品销售款20 000元，存入银行。

（7）本月劳务收入8 000元尚未收到。

（8）本月应承担年初已支付的保险费300元。

要求：

（1）计算在权责发生制下5月份的收入、费用；

（2）计算在收付实现制下5月份的收入、费用。

任务三　会计信息质量要求

会计信息质量要求是对企业会计报告中所提供会计信息质量的基本要求，它规范了会计报告中所提供的会计信息。会计信息质量要求主要包括可靠性、相关性、可理解性、可比性、实质重于形式、重要性、谨慎性和及时性等。

一、可靠性

可靠性要求企业应当以实际发生的交易或者事项为依据进行确认、计量和报告，如实反映企业的真实的财务状况、经营成果和现金流量等信息，保证会计信息真实可靠、内容完整。

为了保证会计信息的质量，具体要求做到以下三个方面：

1. 以实际发生的交易或者事项为依据进行确认、计量

已经发生的交易或事项，并且满足确认条件才可以确认；尚未发生的交易或事项不能进行确认，不符合会计要素概念及其确认条件的交易或事项不能进行确认，企业只能将符合会计要素概念及其确认条件的交易或事项如实反映在会计报告中，不得弄虚作假。

2. 保证会计信息的全面完整

企业在确认、计量和报告中，要求在符合重要性和成本效益的前提下，保证提供信息的全面完整。企业不得遗漏或者减少应当披露的信息，凡是影响到信息使用者决策的信息都应当充分反映，做到信息披露全面完整。

3. 在会计报告中反映的信息应当是客观中立的

企业在编制会计报告时，应当以实际发生的交易为基础和依据，不得人为改变。如果企业在会计报告中为了达到事先设定的结果或效果而列出一些虚假的会计信息，那么这样的会计报告信息就不是中立的。

【例1-8】为了达到某种不可告人的目的，人为地调整会计业务违背了（　　）的质量要求。

A. 可靠性　　　　　B. 可比性　　　　　C. 重要性　　　　　D. 及时性

二、相关性

相关性要求企业提供的会计信息应当与信息使用者的经济决策需要相关，有助于信息使用者对企业过去、现在和未来的财务状况、经营成果、现金流量等做出评价或者预测。

企业提供的会计信息是否有用，关键是看所提供的会计信息与信息使用者的经济决策需要是否相关，是否有助于信息使用者提高决策水平。会计信息的相关性应当能够反映以下两个方面：

1. 有利于信息使用者评价企业过去的情况

相关性要求企业提供的会计信息能够使信息使用者评价企业过去的综合情况，如过去的财务状况、经营成果和现金流量等情况。

2. 具有预测价值

相关性要求企业提供的会计信息有利于信息使用者根据会计报表所提供的信息预测企业未来的财务状况、经营结果和现金流量等情况。

会计信息质量的相关性，要求企业在确认、计量和报告的过程中，充分考虑信息使用者的决策需要。但是，相关性并不代表企业提供的信息可以人为地篡改。相关性应当以可靠性为基础，两者之间并不矛盾，不应将两者对立起来。也就是说，会计信息在满足可靠性的前提下，尽可能地做到相关，满足不同使用者的决策需要。

【例1-9】判断正误：企业提供的会计信息应当与会计信息使用者的决策相关，反映的是相关性的信息质量要求。（　　　）

三、可理解性

可理解性要求企业提供的会计信息应当清晰明了，便于投资者等会计报告使用者理解和使用。

企业提供会计信息的目的在于满足信息使用者的经济决策需要，然而，只有让信息使用者了解会计信息的内涵，理解会计报告反映的信息内容，才能使信息使用者有效地运用信息，为决策提供依据，这就要求企业会计报告提供的信息清晰明了，易于理解。另外，我们要提高会计信息的有用性，满足向信息使用者提供决策有用信息的要求。

在实务中，会计信息作为一种专业性较强的信息，并不是所有的人都能理解和掌握的。另外，在强调会计信息的可理解性的同时，还应假定信息使用者具有会计专业知识，并且愿意付出努力去研究这些信息。

【例1-10】判断正误：企业提供的会计信息应当让所有人都看得懂、学得会，这反映了可理解性的信息质量要求。　　　　　　　　　　　　　　　　　　　　　　　（　　　）

四、可比性

可比性要求企业提供的会计信息应当相互可比，有助于信息使用者将过去、现在的信息进行比较，将同行业的企业数据进行比较。可比性主要包括两个方面：

1. 纵向可比

纵向可比，是指同一企业在不同时期发生的相同或相似的业务，应当采用一致的会计政策，不得随意变更。为了方便信息使用者了解企业财务状况、经营成果和现金流量等的变动趋势，应当比较同一企业在不同时期的会计信息，全面地评价企业的过去、分析现在、预测未来，为经济决策提供依据。

2. 横向可比

横向可比，是指不同企业在同一会计期间发生的相同或者相似的经济业务，应当采用国家统一规定的会计政策，确保会计信息口径一致、相互可比，以便于信息使用者评价和比较同一时期不同企业的财务状况、经营成果和现金流量等情况，为经济决策提供依据。

但是，满足会计信息可比性要求，并非表明企业不得变更会计政策，如果按照规定或者在会计政策变更后可以提供更可靠、更相关的会计信息，那么就可以变更会计政策。有关会计政策变更的情况，应当在附注中予以说明。

【例 1－11】判断正误：可比性要求不同企业发生的所有业务都能够相互可比。（　　　）

五、实质重于形式

实质重于形式要求企业应当按照交易或者事项的经济实质进行会计确认、计量和报告，而不仅仅以交易或者事项的法律形式为依据。

在实务中，企业发生的多数交易或者事项的经济实质和法律形式是一致的，但是，也存在经济实质和法律形式不一致的情况。例如，以融资租赁方式租入的资产，虽然从法律形式来讲企业并不拥有其所有权，但是租赁合同中规定的租赁期相当长，往往接近于该资产的使用寿命；租赁期结束时承租企业有优先购买该资产的选择权；在租赁期内承租企业有权支配资产并从中受益等，从其经济实质来看，企业能够控制融资租入资产所创造的未来经济利益，在会计确认、计量和报告上就应当将以融资租赁方式租入的资产视为企业的资产，列入企业的资产负债表。

【例 1－12】判断正误：融资租赁方式租入的固定资产可以视同企业自有资产管理，体现了实质重于形式的信息质量要求。　　　　　　　　　　　　　　　　（　　　）

六、重要性

重要性要求企业提供的会计信息应当反映与企业的财务状况、经营成果和现金流量等有关的所有重要交易或者事项。

在实务中，如果某会计信息的省略或者错报会影响会计信息使用者做出正确的经济决策，该信息就具有重要性。对于重要性的判断，一般要根据企业所处的环境和实际情况进行，而且要依赖于会计本身的职业敏感性，具有一定的主观性。重要性一般从项目的性质和金额大小两方面加以判断。

【例 1－13】判断正误：企业发生的所有的业务都是同等重要的，都应当单独列示。（　　　）

七、谨慎性

谨慎性要求企业对交易或者事项进行确认、计量和报告应当保持必要的谨慎，不应高估资产或收益，也不应低估负债或费用。

在市场竞争中，经济环境复杂多变，企业的生存、发展面临着许多不确定性，这给企业带来一定的风险，例如，应收款项是否能收回、固定资产使用寿命的长短、无形资产使用寿命的长短、售出存货可能发生的退货或返修等。谨慎性要求企业在面临不确定性因素做出会计职业判断时，应当保持必要的谨慎，结合企业的实际情况综合分析，充分估计面临的各种风险和损失，既不高估资产或收益，也不低估负债或费用，例如，要求企业对可能发生的资产减值损失计提资产减值准备、对售出商品可能发生的保修义务等确认预计负债等，就体现了会计信息质量的谨慎性要求。

但是，谨慎性并不等于企业可以设置秘密准备或人为性地调整自身的资产、负债、所有者权益、收入、费用和利润。

【例 1 - 14】 判断正误：企业为了调整利润，计提资产减值准备，体现了谨慎性的质量要求。　　　　　　　　　　　　　　　　　　　　　　　　　　　　　　（　　　）

八、及时性

及时性要求企业对于已经发生的交易或者事项，应当及时进行确认、计量和报告，不得提前或延后。

会计信息具有很强的时效性，过期的会计信息，对信息使用者没有使用价值。在确认、计量和报告过程中保持及时性，一是要求及时收集会计信息，即在经济交易或者事项发生后，及时收集整理各种原始单据或者凭证；二是要求及时处理会计信息，即按照会计准则的规定，及时对经济交易或者事项进行确认或者计量，并编制会计报告；三是要求及时传递会计信息，即按照国家规定的有关时限，及时地将编制的会计报告传递给信息使用者，有助于其及时使用和决策。

【例 1 - 15】 下列关于会计信息质量要求的表述正确的有（　　　）。

A. 可比性要求企业采用相同的会计政策

B. 实质重于形式要求企业不仅以交易或事项的法律形式为依据

C. 及时性对相关性和可靠性起着制约作用

D. 重要性要求企业提供的会计信息应当反映与企业财务状况、经营成果和现金流量有关的所有重要交易或者事项

任务四　会计核算方法

一、设置账户

设置账户是对会计对象进行分类核算的一种专门方法。由于会计对象的具体内容是复杂多样的，要对其进行系统的核算，就必须对交易或事项进行科学的分类，以有助于分类，且连续地反映会计信息，为完成会计核算工作提供基础。

二、复式记账

复式记账是指对企业发生的每项交易或事项，要以相等的金额，在两个或两个以上相互联系的账户中进行登记的一种记账方法。采用复式记账方法，可以全面反映每一笔经济业务的来龙去脉，便于检查账簿记录的正确性和完整性，是一种比科学的记账方法。在全球范围内，复式记账法得到全面的应用。

三、填制和审核凭证

会计凭证是记录经济业务，明确经济责任，作为记账依据的书面凭据。正确填制和审核

会计凭证，是有效完成核算工作的基础，是做好会计工作的前提。填制和审核会计凭证，是会计人员日常工作的起点。

四、登记会计账簿

登记会计账簿是以经过审核无误的会计凭证为依据，全面、系统、连续地记录各项交易或事项，为信息使用者提供完整、系统的核算资料。账簿记录是重要的会计工作，是进行会计分析、会计检查的重要依据。账簿记录是否真实、完整，直接关系到会计报表的质量，应当重视账簿的记录工作。

五、成本计算

成本计算是按照一定产品或劳务归集和分配生产经营过程中发生的各种耗费，以便确定各项产品或劳务的总成本和单位成本的一种专门方法。产品成本是综合反映企业生产经营活动的一项重要指标。正确地进行成本计算，可以考核生产经营过程的费用支出水平，同时又是确定企业盈亏和制定产品价格的基础。

六、财产清查

财产清查是指通过对企业的实物资产、往来款项、货币资金等进行盘点或核对，从而查明各项资产实有数额的一种专门方法。通过财产清查，可以提高会计记录的正确性，保证账实相符。同时，还可以查明各项财产物资的保管和使用情况以及各种结算款项的执行情况，以便对积压或损毁的物资进行清理，对逾期未收到的款项加强管理。

七、编制会计报表

编制会计报表是以特定表格的形式，定期并总括地反映企业的经营活动的一种专门方法。会计报表是以账簿记录为主要依据，经过专门的方法加工整理而形成的会计信息数据，用来分析企业财务状况、经营成果、现金流量等情况，为决策提供依据。编制会计报表是会计核算工作的最后环节。

会计核算的七种方法是相互联系、相互依存、相互制约的，共同构成完整的会计核算方法体系。在实务中，一般在交易或事项发生后，按规定的手续填制和审核原始凭证，并应用复式记账法编制记账凭证，依据审核无误的会计凭证在有关账簿中进行登记；在期末对生产经营活动产生的耗费进行成本计算和财产清查，确保账簿记录的准确，最后根据账簿记录编制会计报表。

项目小结

会计是以货币作为主要计量单位，以凭证为依据，运用一系列专门的方法，对特定主体的经济活动进行全面、系统、连续的核算和监督，为信息使用者提供对决策有用的信息的一种经济管理活动。会计的发展大致经过了古代会计、近代会计、现代会计三个阶段。

会计的职能是指会计在经济管理工作中所具有的功能，包括基本职能和拓展职能。其中，基本职能包括会计核算和会计监督，会计核算和会计监督是相辅相成的，会计核算是会计监督的基础，会计监督是会计核算质量的保障。

会计的对象是指会计核算和监督的内容，即能用货币反映的经济活动，但并不是所有的经济活动都属于会计对象，如经济合同、人事任命等就不属于会计对象。只有以货币表现的经济活动，才是会计核算和监督的内容，即会计对象。在实务中，会计对象又称为资金运动或价值运动，经济活动也称交易或事项。

会计基本假设是会计确认、计量和报告的前提，是对会计核算所处的时间、空间环境等所做出的合理的假设。会计基本假设包括会计主体、持续经营、会计分期和货币计量，四个基本假设相辅相成，缺一不可。

会计基础是企业会计的确认、计量和报告的基础，包括权责发生制和收付实现制。企业会计准则规定，应当以权责发生制为基础进行确认、计量和报告。

会计信息质量要求是对企业财务报告中所提供会计信息质量的基本要求，它规范了财务报告中所提供的会计信息。会计信息质量要求主要包括可靠性、相关性、可理解性、可比性、实质重于形式、重要性、谨慎性和及时性等。

会计核算方法主要包括：设置账户、复式记账、填制和审核凭证、登记会计账簿、成本计算、财产清查和编制会计报表七种专门方法。

习题与实训

一、思考题

1. 什么是会计？会计的目标是什么？
2. 会计有什么特点？
3. 会计的基本假设有哪些？
4. 会计的信息质量要求有哪些？
5. 会计核算的具体内容有哪些？会计有哪些核算方法？

二、单项选择题

1. 我国实行公历制会计年度是基于（　　　）的基本会计假设。
   A. 会计主体　　　B. 货币计量　　　C. 会计分期　　　D. 持续经营
2. 形成权责发生制和收付实现制不同的记账基础，进而出现应收、应付、预收、预付、折旧、摊销等会计处理方法所依据的会计基本假设是（　　　）。
   A. 货币计量　　　B. 会计年度　　　C. 持续经营　　　D. 会计分期
3. 下列有关会计主体的表述中，不正确的是（　　　）。
   A. 会计主体是指会计所核算和监督的特定单位和组织
   B. 会计主体就是法律主体
   C. 由若干具有法人资格的企业组成的企业集团也是会计主体
   D. 会计主体界定了从事会计工作和提供会计信息的空间范围
4. 下列关于会计职能的描述不正确的是（　　　）。
   A. 会计监督职能是指会计人员在进行会计核算的同时，对特定主体经济业务的真实性、合法性、合理性进行审查
   B. 会计核算是会计最基本的职能，也称控制职能

C. 会计核算是会计监督的基础，而会计监督又是会计核算质量的保证

D. 会计具有预测经济前景、参与经济决策、评价经营业绩等功能

5. 以下应作为债权处理的项目是（　　　）。

A. 应付账款　　　B. 应付股利　　　C. 预收款项　　　D. 预付账款

6. 以货币为主要计量单位，通过确认、计量、报告等环节，对特定主体的经济活动进行记账、算账、报账，为各有关方面提供会计信息的功能是（　　　）。

A. 会计核算职能　　　　　　　　　B. 会计监督职能

C. 会计计划职能　　　　　　　　　D. 会计预测职能

7. 会计主要的计量单位是（　　　）。

A. 货币　　　　B. 劳动量　　　　C. 实物　　　　D. 价格

8. 根据权责发生制原则，以下属于本期的收入和费用的是（　　　）。

A. 支付明年的房屋租金

B. 本期已经收款，但商品尚未制造完成

C. 当期按照税法规定预缴的税费

D. 商品在本期销售，但货款尚未收到

9. 会计分期是把企业持续经营过程划分为若干个起讫日期较短的会计期间，其起讫日期通常为（　　　）。

A. 一个会计日度　B. 一个会计月度　　C. 一个会计年度　　D. 一个会计季度

10. 界定从事会计工作和提供会计信息的空间范围的会计基本前提是（　　　）。

A. 会计职能　　B. 会计主体　　　C. 会计内容　　　D. 会计对象

11. 下列各项中，不属于企业日常活动发生的业务有（　　　）。

A. 向希望工程捐款　　　　　　　B. 销售商品

C. 提供劳务　　　　　　　　　　D. 让渡资产使用权

12. 企业设置秘密的准备，违背了（　　　）的质量要求。

A. 实质重于形式　　　　　　　　B. 谨慎性

C. 可比性　　　　　　　　　　　D. 及时性

三、多项选择题

1. 会计核算所产生的会计信息的特点包括（　　　）。

A. 准确性　　　　B. 完整性　　　　C. 连续性　　　　D. 系统性

2. 下列关于会计监督的说法，正确的有（　　　）。

A. 对特定主体的经济活动的真实性、合法性和合理性进行审查

B. 主要通过价值指标来进行

C. 包括事前监督和事中监督，不包括事后监督

D. 会计监督是会计核算质量的保障

3. 下列项目中，可以作为一个会计主体进行核算的有（　　　）。

A. 销售部门　　B. 分公司　　　　C. 母公司　　　　D. 企业集团

4. 债权是企业收取款项的权利，一般包括（　　　）等。

A. 预付款项　　B. 预收款项　　　C. 应付款项　　　D. 应收款项

5. 以下关于事中监督描述，正确的是（　　　）。

A. 事中监督是指在日常会计工作中，对已发生的问题提出建议，促使有关部门和人员采取改进措施

B. 事中监督是对经济活动的日常监督和管理

C. 事中监督是指以事先制定的目标，利用会计核算提供的资料，对已发生的经济活动进行考核和评价

D. 事中监督是对未来经济活动的指导

6. 根据权责发生制原则，应计入本期的收入和费用的有（　　）。

A. 前期提供劳务未收款，本期收款

B. 本期销售商品一批，尚未收款

C. 本期耗用的水电费，尚未支付

D. 预付下一年的报刊费

7. 下列属于会计核算具体内容的有（　　）。

A. 款项和有价证券的收付、资本的增减

B. 财物的收发、增减和使用

C. 债权债务的发生和结算、财务成果的计算和处理

D. 收入、支出、费用、成本的计算

8. 以下关于核算和监督的关系，说法正确的有（　　）。

A. 核算和监督两项基本会计职能是相辅相成、辩证统一的关系

B. 会计核算是会计监督的保障，只有监督、没有核算，就难以保证核算所提供信息的真实性、可靠性

C. 会计监督是会计核算的基础，没有监督所提供的各种信息，核算就失去了依据

D. 会计核算是会计监督的基础，没有核算所提供的各种信息，监督就失去了依据

9. 财物是财产、物资的简称，下列属于财物的有（　　）。

A. 库存商品　　　B. 固定资产　　　C. 无形资产　　　D. 应收及预付款项

10. 财务成果的计算和处理一般包括（　　）。

A. 收入的确认　　　　　　　　B. 费用的计算和分配

C. 所得税的计算和交纳　　　　D. 利润分配或亏损弥补

11. 下列各项中，属于会计信息质量要求的有（　　）。

A. 可靠性　　　B. 重要性　　　C. 实质重于形式

D. 及时性　　　E. 成本效益性

12. 下列各项中，属于会计信息使用者的有（　　）。

A. 投资者　　　B. 债权人　　　C. 管理层　　　D. 社会公众

四、判断题

1. 由于有了持续经营这个会计核算的基本假设，才产生了当期与其他期间的区别，从而出现了权责发生制与收付实现制的区别。　　　　　　　　　　　　　　（　　）

2. 法律主体不一定是会计主体，但会计主体一定是法律主体。　　　　　（　　）

3. 持续经营假设是假设企业可以长生不老，即使进入破产清算，也不应该改变会计核算方法。　　　　　　　　　　　　　　　　　　　　　　　　　　（　　）

4. 所有者权益和负债的区别包括两者的对象不同、两者体现的经济关系不同、两者的偿还期限不同、两者承担的风险不同。　　　　　　　　　　　　　　（　　）

5. 会计上所称的"资产"仅指过去的交易或事项形成的，由企业拥有、预期会给企业

带来经济利益流入的资源。 （　　）

6. 收入要素包括主营业务收入、其他业务收入及营业外收入等。 （　　）

7. 可变现净值既可以用于对存贷的计量，也可以用于对可供出售金融资产的计量。 （　　）

8. 企业应当遵循交易或者事项的法律形式进行会计确认、计量和报告，而不需要考虑交易或者事项的经济实质。 （　　）

9. 会计信息应有助于财务报告使用者对企业过去、现在或者未来的情况做出评价，这体现了可比性的要求。 （　　）

10. 虽然企业、行政单位、事业单位、非营利组织等单位的经济业务各具特色，但其会计核算是相同的。 （　　）

11. 会计的基本职能是会计核算和会计监督，会计监督是首要职能。 （　　）

12. 资金的退出指的是资金离开本企业，退出资金的循环与周转，主要包括提取盈余公积、偿还各项债务，上交各项税金以及向所有者分配利润等。 （　　）

五、实训题

1. WXR 有限责任公司 2017 年 12 月份发生下列部分经济活动：

（1）销售商品收回货款；

（2）与南通公司签订一份销售合同计划；

（3）向希望工程捐款；

（4）经董事会商议，决定 2014 年 1 月购买国债；

（5）采购员出差归来报销差旅费；

（6）生产车间到仓库领用原材料；

（7）购进一台设备，经安装调试已投入使用；

（8）公司 2014 年费用预算顺利通过董事会决议；

（9）从当地人才市场引进一批研究生和大学生；

（10）董事会向生产部门和销售部门下达任务书。

要求：上述经济活动哪些属于会计的对象？为什么？

2. WXR 有限公司 2017 年 6 月份发生以下经济业务：

（1）支付上月份电费 3 000 元；

（2）收回上月的应收账款 20 000 元；

（3）收到本月的营业收入款 10 000 元；

（4）支付本月应负担的办公费 1 000 元；

（5）支付下季度保险费 3 600 元；

（6）应收营业收入 30 000 元，款项尚未收到；

（7）预收客户货款 8 000 元；

（8）负担上季度已经预付的保险费 600 元。

要求：

（1）比较权责发生制与收付实现制的异同；

（2）计算权责发生制下本月的收入、费用；

（3）计算收付实现制下本月的收入、费用。

认识会计要素与会计等式

认识会计要素的概念、内容、计量属性；

理解资产、负债、所有者权益、收入、费用、利润的概念、特点、确认条件、分类；

理解会计要素之间的关系、会计等式的表现形式及作用；

掌握会计等式及其应用。

引 例

小冯对会计业务分类的困惑

小冯是一名会计专业的学生，在学习会计中，对会计业务的类型十分困惑。面对复杂的经济业务，有涉及现金的、有涉及银行存款的、有涉及实物资产的、有涉及非实物资产的，有应收款项的、有应付款项的、有收入的、有费用的……小冯无从下手，这么多的业务，怎么归类呢？你知道吗？

任务一 认识会计要素

会计要素是对会计对象按经济特征做出的基本分类，属于会计对象的具体化。企业会计要素按照其内容分为资产、负债、所有者权益、收入、费用和利润，其中，资产、负债和所有者权益要素侧重于反映企业的财务状况，收入、费用和利润要素侧重于反映企业的经营成果。会计要素既是进行会计确认和计量的依据，也是设定财务报表结构和内容的基础。

企业对会计要素的划分是由我国的《企业会计准则》规定的，在实务中，相同类型的交易或事项具有共同的特征。如企业持有的库存现金、银行存款、应收票据、应收账款等由企业拥有或控制，并能够在未来期间给企业带来经济利益，这一类型的业务统称资产要素；如企业的短期借款、应付票据、应付职工薪酬、应交税费、长期借款等是企业承担的现实义务，履行该义务会导致企业在未来会计期间有经济利益流出，这一类型的业务统称负债要素；如企业的实收资本、资本公积、盈余公积等均反映企业所有者对企业净资产的权利，这一类型的业务统称所有者权益要素。依次类推，企业将会计要素分为资产、负债、所有者权益、收入、费用和利润六大类，企业发生的所有经济业务均可以通过这六大类会计要素表达。因此，通过对企业会计要素的划分，可以将抽象的资金运动按业务的经济特征进一步划分为比较详细的会计要素，便于分类核算和提供详细的会计信息。

一、资产要素

（一）资产的概念

资产，是指企业过去的交易或者事项形成的，由企业拥有或者控制的，预期会给其带来经济利益的资源。根据资产的概念，资产具有以下三个方面的特征：

1. 资产由企业过去的交易或者事项形成

资产应当由企业过去的交易或者事项所形成，过去的交易或者事项主要包括采购、生产、建设等交易或者事项，只有过去的交易或者事项才能形成资产，企业在未来发生的交易或者事项具有不确定性，不属于资产的范畴。如 2017 年 1 月，WXR 有限责任公司与 B 企业签订合同，并约定 WXR 有限责任公司将在 2017 年 2 月从 B 企业买入机床设备 1 台，价值80 000 元。根据该协议，WXR 有限责任公司在 2017 年 1 月尚未采购该固定资产。因此，WXR 有限责任公司在 1 月不能根据该合同确认固定资产增加 80 000 元；如果在 2 月 WXR 有限责任公司履行合同，采购该设备，那么 WXR 有限责任公司就可在 2 月将其确认为固定资产。

2. 资产应当是企业拥有或者控制的资源

资产作为一种资源，应当由企业拥有或者控制，具体是指企业享有某项资源的所有权，或者虽然不享有某项资源的所有权，但能够实质上控制该资源，获得该资源带来的经济利益。

企业拥有资产的所有权，表明企业能够从资产中获取一定的经济利益。在判断资产是否属于某企业时，考虑的首要因素是对资产的拥有权；当然，在特殊情况下，企业虽然不拥有资产的所有权，但其能够从实质上控制某项资产，能够通过其获取一定的经济利益，那么该资产也属于企业的固定资产。如通过融资租赁方式租入的固定资产，企业对其不具有所有权，但根据融资租赁协议的约定，企业对该租赁资产具有实质的控制权，根据实质重于形式的计量属性，企业也应当将其作为企业的固定资产看待。

3. 资产预期能给企业带来经济利益

资产预期会给企业带来经济利益，是指资产具有能够直接或者间接地导致现金和现金等价物流入企业的潜力。这种潜力既包括企业在日常生产经营活动形成的潜力，也包括企业中非日常活动形成的潜力；带来的经济利益既包括现金或者现金等价物，也包括转化为现金或者现金等价物的其他资源。

资产预期能为企业带来经济利益是资产的重要特征。例如，企业采购的原材料、购建的固定资产等可以用于制造商品或者提供劳务，对外出售后收回货款，货款即为企业所获得的经济利益。如果某一项目预期不能给企业带来经济利益，那么就不能将其确认为企业的资产。对于已经确认为资产的项目，如果其不能再为企业带来经济利益，那么就不能再确认为企业的资产。例如：过期的霉烂变质的商品，不能给企业带来经济利益，不属于资产。

（二）资产的确认条件

某一项资源确认为资产，除了要符合资产的概念，还应当同时满足以下两个条件：

1. 与资源有关的经济利益很可能流入企业

能给企业带来经济利益是资产的一个基本特征，不能给企业带来经济利益的资源不应确认为资产。在实务中，某些资源能否给企业带来经济利益具有不确定性，与资源有关的经济利益能否流入企业或者能够流入多少具有不确定性。因此，资产的确认还应当与经济利益流入的不确定性程度的判断结合起来。当与资源相关的经济利益流入企业的时候，该资源可以确定为资产；当与资源相关的经济利益不可能流入企业的时候，该资源不确定为资产。

2. 资源的成本或者价值能够可靠地计量

成本或价值是衡量资产的重要依据，只有某项资源的成本或价值能够可靠地计量时，它才属于企业的资产。在实务中，企业取得的许多资产都会发生相应成本。例如，企业采购或者加工的存货、企业购建的房屋或者设备等，对于这些资产，只有实际发生的成本能够可靠计量，才能视为符合资产确认的条件。在某些情况下，企业取得的资产没有发生实际成本或者发生的实际成本很小，例如，企业持有的某些衍生金融工具形成的资产，对于这些资产，尽管它们没有实际成本或者发生的实际成本很小，但是如果其公允价值能够可靠计量的话，也被认为符合资产可计量性的确认条件。

【例2-1】下列各项中，属于资产要素的有（　　　）。

A. 应收票据　　　　B. 固定资产　　　　C. 无形资产　　　　D. 预收账款

【例2-2】判断正误：企业拥有的资源，只要满足资产的概念就属于企业的资产。（　　）

【例2-3】判断正误：企业融资租入的机器设备，属于企业的固定资产。（　　）

（三）资产的分类

1. 按流动性分类

资产按其流动性的强弱分为流动资产和非流动资产。其中，流动资产，是指预计在一个正常营业周期中变现、出售或耗用，或者主要为交易目的而持有，或者预计在资产负债表日起一年内（含一年）变现的资产，以及自资产负债表日起一年内交换其他资产或清偿债务的能力不受限制的现金或现金等价物。常见的流动资产有库存现金、银行存款、其他货币资金、应收票据、应收账款等。非流动资产，是指流动资产以外的各项资产，常见的非流动资产有固定资产、在建工程、工程物资等。

2. 按是否具有实物形态分类

资产按其是否具有实物形态分为有实物形态的资产和没有实物形态的资产。其中，有实物形态的资产，是指具有实物形态，看得见摸得着的资产，主要包括固定资产、工程物资、原材料、库存商品等。没有实物形态的资产，是指不具有实物形态的资产，主要包括无形资产、商誉。

二、负债要素

（一）负债的概念

负债也叫债务，是指企业过去的交易或者事项形成的，预期会导致经济利益流出企业的现时义务。根据负债的概念，负债具有以下几个方面的特征：

1. 负债由企业过去的交易或者事项形成

只有过去的交易或者事项才形成负债，企业将在未来发生的承诺、签订的合同等交易或者事项，不形成负债。因此，某一交易或事项是否形成企业的负债，首先得判断该交易或事项是不是过去发生的，如果该交易事项不是过去发生的，那就不满足负债的概念。

2. 负债是企业承担的现时义务

负债必须是企业现实条件下承担的义务，即企业在现实条件下已承担的义务，未来发生的交易或者事项形成的义务，或者由或有事项引起的潜在义务，均不应当确认为负债。

现实条件下承担的义务可以是法定义务，也可以是推定义务。其中，法定义务，是指具有约束力的合同或者法律、法规规定的义务，通常在法律意义上需要强制执行。如企业购买商品形成应付账款、企业向金融机构贷款形成短期借款或长期借款、企业按照税法规定应当交纳的税款等，均属于企业承担的法定义务，需要依法予以偿还。推定义务，是指根据企业多年来的习惯做法、公开的承诺或者公开宣布的经营政策而导致企业将承担的责任，这些责任也使有关各方形成了企业将履行义务承担责任的合理预期，如企业承诺对售出的商品 10 天内免费调换、一年内免费维修，根据以往判定，有 8% 的客户需要商家对商品进行调换或维修，而商家履行该承诺必须付出一定的代价。尽管个别客户的这种需求是或有事项，但根据概率推算，总有一部分客户需要商家履行承诺，从而付出相应代价，这种情况导致企业需要在未来期间承担一定的义务，这种义务称为推定义务，企业必须将履行该义务而预计的支出计入预计负债。

3. 负债预期会导致经济利益流出企业

负债预期会导致经济利益流出企业是负债的一个本质特征。某一项义务在履行时会导致经济利益流出企业才属于负债；如果某一项义务在履行时不会导致经济利益流出企业，就不属于负债的范畴。在履行现时义务清偿负债时，导致经济利益流出企业的形式多种多样，例如，用现金偿还或以实物资产形式偿还；以提供劳务形式偿还；以部分转移资产、部分提供劳务形式偿还；将负债转为资本等。企业购买商品，款项尚未支付，需要在未来某一时间内偿还，这就属于负债；如果该笔货款以后不需要偿还，则不属于企业的负债。

（二）负债的确认条件

某一项现时义务是否确认为负债，除了需要符合负债的概念外，还应当同时满足以下两个条件：

1. 与该义务有关的经济利益很可能流出企业

从负债的概念可以看到，预期会导致经济利益流出企业是负债的一个本质特征。在实际工作中，履行某项义务所引起的经济利益流出企业具有不确定性，尤其是与推定义务相关的经济利益需要依赖会计职业判断和主观估计。因此，负债的确认应当与经济利益流出企业的不确定性程度的判断结合起来，如果履行某项现时义务很可能导致相关的经济利益流出企业，就应当将其确认为负债；如果履行某项现时义务，但是导致企业经济利益流出的可能性很小，就不应当确认为负债，如企业欠某人 1 000 元劳务费，经过多年寻找都找不到该债权人，该笔劳务费几乎不需要偿还，不能作为企业的负债。

2. 未来流出的经济利益的金额能够可靠地计量

在确认负债的过程中，除了要满足经济利益很可能流出企业，还应当满足未来流出的经济利益的金额应当能够可靠计量。对于与法定义务有关的经济利益流出金额，通常可以根据合同或者法律规定的金额予以确定，考虑到经济利益流出的金额通常在未来期间，有时未来期间较长，有关金额的计量需要考虑货币时间价值等因素的影响。对于与推定义务有关的经济利益流出金额，企业应当根据履行相关义务所需支出的最佳估计数进行估计，并综合考虑货币时间价值、风险等因素的影响。

【例 2-4】判断正误：负债是企业承担的一项义务，既包括现时义务，也包括潜在义务。　　　　　　　　　　　　　　　　　　　　　　　　　　　　　（　　　）

【例 2-5】判断正误：企业预收客户的款项属于负债的范畴。　　　　　（　　　）

【例 2-6】下列各项中，属于企业负债的有（　　　　）。

A. 应付职工薪酬　　　B. 应收票据　　　　C. 长期借款　　　　D. 应付债券

（三）负债的分类

负债按流动性分为流动负债和非流动负债两大类。其中，流动负债是指预计在一个正常营业周期清偿，或者主要为交易目的而持有，或者自资产负债表日起 1 年内（含 1 年）到期应予清偿，或者企业无权自主地将清偿推迟至资产负债表日后 1 年以上的负债。流动负债主要有：短期借款、应付账款、应付票据、预收账款、应付职工薪酬、应交税费、应付利息、应付股利、其他应付款等。非流动负债是指流动负债以外的负债，主要包括长期借款、应付债券、长期应付款等。

三、所有者权益要素

（一）所有者权益的概念

所有者权益也称股东权益，是指企业资产减去负债后，由所有者享有的剩余权益。所有者权益实际上是企业全部的资产扣除企业的全部负债后，由股东对企业净资产的所有权，即股东对企业资产的剩余索取权。

根据所有者权益的概念，所有者权益有以下三个特征：

（1）除非发生减资、清算或分派现金股利，企业不需要偿还所有者权益。

（2）企业清算时，只有在清偿所有负债后，剩余财产才返还给所有者。

（3）所有者凭借所有者权益能够参与企业利润的分配。

（二）所有者权益的确认条件

所有者权益体现的是所有者在企业中的剩余权益，因此，所有者权益的确认主要依赖于资产、负债、收入、费用、利得和损失，尤其是资产和负债的确认；所有者权益金额的确定也主要取决于资产和负债的计量。例如，企业接受投资者投入的资产，在该资产符合资产确认条件时，就相应地符合了所有者权益的确认条件；当该资产的价值能够可靠计量时，所有者权益的金额也就可以确定。

（三）所有者权益的分类

所有者权益按来源分为所有者投入的资本、直接计入所有者权益的利得和损失以及留存收益，具体包括实收资本或股本、资本公积（股本溢价或资本溢价、其他资本公积）、盈余公积（法定盈余公积、任意盈余公积）和未分配利润。

其中，所有者投入的资本是指所有者按投资合同或协议约定实际投入企业的资本，既包括构成企业注册资本或者股本的金额，也包括投入资本超过注册资本或股本部分的金额。直接计入所有者权益的利得和损失，是指企业在非日常活动中形成的不应直接计入当期损益、会导致所有者权益发生增减变动的、与所有者投入资本或者向所有者分配利润无关的利得或者损失。留存收益是企业历年实现的净利润留存于企业的部分，主要包括盈余公积和未分配利润。

【例2-7】 判断正误：所有者权益的确认主要依赖资产、负债、收入、费用、利得和损失。   （   ）

【例2-8】 下列各项中，属于所有者权益的有（   ）。

A. 实收资本或股本   B. 资本公积

C. 盈余公积   D. 应收股利

四、收入要素

（一）收入的概念

收入，是指企业在日常活动中形成的、会导致所有者权益增加的、与所有者投入资本无关的经济利益的总流入。根据收入的概念，收入具有以下几个方面的特征：

1. 收入是企业在日常活动中形成的

日常活动是指企业为完成其经营目标所从事的经常性活动以及相关的辅助性的活动，如制造性企业的产品销售活动，商业企业的商品购销活动，金融企业的存贷款活动，租赁企业的出租业务等。明确界定日常活动是为了将收入与利得相区分，因为企业非日常活动所形成的经济利益的流入不能确认为收入，而应当计入利得。

2. 收入会导致所有者权益的增加

与收入相关的经济利益的流入应当会导致所有者权益的增加，不会导致所有者权益增加的经济利益的流入不符合收入的概念，不应确认为收入。如企业向债权人借入款项，尽管也导致了企业经济利益的流入，但该流入并不导致所有者权益的增加，反而使企业承担了一项现时义务，应当确认为一项负债。

3. 收入是与所有者投入资本无关的经济利益的总流入

收入应当会导致经济利益的流入，从而导致资产的增加。如企业销售商品，应当收到现金或者有权在未来收到现金，才表明该交易符合收入的概念。但是在实务中，经济利益的流入有时是所有者投入资本的增加所导致的，所有者投入资本的增加不应当确认为收入，应当将其直接确认为所有者权益。

（二）收入的确认条件

企业收入的来源渠道多种多样，不同收入来源的特征有所不同，其收入确认条件也往往存在差别，但都至少应当符合以下三个条件：

（1）与收入相关的经济利益应当很可能流入企业。

（2）经济利益流入企业的结果会导致资产的增加或者负债的减少。

（3）经济利益的流入额能够可靠计量。

（三）收入的分类

1. 按经济业务的性质分类

收入按经济业务的性质分为销售商品收入、提供劳务收入、让渡资产使用权收入。其中，销售商品收入，是指企业通过销售商品、材料等获得的收入；提供劳务收入，是指企业通过提供管理咨询、建筑安装、法律咨询、导游等业务获得的收入；让渡资产使用权收入，是指企业通过资产出租、资产出借等获得的收入。

2. 按重要性分类

收入按重要性分为主营业务收入、其他业务收入。

【例 2 - 9】判断正误：所有流入企业的经济利益都属于企业的收入。　　　　（　　）

【例 2 - 10】判断正误：某项经济利益流入企业，就属于企业的收入。　　　　（　　）

【例 2 - 11】下列各项中，属于企业收入的有（　　　）。

A. 预收客户的货款 　　　　　　　　B. 销售货物，款项已收到

C. 提供劳务，款项已收到 　　　　　　D. 接受捐赠的款项

五、费用要素

（一）费用的概念

费用，是指企业在日常活动中发生的、会导致所有者权益减少的、与向所有者分配利润无关的经济利益的总流出。根据费用的概念，费用具有以下几方面的特征：

1. 费用是企业在日常活动中形成的

费用必须是企业在日常活动中所形成的，对日常活动的界定与收入概念中涉及的日常活动的界定相一致。日常活动所产生的费用通常包括销售成本（营业成本）、职工薪酬、折旧费、无形资产摊销等。将费用界定为日常活动所形成的，目的是将其与损失相区分，企业非日常活动所形成的经济利益的流出不能确认为费用，而应当计入损失。

2. 费用会导致所有者权益的减少

与费用相关的经济利益的流出应当会导致所有者权益的减少，不会导致所有者权益减少的经济利益的流出不符合费用的概念，不应确认为费用。

3. 费用是与向所有者分配利润无关的经济利益的总流出

费用的发生应当会导致经济利益的流出，从而导致资产的减少或者负债的增加，其表现形式包括现金或者现金等价物的流出，存货、固定资产和无形资产等的流出或者消耗等。企业向所有者分配利润也会导致经济利益的流出，而该经济利益的流出属于所有者权益的抵减项目，不应确认为费用，应当将其排除在费用的概念之外。

（二）费用的确认条件

费用的确认除了应符合概念外，还应当满足严格的条件，包括以下三个方面：

（1）与费用相关的经济利益应当很可能流出企业。

（2）经济利益流出企业的结果会导致资产的减少或者负债的增加。

（3）经济利益的流出额能够可靠计量。

（三）费用的分类

企业费用可以分为可直接计入产品成本的费用和期间费用两类。其中，直接计入产品成本的费用包括直接材料、直接人工和制造费用等；期间费用包括管理费用、财务费用和销售费用，期间费用在期末直接转入本年利润，而不计入产品成本中。

【例 2 - 12】判断正误：所有流出企业的经济利益都属于企业的费用。　　　　（　　）

【例 2 - 13】下列各项中，属于企业费用的有（　　　）。

A. 主营业务成本　　　B. 其他业务成本　　　C. 营业外支出　　　　D. 管理费用

六、利润要素

(一) 利润的概念

利润,是指企业在一定会计期间的经营成果,主要体现为在一定会计期间内企业通过从事生产经营活动而实现的盈利或者发生的亏损。一般地,如果企业通过生产经营活动实现了一定数额的盈利,表明该企业的经营成果好,所有者权益有所增加;如果企业通过生产经营活动发生亏损,表明该企业的经营成果不好,所有者权益有所减少。在实际工作中,利润往往是评价企业经营管理活动业绩的一项直观的重要的指标,也是会计信息使用者进行决策时的重要参考依据。

利润包括收入减去费用后的净额以及直接计入当期利润的利得和损失等。其中,收入减去费用后的净额反映的是企业日常经营活动的业绩。企业应当严格区分收入和利得、费用和损失,以更加全面准确地反映企业的经营业绩。

(二) 利润的确认条件

利润反映的是收入减去费用加上利得减去损失后的净额。因此,利润的确认主要依赖于收入和费用以及利得和损失的确认,其金额的确定也主要取决于收入、费用、利得和损失金额的计量。

【例2-14】下列各项中反映企业经营成果的要素有 (   )。

A. 负债　　　　　B. 收入　　　　　C. 费用　　　　　D. 利润

七、会计要素计量属性

会计计量是为了将符合确认条件的会计要素登记入账并列报于财务报表而确定其金额的过程。企业应当按照确定的计量属性进行确认、计量和报告。会计要素的计量属性主要包括历史成本、重置成本、可变现净值、现值和公允价值。

(一) 历史成本

历史成本又称实际成本,是企业取得或制造某项财产物资时所实际支付的现金或者其他等价物。在历史成本计量下,资产按照其购置时支付的现金或现金等价物的金额,或者按照购置资产时所付出的对价的公允价值计量。负债按照其因承担现时义务而实际收到的款项或资产的金额,或者按照承担现时义务的合同金额,或者按照日常活动中为偿还负债预期需要支付的现金或者现金等价物的金额计量。大部分的交易或事项都可以采用历史成本计量。

(二) 重置成本

重置成本又称现行成本,是指按照当前市场条件,重新取得同样一项资产所需支付的现金或现金等价物金额。在重置成本下,资产按照现在购买相同或者相似资产所需支付的现金或者现金等价物的金额计量。负债按照现在偿付该项债务所需支付的现金或者现金等价物的金额计量。重置成本实际上是按照当前的市场行情重新估算现有的资产或负债的价值的方法,重置成本一般用在盘盈固定资产的核算。

(三) 可变现净值

可变现净值,是指在生产经营过程中,以预计售价减去进一步加工成本和销售所必需的预计税金、费用后的净值。在可变现净值计量下,资产按照其正常对外销售的所能收到现金或者现金等价物的金额扣减该资产至完工时估计将要发生的成本、估计的销售费用以及相关税金后的金额计量。可变现净值是把企业的存货按照目前的市场售价减去加工环节和销售环节预计发生的各项税费后的净额，是估算企业存货价值的方法，并没有实际出售存货换取资金。

（四）现值

现值，是指对未来现金流量以恰当的折现率进行折现后的价值，是考虑货币时间价值等因素的一种计量属性。在现值计量下，资产按照预计从其持续使用和最终处置中所产生的未来现金流入量的折现金额计量。负债按预计期限内需要偿还的未来现金流出量的折现金额计量。现值是和终值相对应的，通过把未来某一时间点上的现金流量按照一定的折现率折算到某一个初始时间点，能够更好地预测未来，反映资产的成本和效益。

（五）公允价值

公允价值，是指在公平交易中，熟悉情况的交易双方自愿进行资产交换或者债务清偿的金额。在公允价值计量下，资产和负债按照在公平交易中，熟悉情况的交易双方自愿进行资产交换或者债务清偿的金额计量。在实务中，如果市场不公开，买卖双方交易中存在欺诈、隐瞒等不公平的行为，成交的价格不属于公允价值。

（六）会计要素计量属性的应用

在实务中，企业发生的交易或事项一般采用历史成本计量属性，历史成本是最常用的计量属性，可以用来衡量大部分交易或事项。企业如果采用历史成本以外的计量属性，应当取得更加可靠的依据，证明采用其他会计要素计量属性能够更真实地反映企业的信息，如在盘盈固定资产时，采用重置成本计量属性能够更真实地反映盘盈固定资产的现时价值；在存货期末计价时，采用可变现净值计量属性能够更真实地反映期末存货的价值；在非流动资产可收回金额计量时，采用现值计量属性能够更真实地反映非流动资产未来可收回金额的现时价值；在交易性金融资产、可供出售金融资产等计量时，采用公允价值计量属性能够更真实地反映交易性金融资产、可供出售金融资产在市场上的交易价格。

【例 2 – 15】会计的计量属性包括（　　　）。
A. 历史成本　　　　B. 重置成本　　　　C. 公允价值
D. 现值　　　　　　E. 可变现净值

任务二　认识会计等式

一、会计等式的概念

会计等式，是指会计六要素之间存在的特定数量关系。会计等式主要包括会计恒等式、会计动态等式和会计扩展等式。

企业会计要素包括资产、负债、所有者权益、收入、费用和利润六种类型，前面三个要素资产、负债和所有者权益反映了资金运动的相对静止状态；后面三个要素收入、费用和利润反映了资金运动的显著运动状态；会计要素之间具有紧密的相关性，在数量上存在特定的平衡关系，称为会计等式。会计等式是反映各项会计要素之间平衡关系的计算公式，它是设置会计科目、复式记账和编制会计报表的理论依据。

二、会计等式的类型

(一) 会计恒等式

会计恒等式是反映企业在特定日期财务状况的等式，是反映资金运动相对静止的等式，是企业运用复式记账法、试算平衡和编制资产负债表的理论依据。会计恒等式的表达如下：

资产 = 负债 + 所有者权益

或

资产 = 权益

这是最基本的会计等式，也称为第一恒等式。企业从事生产经营活动，必须拥有一定数量的资产，一定数量的资产是企业从事生产经营活动的基础；企业的资产来源主要包括所有者投入的资产和债权人借入的资产，所有者投入的资产形成所有者权益，债权人借入的资产形成企业的负债。在特定时点上，企业拥有的资产等于企业的所有者权益与负债之和，形成了"资产 = 负债 + 所有者权益"这一等式。在会计上，习惯把所有者权益和负债统称为权益，形成了"资产 = 权益"这一等式。其中，资产表现为各种形式，代表着权益的存在形式；权益反映了企业资产的来源。任何一个企业，有一定数额的资产，必然有一定数额的权益；有一定数额的权益，必然有一定数额的资产；没有无资产的权益，也没有无权益的资产。

【例 2 – 16】"资产 = 负债 + 所有者权益"这一等式是编制 (　　) 的基础。

A. 资产负债表　　　　B. 利润表　　　　　C. 现金流量表　　　　D. 所有者权益变动表

(二) 动态等式

动态等式反映了企业在一定会计期间的经营成果，是企业资金运动的动态表现形式，是企业编制利润表的依据。

企业从事生产经营活动的目的是实现利润。在经营活动中会获得一定数额的收入，也会发生一定数额的费用。通过一段时间内获得的收入与发生的费用对比，就可以反映企业在一段时间内的经营成果。企业在一段时间内实现的收入减去同期发生的费用后的余额，称为利润。动态等式的表达如下：

收入 – 费用 = 利润

在实务中，由于收入只反映日常活动产生的经济利益的流入，不包括非日常活动形成的直接计入当期利润的利得；费用只反映日常活动发生的经济利益的流出，不包括非日常活动发生的直接计入当期利润的损失，因此，收入减去费用后，还应当加上计入当期利润的利得减去损失，最后的计算结果才等于利润。

(三) 综合等式

综合等式是融合了静态会计要素、动态会计要素形成的等式。企业形成的利润，意味着所有者权益增加，企业形成的利润属于所有者权益的一部分，即把"收入 – 费用 = 利润"融合到"资产 = 负债 + 所有者权益"这一等式中，形成了综合会计等式。综合会计等式表达如下：

资产 = 负债 + 所有者权益 + (收入 – 费用)

或

资产 = 负债 + 所有者权益 + 利润

或

资产 + 费用 = 负债 + 所有者权益 + 收入

三、经济业务的发生对会计等式的影响

经济业务，是指企业在生产经营过程中发生的、会引起会计要素增减变动的交易或事项。在企业的生产经营活动中，资产、负债、所有者权益的数量不是静止不变的，会随着交易或事项的发生而改变，但无论何时何地，无论什么样的交易或事项，其变化都不会破坏会计等式的平衡关系，即"资产＝负债＋所有者权益"这一等式永远成立。

下面通过案例说明各项交易或事项的类型及其对会计等式的影响。

（一）资产与所有者权益同时增加，等式不变

【例 2 – 17】2017 年 2 月 2 日，FXR 有限责任公司收到韦老板投入资本 500 000 元，款项已存入银行。

解析： 该项业务的发生，一方面导致公司的资产（银行存款）增加了 500 000 元，另一方面导致公司的所有者权益（实收资本）增加了 100 000 元。该项业务发生后会计等式关系变为：

$$资产 ＝ 负债 ＋ 所有者权益$$
$$500\,000 \uparrow \qquad\qquad 500\,000 \uparrow$$

（二）资产与负债同时增加，等式不变

【例 2 – 18】2017 年 2 月 5 日，FXR 有限责任公司向银行借入短期借款 60 000 元，款项已存入银行。

解析： 该项业务的发生，一方面导致公司的资产（银行存款）增加了 60 000 元，另一方面导致负债（短期借款）增加了 60 000 元。该项业务发生后会计等式关系变为：

$$资产 ＝ 负债 ＋ 所有者权益$$
$$60\,000 \uparrow \quad 60\,000 \uparrow$$

（三）资产内部一增一减，等式不变

【例 2 – 19】2017 年 2 月 8 日，FXR 有限责任公司收到 KL 有限责任公司前欠货款 30 000 元，款项已存入银行。

解析： 该项业务的发生，一方面导致资产（银行存款）增加了 30 000 元，另一方面导致资产（应收账款）减少了 30 000 元。该项业务发生后会计等式关系变为：

$$资产 ＝ 负债 ＋ 所有者权益$$
$$30\,000 \uparrow$$
$$30\,000 \downarrow$$

（四）负债内部一增一减，等式不变

【例 2 – 20】2017 年 2 月 10 日，FXR 有限责任公司开出商业汇票支付前欠货款 20 000 元。

解析： 该项业务的发生，一方面导致负债（应付票据）增加了 20 000 元，另一方面导致负债（应付账款）减少了 20 000 元。该项业务发生后会计等式关系变为：

$$资产 ＝ 负债 ＋ 所有者权益$$
$$\qquad\quad 20\,000 \uparrow$$
$$\qquad\quad 20\,000 \downarrow$$

（五）所有者权益内部一增一减，等式不变

【例 2 – 21】2017 年 2 月 12 日，FXR 有限责任公司用资本公积 100 000 元转增实收资本。

解析：该项业务的发生，一方面导致所有者权益（实收资本）增加了 100 000 元，另一方面导致所有者权益（资本公积）减少了 100 000 元。该项业务发生后会计等式关系变为：

$$资产 \quad = \quad 负债 \quad + \quad 所有者权益$$
$$100\,000 \uparrow$$
$$100\,000 \downarrow$$

（六）资产与所有者权益同时减少，等式不变

【例 2 – 22】 2017 年 2 月 12 日，FXR 有限责任公司按法定程序减少注册资本 120 000 元，用银行存款支付给投资者。

解析：该项业务的发生，一方面导致资产（银行存款）减少了 120 000 元，另一方面导致所有者权益（实收资本）减少了 120 000 元。该项业务发生后会计等式关系变为：

$$资产 \quad = 负债 \quad + \quad 所有者权益$$
$$120\,000 \downarrow \qquad\qquad 120\,000 \downarrow$$

（七）资产与负债同时减少，等式不变

【例 2 – 23】 2017 年 3 月 5 日，FXR 有限责任公司用银行存款偿还到期的短期借款 60 000 元。

解析：该项业务的发生，一方面导致起资产（银行存款）减少了 60 000 元，另一方面导致负债（短期借款）减少了 60 000 元。该项业务发生后会计等式关系变为：

$$资产 \quad = \quad 负债 \quad + \quad 所有者权益$$
$$60\,000 \downarrow \qquad 60\,000 \downarrow$$

（八）负债减少、所有者权益增加，等式不变

【例 2 – 24】 2017 年 3 月 5 日，FXR 有限责任公司与 H 公司协商，同意将所欠 H 公司的货款 50 000 元转作对本公司的投资。

解析：该项业务的发生，一方面导致负债（应付账款）减少了 50 000 元，另一方面导致所有者权益（实收资本）增加了 50 000 元。该项业务发生后会计等式关系变为：

$$资产 \quad = \quad 负债 \quad + \quad 所有者权益$$
$$50\,000 \downarrow \qquad 50\,000 \uparrow$$

（九）负债增加、所有者权益减少，等式不变

【例 2 – 25】 2017 年 3 月 5 日，FXR 有限责任公司董事会研究决定，用盈余公积分配利润 100 000 元。

解析：该项业务的发生，一方面导致负债（应付股利）增加了 100 000 元，另一方面导致所有者权益（盈余公积）减少了 100 000 元。该项业务发生后会计等式关系变为：

$$资产 \quad = \quad 负债 \quad + \quad 所有者权益$$
$$100\,000 \uparrow \quad 100\,000 \downarrow$$

项目小结

　　会计要素是指对会计对象按照经济特征所做的具体分类，是会计核算内容的具体化。企业会计要素分为六类：资产、负债、所有者权益、收入、费用、利润。其中，资产、负债、所有者权益是反映企业某一特定日期财务状况的要素，也称静态要素；收入、费用、利润是反映企业在一定会计期间内经营成果的会计要素，也称动态要素。

资产，是指企业过去的交易或者事项形成的，由企业拥有或者控制的，预期会给企业带来经济利益的资源。

负债，是指企业过去的交易或者事项形成的，预期会导致经济利益流出企业的现时义务。

所有者权益也称股东权益，是指企业资产减去负债后，由所有者享有的剩余权益。

收入，是指企业在日常活动中形成的、会导致所有者权益增加的、与所有者投入资本无关的经济利益的总流入。

费用，是指企业在日常活动中发生的、会导致所有者权益减少的、与向所有者分配利润无关的经济利益的总流出。

利润，是指企业在一定会计期间的经营成果，主要体现为在一定会计期间内企业通过从事生产经营活动而实现的盈利或者发生的亏损。

会计要素计量属性包括历史成本、重置成本、可变现净值、现值和公允价值，企业一般使用历史成本计量属性，如果使用历史成本以外的计量属性，应当取得可靠的依据。

会计等式是反映各项会计要素之间平衡关系的计算公式，它是设置会计科目、复式记账和编制会计报表等理论依据。

会计等式包括：资产 = 负债 + 所有者权益；收入 − 费用 = 利润；资产 = 负债 + 所有者权益 + （收入 − 费用）。

习题与实训

一、思考题

1. 什么是会计要素？企业会计要素如何分类？
2. 什么是资产？资产的内容有哪些？资产是如何分类的？
3. 什么是负债？负债的内容有哪些？负债是如何分类的？
4. 什么是收入？收入的特点和确认条件是什么？
5. 会计等式有几种表达方式？各有什么特点？

二、单项选择题

1. 企业的固定资产属于（   ）会计要素。
   A. 资产　　　　　　B. 负债　　　　　　　C. 所有者权益　　　　D. 权益
2. 企业的资产主要来源于两部分，一部分是投资者投入，另一部分是（   ）投入。
   A. 企业职工　　　　B. 债权人　　　　　　C. 债务人　　　　　　D. 企业法人
3. 无论何时何地，一个企业的资产总额与权益总额（   ）。
   A. 一定不相等　　　B. 有时相等　　　　　C. 一定相等　　　　　D. 有时不相等
4. 一个企业的资产总额与所有者权益总额（   ）。
   A. 必然相等　　　　B. 有时相等　　　　　C. 不会相等　　　　　D. 只有在期末时相等
5. 一项资产增加，一项负债增加的经济业务发生后，都会使资产与权益原来的总额（   ）。
   A. 发生同增的变动　　　　　　　　　B. 发生同减的变动
   C. 不会变动　　　　　　　　　　　　D. 发生不等额的变动
6. KL 有限责任公司成立时，权益总额为 110 万元，现发生一笔以银行存款 10 万元偿还银行借款的经济业务，此时，该企业的资产总额为（　　　）。

　　A. 120 万元　　　　B. 90 万元　　　　C. 100 万元　　　　D. 70 万元

7. 企业收入的发生往往会引起（　　　）。

　　A. 负债增加　　　B. 资产减少　　　C. 资产增加　　　D. 所有者权益减少

8. 企业持有的房屋建筑物属于（　　　）。

　　A. 长期资产　　　B. 流动资产　　　C. 固定资产　　　D. 长期待摊费用

9. 对会计对象按经济特征进行分类称为（　　　）。

　　A. 会计科目　　　B. 会计原则　　　C. 会计要素　　　D. 会计方法

10. 下列项目中，属于流动资产项目组的是（　　　）。

　　A. 长期股权投资和长期应收款　　　B. 应收账款及存货

　　C. 企业的机器设备　　　D. 商标权及货币资金

11. 下列属于反映企业财务状况的会计要素是（　　　）。

　　A. 收入　　　B. 所有者权益　　　C. 费用　　　D. 利润

12. 引起资产和权益同时减少的业务是（　　　）。

　　A. 用银行存款偿还应付账款　　　B. 向银行借款直接偿还应付账款

　　C. 购买材料货款暂未支付　　　D. 工资计入产品成本但暂未支付

三、多项选择题

1. 下列等式中属于正确的会计等式有（　　　）。

　　A. 资产 = 权益　　　B. 资产 = 负债 + 所有者权益

　　C. 收入 – 费用 = 利润　　　D. 资产 = 负债 + 所有者权益 + （收入 – 费用）

2. 会引起"资产 = 负债 + 所有者权益"等式左右两边同时变动的经济业务有（　　　）。

　　A. 收到购货方偿还前欠货款存入银行　　B. 用银行存款偿还到期短期借款

　　C. 收到 A 企业投入机器设备一台　　　D. 用银行存款偿还前欠货款

3. 会引起"资产 = 负债 + 所有者权益"等式左边一增一减变动的经济业务有（　　　）。

　　A. 购买商品一批，货款尚未支付　　　B. 从银行提取备用金

　　C. 用银行存款购买机器一台　　　D. 接受国家投入资本

4. 下列各项中，属于流动负债的有（　　　）。

　　A. 应付票据　　　B. 应付账款　　　C. 应付利息　　　D. 应付债券

5. 下列各项中，符合资产要素定义的有（　　　）。

　　A. 是预期能给企业带来经济利益的　　　B. 是具有实物形态的

　　C. 是经济资源　　　D. 是企业拥有或控制的

6. 下列会计要素中，称为动态会计要素的有（　　　）。

　　A. 资产　　　B. 负债　　　C. 收入　　　D. 费用

7. 企业的费用具体表现为一定期间（　　　）。

　　A. 现金的流出　　　B. 企业其他资产的减少

　　C. 企业负债的增加　　　D. 银行存款的流出

8. 下列经济业务中，会引起"资产 = 负债 + 所有者权益"等式右边一增一减的业务有
（　　　）。

    A. 以银行存款偿还前欠贷款

    B. 某企业将本企业所欠贷款转作投入资本

    C. 将资本公积转增资本

    D. 向银行借款，存入银行

9. 下列属于流动资产的内容有（　　　）。

    A. 企业的银行存款　　　　　　　　B. 存放在仓库的商品

    C. 房屋建筑物和机器设备　　　　　D. 企业的办公楼

10. 下列各项中，属于负债的特征的有（　　　）。

    A. 负债是企业拥有或者控制的

    B. 负债是由于过去交易或事项所形成的当前的债务

    C. 负债是企业将来要清偿的义务

    D. 负债需要企业在将来以转移资产或提供劳务清偿

11. 下列各项中，属于企业静态会计要素的是（　　　）。

    A. 资产　　　　　B. 负债　　　　　C. 所有者权益　　　　　D. 费用

12. 下列各项中，属于所有者权益的有（　　　）。

    A. 实收资本　　　B. 负债　　　　　C. 资本公积　　　　　D. 应收账款

四、判断题

1. 会计要素中既有反映财务状况的要素，也有反映经营成果的要素。　　　　　　（　　）

2. 与所有者权益相比，负债一般有规定的偿还期，而所有者权益没有。　　　　（　　）

3. 会计上所称的"资产"仅指过去的交易或事项形成的、由企业拥有、预期会给企业带来经济利益流入的资源。　　　　　　　　　　　　　　　　　　　　　　　（　　）

4. 收入要素包括主营业务收入、其他业务收入及营业外收入等。　　　　　　　（　　）

5. 任何经济业务发生后，均会引起资产和权益同时发生增减变化，但资产和权益在数量上仍然始终相等。　　　　　　　　　　　　　　　　　　　　　　　　　　　（　　）

6. 企业接受捐赠物资一批，计价10万元，该项经济业务会引起收入增加，权益增加。　　　　　　　　　　　　　　　　　　　　　　　　　　　　　　　　　　（　　）

7. 企业以存款购买设备，该项业务会引起等式左右两方会计要素发生一增一减的变化。　　　　　　　　　　　　　　　　　　　　　　　　　　　　　　　　（　　）

8. 企业收到某单位还来欠款1万元。该项经济业务会引起会计等式左右两方会计要素发生同时增加的变化。　　　　　　　　　　　　　　　　　　　　　　　　（　　）

9. 不管是什么企业发生任何经济业务，会计等式的左右两方金额永不变，故永相等。　　　　　　　　　　　　　　　　　　　　　　　　　　　　　　　　　　（　　）

10. "资产＝负债＋所有者权益"所体现的平衡关系原理，是设置账户、进行复式记账和编制各种财务会计报告的理论依据。　　　　　　　　　　　　　　　　　（　　）

11. 企业发生的预收款项属于企业的资产要素。　　　　　　　　　　　　　（　　）

12. 企业发生的财务费用属于费用要素。　　　　　　　　　　　　　　　　（　　）

五、实训题

1. 确定下列各项目是属资产类、负责类，还是属所有者权益类，并分别计算三大会计要素的合计数。

内　容	资　产	负　债	所用者权益
①车间里的机器设备 185 000 元			
②国家对企业的投资 400 000 元			
③企业在银行的存款 85 000 元			
④企业欠银行的短期借款 60 000 元			
⑤库存的原材料 125 000 元			
⑥企业应付的购料款 37 000 元			
⑦职工预借的差旅费 1 000 元			
⑧企业应收客户的货款 128 000 元			
⑨应交国家的税金 53 000 元			
⑩车间尚未完工的产品 26 000 元			
合　计			

2. 计算下列括号内的数字。

元

项目	资　产	负　债	所有者权益
①	12 500	1 800	（　　）
②	28 000	（　　）	12 500
③	（　　）	11 600	39 750

3. 根据已给资料，计算下列括号内的数字。

元

项目	资　产	费　用	负　债	所有者权益	收　入
①	20 500	9 000	2 000	12 000	（　　）
②	34 000	12 000	8 000	（　　）	20 000
③	19 000	18 000	（　　）	7 000	24 000
④	45 000	（　　）	22 000	14 000	32 000
⑤	（　　）	1 000	2 300	4 800	1 900
合　计	（　　）	（　　）	（　　）	（　　）	（　　）

4. FX 有限责任公司 2017 年 3 月份有关项目的期初余额如下：

银行存款　　　　8 000 元　　　　现金　　　　　　1 520 元

原材料　　　　 81 520 元　　　　库存商品　　　　2 400 元

固定资产　　　142 500 元　　　　短期借款　　 108 000 元

实收资本　　　127 940 元

FX 有限责任公司 2017 年 3 月份发生下列经济业务：

（1）2日，用银行存款4 000元，购入一批原材料；

（2）2日，从银行提取3 000元现金备用；

（3）3日，收到外商投入资本90 000元，存入银行；

（4）7日，向义利公司销售产品，价款24 000元，存入银行；

（5）8日，以现金支付业务招待费500元；

（6）8日，生产产品领用原材料8 000元；

（7）10日，向星海工厂购入原材料，价款10 000元，以银行存款支付；

（8）15日，向运河工厂销售产品，价款8 000元，尚未收到；

（9）20日，支付本月份水电费2 500元，用银行存款付讫；

（10）25日，以现金购买办公用品，发给厂部使用，价款200元；

（11）26日，购进原材料，价款5 000元，尚未支付；

（12）30日，收到运河工厂交来的货款8 000元，结清前欠货款，已存入银行。

要求：

（1）确定月初资产、负债、所有者权益的数量关系；

（2）分析每一笔经济业务，判断其属于什么类型的经济业务、涉及哪些会计科目；

（3）确定月末资产、负债、所有者权益的数量关系。

项目三

认识和使用原始凭证

学习目标

认识原始凭证的概念、分类、作用；
理解原始凭证的填列方法和填列要求；
掌握原始凭证在实际工作中的应用。

引 例

小张对"证据"的困惑

小张会计专业毕业后，到一个大型公司上班，每天都发生很多业务。小张的师父告诉她："会计做账要有依据，没有依据做出来的账是假账；就如同警察办案，如果没有证据就抓人是不行的。"小张似懂非懂地点点头，同时在思考：有些业务发生了，没拿到证据怎么办，能不能做账呢？你知道吗？

任务一　认识原始凭证

一、原始凭证的概念

原始凭证又称单据，是指企业在经济业务发生或完成时取得或填制的，用以证明经济业务发生以及完成情况的原始的书面证明。原始凭证是证明经济业务发生或完成情况的原始依据，是明确相关责任人经济责任的重要依据，是规范企业经济管理活动的必要手段，是国家监管部门执行监管的法律依据。在实际工作中，职工名册、购销合同、采购申请单等不能证明经济业务发生或完成情况的单据和资料不能确认为原始凭证。

二、原始凭证的基本内容

企业发生的经济业务是多种多样的，不同的经济业务，适用不同类型的原始凭证，其内容和格式也是不相同的。但是，原始凭证应当具备如下内容：

1. 写明原始凭证的名称及编号

原始凭证必须有明确的名称，用于凭证的管理和业务处理。要求编号的原始凭证，应根据经济业务发生的先后顺序连续编号。

2. 写明原始凭证的日期

凭证填制的日期就是经济业务发生的日期，便于对经济业务的审查。

3. 接受原始凭证的单位或个人

证明经济业务是否确实是本单位发生的，以便于记账和查账。值得注意的是，单位的名称必须是全称，不得省略。

4. 经济业务内容

完整地填写经济业务的内容，便于了解经济业务的具体情况，检查其真实性、合理性和合法性。

5. 经济业务的数量、单价和金额

数量、单价和金额，这是经济业务发生的量化证明，是保证会计资料真实性的基础，特别是大、小写金额必须按规定完整填写，防止出现舞弊行为。

6. 填制原始凭证的单位名称或者填制人姓名

填制凭证的单位或个人是经济业务发生的证明人。

7. 责任人签名或盖章

凭证上的签名、盖章人，是经济业务的直接经办人，签名、盖章可以明确经济责任。

三、原始凭证的分类

企业发生的不同类型的经济业务，采用不同类型的原始凭证。原始凭证可以按照其来源、填列方式和内容格式进行分类。

（一）按来源不同分类

按来源不同，原始凭证可以分为外来原始凭证和自制原始凭证。

1. 外来原始凭证

外来原始凭证，是指企业发生经济业务时，由业务的经办人员从其他单位或个人直接取得的原始凭证。外来原始凭证是由外单位或个人填制的，所有的外来原始凭证都是一次凭证。常见的外来原始凭证有：采购时取得的增值税专用发票或普通发票，乘坐交通工具时取得的火车票、汽车票、船票、飞机票，外单位或个人开来的收据，汇款、转账的回单等。

外来原始凭证的格式示例如表 3-1、表 3-2 所示。

表 3-1 中国建设银行进账单（回单）

年 月 日

付款人	全 称		收款人	全 称								
	账 号			账 号								
	开户银行			开户银行								
金额	人民币（大写）			百	十	万	千	百	十	元	角	分
票据种类	支 票	票据张数		收款人开户银行盖章								
票据号码												

此联是开户银行交给持票人的回单

表3-2　增值税专用发票

开票日期：　　　年 月 日

购货单位	名　　称：					密码区				
	纳税人识别号：									
	地址、电话：									
	开户行及账号：									
货物或应税劳务名称	规格型号	单　位	数　量	单　价	金　额	税率	税　额
合　计							
价税合计（大写）			（小写）				
销货单位	名称：			备注			
	纳税人识别号：						
	地址、电话：						
	开户行及账号：						

全国统一发票监制章
贵州省
国家税务总局监制

第二联：发票联　购货方记账凭证

收款人：　　　　　复核：　　　　　开票人：　　　　　销货单位：（章）

2. 自制原始凭证

自制原始凭证，是指企业的业务经办部门和人员在经济业务发生或完成时所填制的原始凭证。自制原始凭证由单位内部的经办人员填制，大部分是一次性原始凭证。常见的自制原始凭证有商品、材料物资验收入库时的产品入库单、收料单，销售商品时开出的发货单，领料单等。

自制原始凭证的格式示例如表3-3至表3-5所示。

表3-3　产品入库单

交库单位：　　　　　　　年 月 日　　　　　　编号：

编号	产品名称	规格型号	计量单位	数量	单价	金额
备注				合计		

验收人员：　　　　　　　　保管人员：

表 3 - 4 领料单

领料部门：　　　　　　　　年　　月　　日　　　　　　凭证编号：

材料编号	材料规格及名称	计量单位	数量		价格	
			申请数额	实际领用	单价	金额/元
备注					合计	

发料人：　　　　　　　　　　　　领料人：

表 3 - 5 发出材料汇总

年　　月　　日　　　　　　　　　　　　单位：元

部门/用途	××材料			××材料			××材料			合计
	数量	单价	金额	数量	单价	金额	数量	单价	金额	
合计										

会计主管：　　　　　　　　会计：　　　　　　　　　　　制表：

（二）按填制方法不同分类

按填制方法不同，原始凭证可分为一次凭证、累计凭证和汇总凭证。

1. 一次凭证

一次凭证，是指企业对发生的一项或相同类型的若干项经济业务，在发生或完成时一次填制完成的原始凭证。一次凭证只能使用一次，所有的外来原始凭证和大部分的自制原始凭证都属于一次凭证，常见的一次凭证有收据、增值税发票、收料单、领料单、入库单、借款单等。

借据的格式如表3-6所示。

表3-6 借据

年 月 日 编号：

借款人		借款事由	
借款金额	人民币（大写）： 小写：		
负责人签字			

会计主管： 复核： 出纳： 签收：

2. 累计凭证

累计凭证，是指企业将在一定时期内连续的、不断重复发生的相同类型的经济业务填制在一张原始单据上。累计凭证是随着经济业务的发生而分次登记使用的，可以减少凭证张数，简化填制手续；同时，也可以随时计算累计发生数，以便与计划或定额数量进行比较，反映经济业务发生或完成的情况，便于企业内部管理。典型的累计凭证是"限额领料单"。

限额领料单的格式如表3-7所示。

表3-7 限额领料单

年 月 日

产品名称： 领料部门： 编号：

材料编号	材料名称	材料规格	计量单位	领料限额	全月实用	
					数量	金额
领料日期	申请数量	实发数量	领料人签章	发料人签章	限额结余	
合 计						

供应部门签章： 生产部门签章： 仓库管理员：

3. 汇总凭证

汇总凭证，也叫原始凭证汇总表，是指企业根据发生的若干项相同类型经济业务的原始凭证加以汇总编制的原始凭证。汇总原始凭证可以将相同类型的经济业务的单据汇总在一起，为编制记账凭证提供依据，节约记账凭证编制的工作量。常见的汇总凭证有领料汇总表、工资结算汇总表、差旅费报销单等。

领料汇总表的格式如表3-8所示。

表3-8　领料汇总表

年　　月　　日　　　　　　　　　　　　　　　　　　　单位：元

部门/用途	××材料			××材料			××材料			合计
	数量	单价	金额	数量	单价	金额	数量	单价	金额	
合计										

会计主管：　　　　　　　　　会计：　　　　　　　　制表：

（三）按格式不同分类

按格式不同，原始凭证分为通用凭证和专用凭证。

1. 通用凭证

通用凭证，是指在全国或某一地区、某一行业通用的，由相关部门统一印制具有相同格式的原始凭证。常见的通用凭证有：银行统一印制的结算凭证、增值税发票、火车票、汽车票等。

2. 专用凭证

专用凭证，是指企业自己设计的具有特定内容、格式和专门用途的原始凭证。专用凭证是为了满足企业的经营管理需要而设置的，具有特殊性。常见的专业凭证有借据、入库单、工资表等。

任务二　掌握原始凭证的填制和审核

一、原始凭证的填制

原始凭证是经济业务发生或完成的原始书面证明，是记账的重要依据。因此，原始凭证应当按照统一的要求填制，具体包括六个方面：

1. 记录真实

记录真实，要求企业填制原始凭证时应当以实际发生的经济业务为依据进行填制，如实反映经济业务的真实内容，不得伪造、虚构、篡改经济业务。记录真实具体包括：原始凭证上填制的日期、经济业务内容和数字必须按照经济业务的实际发生或完成情况来填制，保证其真实、可靠。

2. 内容完整

内容完整，要求原始凭证上列示的各个项目应当填写完整，不得遗漏。内容完整具体包括：原始凭证上的文字和数字必须书写清楚，易于辨认；名称要写全，不能简化；品名、摘要和用途要填写明确，不得含糊不清；数量、单价、金额等的计算必须填写完整，有关部门和人员的签名和盖章必须齐全，不得遗漏。项目填写不齐全的原始凭证不能作为经济业务的合法证明，也不能作为编制记账凭证的附件和依据。

3. 手续完备

手续完备，要求企业填制原始凭证应当按照程序执行，不得缺失。手续完备具体包括：单位自制的原始凭证必须有业务经办人员的部门和人员签名或盖章；对外开出的凭证必须加盖本单位的公章或财务专用章；从外部取得的原始凭证必须有填制单位公章或财务专用章；购买实物，应当有实物验收证明；支付款项，应当有相关的支付凭证。总之，取得的原始凭证必须符合手续完备的要求，以明确经济责任，确保凭证的合法性、真实性。

4. 填制及时

填制及时，要求企业对发生或完成的经济业务，要及时地办理，不得拖延。填制及时具体包括：每项经济业务在发生或完成以后，都要及时填制原始凭证，做到不积压、不误时、不事后补制。原始凭证经签章后即递交会计部门，以便会计部门审核后及时据以编制记账凭证，保证会计工作的时效性。

5. 编号连续

编号连续，要求企业使用原始凭证时，应当遵循连续编号，不得跳号。编号连续具体包括：原始凭证要顺序连续或分类编号，在填制时要按照编号的顺序使用，跳号的凭证要加盖"作废"戳记，连同存根一起保管，不得撕毁。

6. 书写规范

书写规范，要求企业中填制原始凭证时按规定填写，原始凭证要用蓝色或黑色墨水书写。原始凭证中文字、数字的书写要清晰、工整、规范，做到字迹端正，易于辨认，不得随意使用未经国务院颁布的简化字，大、小写金额要一致。复写的凭证要不串行、不串格、不模糊，一式几联的原始凭证应当注明各联的用途。书写规范具体包括：

（1）阿拉伯数字应当一个一个地写，不得连笔写。在金额书写中，阿拉伯数字不得连笔，特别是要连写几个"0"时，也一定要单个地写，不能将几个"0"连在一起一笔写完。数字排列要整齐，数字之间的空隙要均匀，不宜过大。

（2）阿拉伯小写金额数字前面应当书写货币币种或者货币名称简写和币种符号，如人民币符号"￥"，美元符号"$"。币种符号与阿拉伯金额数字之前不得留有空白。凡阿拉伯数字前写有币种符号的，数字后面不再写货币单位。所有以元为单位（其他货币种类为货币基本单位，下同）的阿拉伯数字，除表示单价等情况外，一律填写到角分；无角分的，角位和分位可写"00"或符号"－"；有角无分的，分位应当写"0"，不得用符号"－"代替。

（3）汉字大写金额数字如零、壹、贰、叁、肆、伍、陆、柒、捌、玖、拾、佰、仟、万、亿等，一律用正楷字或者行书体书写，不得用简化字代替，更不得任意自造简化字。大写金额数字到元或角为止的，在"元"或者"角"字之后应写"整"或者"正"；大写金额数字有分的，分字后面不写"整"或者"正"字。

（4）大写金额数字前未印有货币名称的，应当加填货币名称，名称与金额数字之间不得留有空白。大写金额应当紧挨着货币名称后面书写，货币名称和大写金额之间不得留空，防止篡改数据。

（5）大小写金额对应填写。阿拉伯金额数字中间有"0"时，汉字大写金额要写"零"字，如103 452，汉字大写金额为"人民币壹拾万零叁仟肆佰伍拾贰元整"；阿拉伯数字金额中间连续有几个"0"时，汉字大写金额中可以只写一个"零"字，如100 052，汉字大写金额为"人民币壹拾万零伍拾贰元整"；阿拉伯数字元位是"0"，或者数字中间连续有几个"0"但角位不是"0"时，汉字大写金额可以只写一个"零"字，也可以不写"零"字。如人民币100 000.52元，汉字大写金额可以写成"人民币壹拾万元零伍角贰分"，也可以写成"人民币壹拾万元伍角贰分"。

二、原始凭证的审核

（一）原始凭证的审核要求

为了正确地反映经济业务的发生或完成情况，充分发挥会计的监督职能，保证原始凭证的真实性、合法性、合理性，会计机构负责人或经其指定的审核人员必须认真地、严格地审核原始凭证。只有经过审核无误的原始凭证才能作为编制记账凭证的依据。

原始凭证的审核主要包括以下五个方面：

1. 真实性审核

主要是审核凭证所反映的内容是否符合所发生的实际情况，数字、文字有无伪造、涂改、重复使用和大头小尾、各联之间数字不符等情况。主要包括：内容记载是否清晰，有无掩盖事情真相的现象；凭证抬头是不是本单位；数量、单价与金额是否相符；认真核对笔迹，有无模仿领导笔迹签字冒领现象；有无涂改，有无添加内容和金额；有无移花接木的凭证。

2. 合法性审核

合法性审核是以有关政策、法规和制度等为依据，审查凭证所记录的经济业务是否符合有关规定，有无贪污盗窃、虚报冒领、伪造凭证等违法现象，有无不讲经济效益，违反计划和标准的要求等。不合法、不合理的原始凭证包括：多计或少计收入、支出、费用、成本；擅自扩大开支范围；提高开支标准；巧立名目，虚报冒领，违反规定出借公款、公物；套取现金，签发空头支票；私分公共财物和资金；擅自动用公款、公物请客送礼等现象。

3. 合理性审核

合理性审核是审核所发生的经济业务是否符合厉行节约、反对浪费、有利于提高经济效益的原则，有否违反该原则的现象。如经审核原始凭证后确定有突击使用预算结余购买不需要的物品，有对陈旧过时设备进行大修理等违反上述原则的情况，不能作为合理的原始凭证。

4. 正确性审核

正确性审核是审核原始凭证在计算方面是否存在失误。如经审核凭证后确定有业务内容摘要与数量、金额不相对应，业务所涉及的数量与单价的乘积与金额不符，金额合计错误等情况，不能作为正确的原始凭证。对于审核后的原始凭证，如发现有不符合上述要求，有错误或不完整之处，应当按照有关规定进行处理；如符合有关规定，就一定根据审核无误的原始凭证来编制记账凭证。

5. 完整性审核

完整性审核主要是审核原始凭证各个项目是否填写齐全，数字是否正确；名称、商品规格、计量单位、数量、单价、金额和填制日期的填写是否清晰，计算是否正确。对要求统一使用的发票，应检查是否存在伪造、挪用或用作废的发票代替等现象，凭证中应有的印章、签名是否齐全，审批手续是否健全等。

6. 及时性审核

及时性审核主要是审核经济业务发生或完成时是否及时填制了有关原始凭证，是否及时进行了凭证的传递。审查时应注意审核凭证的填制日期，尤其是支票、商业汇票等时效性较强的原始凭证，更应仔细验证其签发日期。

（二）原始凭证审核后的处理

会计人员在审核原始凭证时，一定要坚持原则，认真履行职责。《中华人民共和国会计法》（以下简称《会计法》）第十四条规定："会计机构、会计人员必须按照国家统一的会计制度的规定对原始凭证进行审核。审核后分三种情况处理：一是对于完全符合要求的原始凭证，应及时编制记账凭证入账；二是对不真实、不合法的原始凭证有权不予接受，并向单位负责人报告；三是对记载不准确、不完整的原始凭证予以退回，并要求按照国家统一的会计制度的规定更正、补充。"

三、原始凭证真伪的判断

不论原始凭证舞弊采用什么方式，其原始凭证上都会直接或间接地表现出以下特点中的一点或几点：

1. 刮、擦、用胶带拉扯的原始凭证

刮、擦、用胶带拉扯的原始凭证，其表面总会有毛粗的感觉，可用手摸、背光目视的方法检查出来；对用"消字灵"等化学试剂消退字迹而后写上的原始凭证，其纸张上显示出表面光泽消失，纸质变脆，有淡黄色污斑和隐约可见的文字笔画残留，纸张的格子线和保护花纹受到破坏，新写的字迹由于药剂作用而渗散变淡等特征中的一条或几条。

2. 添加改写的原始凭证

对添加改写的原始凭证，其文字分布位置不合比例，字体不是十分一致，有时出现不必要的重描和交叉笔画。

3. 冒充签字的原始凭证

对冒充签字的原始凭证，其冒充签字常常在笔迹熟练程度、字形、字的斜度、字体方向和形态、字与字、行与行的间隔、字的大小，压力轻重，字的基本结构等方面存在差异，有时可以通过肉眼观察发现。

4. 伪造的原始凭证

对伪造的原始凭证可以通过对比原始凭证的防伪标志来鉴别，通过对比防伪标志和其他原始凭证的相关要素判断其真伪。如原始凭证监制部门不明确，印章模糊，票据纸质手感差等，很有可能是伪造的原始凭证。

5. 不规范、不完整的原始凭证

明显不规范，要素不全，经常缺少部分要素的原始凭证，其关键要素经常出现模糊，让人对其经济业务活动的全貌感到模糊。例如购买办公用品（实为购买个人消费品）的假凭证，往往只注明"办公用品"，而不注明到底购买了什么办公用品及其规格、型号、品种、数量等。

6. 金额不明细的原始凭证

对金额不明细的原始凭证，其金额往往只有一个总数，而没有分项目的明细数据，经不起推敲，可以着重核对其金额的对应关系。

7. 经手人不明确的原始凭证

对经手人不明确的原始凭证，应当详细核对是否属实。经手人有时有名无姓或有姓无名，如果仔细追问很可能查无此人，因此，经手人是否明确是判断原始凭证真伪的一个有效途径。

8. 时间不符合的原始凭证

对业务活动发生的时间与记录时间不一致的原始凭证，应当通过第三方确认核对，判断其真伪。

9. 证明材料不足的原始凭证

对证明材料不足的原始凭证，如销售货物只有销售发票而无发货单据、托运证明、出门单、结算凭证等，应当通过销售方验证判断。

10. 形式不规则的原始凭证

对凭证的形式不规则，以非正规的票据凭证代替正规的原始凭证，如用货币收付凭证代替实物收付凭证，以自制凭证代替外来凭证，以非购销凭证代替购销凭证等，应当通过对应的逻辑关系判断。

另外，原始凭证的内容、结算方式、资金流向与对方单位等处都可能存在异常。

项目小结

原始凭证又称单据，是指企业在经济业务发生或完成时取得或填制的，用以证明经济业务的发生内容和完成情况的原始书面证明。

原始凭证的内容包括：写明原始凭证的名称及编号，写明原始凭证的日期，接受原始凭证的单位或个人，经济业务内容，经济业务的数量、单价和金额，填制原始凭证的单位名称或者填制人姓名，责任人签名或盖章。

原始凭证按照不同要求有不同的分类，可以按来源分类，按填制方法分类，按格式分类。

原始凭证的填制要求包括：记录真实，内容完整，手续完备，填制及时，编号连续，书写规范。

原始凭证的审核要求包括：真实性审核，合法性审核，合理性审核，正确性审核，完整性审核，及时性审核。

习题与实训

一、思考题

1. 什么是原始凭证？原始凭证有哪些内容？

2. 原始凭证是怎么分类的？

3. 原始凭证填制有哪些基本要求？

4. 原始凭证是如何审核的？

5. 判断原始凭证真伪的手段有哪些？

二、单项选择题

1. 对外来原始凭证的审核内容不包括（　　　）。

    A. 经济业务的内容是否真实 　　　B. 填制单位公章和填制人员签章是否齐全

    C. 填制凭证的日期是否真实 　　　D. 是否有本单位公章和经办人签章

2. 在审核原始凭证时，对于内容不完整、填制有错误或手续不完备的原始凭证，应（　　　）。

    A. 拒绝办理，并向本单位负责人报告 B. 予以抵制，对经办人员进行批评

    C. 由会计人员重新填制或予以更正 　D. 予以退回，要求更正．补充或重开

3. 单位在审核原始凭证时，发现外来原始凭证的金额有错误，应由（　　　）。

    A. 接受凭证单位更正并加盖公章 　　B. 原出具凭证单位更正并加盖公章

    C. 原出具凭证单位重开 　　　　　　D. 经办人员更正并报领导审批

4. 对原始凭证应退回补充完整或更正错误，是属于（　　　）。

    A. 原始凭证违法行为 　　　　　　　B. 原始凭证真实、合法、合理

    C. 原始凭证不真实、不合法 　　　　D. 真实、合法、合理但不完整

5. 下列内容属于原始凭证"完整性"审核范围的是（　　　）。

    A. 记录的经济业务有否违反国家法律法规

    B. 记录的经济业务有否违反企业内部制度、计划和预算

    C. 原始凭证是否经填制单位签章，大小写金额是否齐全

    D. 大小写金额是否一致

6. 会计机构、会计人员对真实、合法、合理但内容不够完整、填写有错误的原始凭证，应当（　　　）。

    A. 不予受理 　　　　　　　　　　　B. 予以受理

    C. 予以纠正 　　　　　　　　　　　D. 予以退回，要求更正、补充或重开

7. 审核原始凭证所记录的经济业务是否符合企业生产经营活动的需要、是否符合有关的计划和预算，属于（　　　）审核。

    A. 合理性 　　　　B. 合法性 　　　　C. 真实性 　　　　D. 完整性

8. 会计人员审核原始凭证时，发现某原始凭证内容合理、合法，但不够完整、准确，按规定应（　　　）。

    A. 拒绝办理

    B. 及时办理

    C. 予以退回，要求补办手续或更改错误

    D. 及时销毁，并通知经办单位及有关人员

9. 下列有关原始凭证错误的更正不正确的是（　　　）。

    A. 原始凭证记载的各项内容均不得涂改

    B. 原始凭证金额错误的可在原始凭证上更正

  C. 原始凭证错误的应由出具单位重开，更正处加盖单位印章

  D. 原始凭证金额错误的不可在原始凭证上更正

10. 下列内容中，不属于原始凭证的审核内容的是（ ）。

  A. 凭证是否符合有关的计划和预算

  B. 会计科目使用是否正确

  C. 凭证是否符合规定的审核程序

  D. 凭证是否有填制单位的公章和填制人员签章

11. 会计机构、会计人员对不真实、不合法的原始凭证和违法收支（ ）。

  A. 有权不予受理   B. 予以退回

  C. 予以纠正   D. 予以反映

12. 下列原始凭证属于外来原始凭证的是（ ）。

  A. 入库单   B. 出库单   C. 银行收账通知单 D. 领料汇总表

13. 工资结算汇总表是一种（ ）。

  A. 一次凭证 B. 累计凭证 C. 汇总凭证   D. 复式凭证

14. 原始凭证是由（ ）取得或填制的。

  A. 总账会计   B. 业务经办单位或人员

  C. 会计主管   D. 出纳人员

15. 下列不能作为会计核算的原始凭证的是（ ）。

  A. 发货票   B. 合同书   C. 入库单   D. 领料单

三、多选选择题

1. 对原始凭证的审核内容包括（ ）。

  A. 真实性   B. 合法性   C. 完整性

  D. 正确性   E. 及时性

2. 对外来原始凭证的审核内容包括（ ）。

  A. 经济业务的内容是否真实

  B. 填制单位公章和填制人员签章是否齐全

  C. 填制凭证的日期是否真实

  D. 是否有本单位公章和经办人签章

3. 下列属于汇票和本票的防伪点的内容有（ ）。

  A. 纸张均为专用的防伪涂改纸

  B. 底纹采用彩虹印刷、微缩文字、变形曲线等多种防伪印刷技术

  C. 大写金额栏采用水溶性红色荧光油墨印制

  D. 号码采用棕黑色渗透性油墨印制

4. 下列属于发票监制章鉴别内容的有（ ）。

  A. 发票监制章形状为椭圆形

  B. 上环刻制"全国统一发票监制章"字样

  C. 下环刻制"国家税务局监制"或"地方税务局监制"字样

  D. 中间刻制监制税务机关所在地的全称或简称

5. 银行票据的审查应注意事项有（ ）。

A. 票据必须记载的事项是否齐全

B. 票据记载的收款人或背书人是否确为本单位或本人

C. 出票金额大小写是否一致，银行汇票、本票的小写金额是否用压数机压印

D. 票据上出票人、承兑人、背书人签章是否清晰并符合规定

6. 下列说法正确的是（　　　）。

A. 原始凭证必须记录真实，内容完整

B. 一般原始凭证发生错误，必须按规定办法更正

C. 有关现金和银行存款的收支凭证，如果填写错误，必须作废

D. 购买实物的原始凭证，必须有验收证明

7. 填制和审核会计凭证的意义有（　　　）。

A. 记录经济业务，提供记账依据　　　B. 明确经济责任，强化内部控制

C. 监督经济活动，控制经济运行　　　D. 促使企业盈利，提高企业竞争力

8. 对外来原始凭证进行真实性审核的内容包括（　　　）。

A. 经济业务的内容是否真实

B. 填制的凭证日期是否正确

C. 填制单位公章和填制人员签章是否齐全

D. 是否有本单位公章和经办人签章

9. 企业购买材料一批并已入库，该项业务有可能存在如下原始凭证（　　　）。

A. 发票　　　　　B. 支票　　　　　　C. 货运单据　　　　D. 入库单

10. 原始凭证的审核内容包括（　　　）等方面。

A. 真实性　　　　　　　　　　　B. 合法性

C. 合理性、正确性　　　　　　　D. 及时性、完整性

四、判断题

1. 对于不真实、不合法的原始凭证，会计人员应退回给有关经办人员，由其更正后，方可办理正式会计手续。（　　　）

2. 原始凭证金额出现错误的可以画线予以更正。（　　　）

3. 原始凭证有错误的，应当由出具单位重开或更正，并在更正处加盖出具单位印章。（　　　）

4. 原始凭证已预先印定编号的，在填写错误作废时，可以撕毁。（　　　）

5. 审核无误的原始凭证，是登记账簿的直接依据。（　　　）

6. 任何会计凭证都必须经过有关人员的严格审核，确认无误后，才能作为记账依据。（　　　）

7. 只要是真实的原始凭证就可以作为收付财物和记账的依据。（　　　）

8. 从外单位取得的原始凭证应盖有填制单位的公章，但有些特殊原始凭证例外。（　　　）

9. 从个人取得的原始凭证，必须有填制人员的签名盖章。（　　　）

10. 原始凭证上面可以不写明填制日期和接受凭证的单位名称。（　　　）

五、实训题

请分组比赛填写现金支票、转账支票、借据、领料单、出库单、入库单等原始票据，并评出各组比赛成绩。

认识会计科目、账户与记账方法

认识会计科目的概念、作用，会计科目的分类；

认识账户的概念、作用、分类；

认识会计记账方法的概念、分类；

理解常用会计科目的使用范围、账户的应用；

理解会计科目与账户的关系、复式记账法的应用；

掌握借贷记账法的实际应用、会计分录的编写及试算平衡表的应用。

新会计的困惑

一名即将毕业的大学生信心十足地到企业去面试。面试官问："你毕业了没有？"她说："没有，但我学过会计课程，我能胜任贵单位的会计工作。"面试官很好奇，便问了几个问题，如会计科目、账户的含义，它们之间的关系，不同经济业务的会计分录编写，她都能对答如流，于是顺利过关。面试官便拿出记账会计凭证，要求现场填写，她头脑一片空白，无从下手。为什么明明知道怎么写会计分录，却不会填会计凭证呢？你知道原因吗？

任务一 认识会计科目

一、会计科目的概述

（一）会计科目的概念

会计科目，是指对会计要素的具体内容按经济特征进行分类核算的项目，是会计层次中的第三个层次，反映详细的会计信息。在本书项目二里面学习了会计要素，会计要素属于会计层次中的第二个层次，然而，会计要素对于经济业务的反映不够详细，因为每一会计要素又包括若干具体项目，如资产要素里面又分为库存现金、银行存款、其他货币资金、应收及预付款项、原材料、库存商品、固定资产、无形资产等；负债要素里面又分为短期借款、应付职工薪酬、应缴税费、应付及预售款项、长期借款、长期应付款等。

（二）会计科目的分类

为了全面、系统、连续地核算企业各项交易或事项所引起会计要素的增减变动情况，满足信息使用者对会计信息质量的要求，有助于信息使用者使用会计信息，我们应当对会计科目进行科学分类。在实际工作中，对会计科目的分类主要有以下两种方法：

1. 按反映经济内容不同分类

会计科目按其反映经济内容不同分为资产类、负债类、共同类、所有者权益类、成本类和损益类科目。其中，资产类科目主要包括：库存现金、银行存款、其他货币资金、交易性金融资产、应收票据、应收账款、预付账款、其他应收款、原材料、在途物资、材料采购、库存商品、工程物资、在建工程、长期股权投资、固定资产、无形资产和长期待摊费用等。负债类科目主要包括：短期借款、交易性金融负债、应付票据、应付账款、预收账款、应付职工薪酬、应交税费、其他应付款、长期借款、应付债券、长期应付款等。共同类科目主要包括：清算资金往来、货币兑换、衍生工具等。所有者权益类科目主要包括：实收资本、资本公积、盈余公积和未分配利润、本年利润等。成本类科目主要包括：生产成本、制造费用、劳务成本、研发支出等。损益类科目主要包括：主营业务收入、其他业务收入、营业外收入、主营业务成本、其他业务成本、管理费用、财务费用、销售费用、资产减值损失、营业税金及附加、营业外支出等。

2. 按提供信息的详细程度及其统御关系分类

会计科目按其所提供信息的详细程度及其统御关系分为总分类科目和明细分类科目。其中，总分类科目又称总账科目或一级科目，是指对会计要素具体内容进行总分类核算的科目，如库存现金、银行存款等。为了保证会计科目使用的规范性以及提供会计信息的可比性，总分类科目由国家统一会计制度规定。明细分类科目又称明细科目，是指对会计要素具体内容进行明细分类核算的科目，如应收账款——A公司，应付职工薪酬——工资等。

总分类科目与明细分类科目的关系是：总分类科目对其管辖的明细分类科目具有统御和控制的作用，提供概括性、浓缩性的会计信息；明细分类科目对其总分类科目具有补充和说明的作用，提供更加明细的会计信息。总分类科目与明细分类科目之间的关系如表4-1所示。

表4-1　总分类科目与明细分类科目之间的关系

总分类科目（一级科目）	明细分类科目	
	二级明细科目	三级明细科目
原材料	原料及主要材料	甲材料
		乙材料
	辅助材料	润滑油

（三）会计科目表

企业常用的会计科目如表4-2所示。

表4-2 企业常用的会计科目

编号	会计科目名称	编号	会计科目名称
一、资产类		二、负债类	
1001	库存现金	2001	短期借款
1002	银行存款	2002	交易性金融负债
1012	其他货币资金	2201	应付票据
1101	交易性金融资产	2202	应付账款
1121	应收票据	2203	预收账款
1122	应收账款	2211	应付职工薪酬
1123	预付账款	2221	应交税费
1131	应收股利	2231	应付利息
1132	应收利息	2232	应付股利
1221	其他应收款	2241	其他应付款
1231	坏账准备	2401	递延收益
1401	材料采购	2501	长期借款
1402	在途物资	2502	应付债券
1403	原材料	2701	长期应付款
1404	材料成本差异	2702	未确认融资费用
1405	库存商品	2711	专项应付款
1406	发出商品	2801	预计负债
1407	商品进销差价	2901	递延所得税负债
1408	委托加工物资	四、所有者权益类	
1411	周转材料	4001	实收资本
1471	存货跌价准备	4002	资本公积
1501	持有至到期投资	4101	盈余公积
1502	持有至到期投资减值准备	4103	本年利润
1503	可供出售金融资产	4104	利润分配
1511	长期股权投资	五、成本类	
1512	长期股权投资减值准备	5001	生产成本
1521	投资性房地产	5101	制造费用
1531	长期应收款	5202	劳务成本

编号	会计科目名称	编号	会计科目名称
1532	未实现融资收益	5301	研发支出
1601	固定资产	六、损益类	
1602	累计折旧	6001	主营业务收入
1603	固定资产减值准备	6051	其他业务收入
1604	在建工程	6111	投资收益
1605	工程物资	6301	营业外收入
1606	固定资产清理	6401	主营业务成本
1611	未担保余值	6402	其他业务成本
1632	累计折耗	6403	营业税金及附加
1701	无形资产	6601	销售费用
1702	累计摊销	6602	管理费用
1703	无形资产减值准备	6603	财务费用
1711	商誉	6701	资产减值损失
1801	长期待摊费用	6711	营业外支出
1811	递延所得税资产	6801	所得税费用
1901	待处理财产损益	6901	以前年度损益调整

注：第三类共同类在本表省略。

（四）常用会计科目解释

1. 资产类科目解释

库存现金，是指企业存放在企业财务部门由出纳人员保管的货币资金。

银行存款，是指企业存入银行或者其他金融机构的各种货币资金。

其他货币资金，是指企业持有的除库存现金和银行存款以外的货币资金，主要包括：银行汇票存款、银行本票存款、信用卡存款、信用证保证金存款、存出投资款、外埠存款。

交易性金融资产，是指企业为短期内出售而持有的金融资产，主要是从二级市场取得债券、股票、基金等；企业持有的直接指定为以公允价值计量且其变动计入当期损益的金融资产，也属于交易性金融资产的范畴。

应收票据，是指企业因销售商品、提供劳务等而收到的商业汇票，包括银行承兑汇票、商业承兑汇票两种。

应收账款，是指企业因销售商品、提供劳务等而应收的各种款项。

预付账款，是指企业按照合同或协议约定预付的各种款项，预付账款不多的企业，也可以不设置本科目，将预付账款直接计入"应付账款"科目。

应收股利，是指企业因对外投资活动而应该收取的现金股利或利润。

应收利息，是指企业持有的交易性金融资产、持有至到期投资、可供出售金融资产等形成的应该收取的利息。

其他应收款，是指企业除应收票据、应收账款、预付账款、应收股利、应收利息、长期应收款等以外的其他各种应收、暂付的款项。

坏账准备，是指企业由于各种应收及预付款项存在坏账风险而计提及冲销的准备金，坏账准备属于资产类的被抵科目。

材料采购，是指采用计划成本法核算的企业购入的材料的实际采购成本以及验收入库材料的计划成本。

在途物资，是指采用实际成本法核算的企业购入但尚未验收入库的材料物资的实际采购成本。

原材料，是指企业库存的各种材料，包括原料及主要材料、辅助材料、外购半成品（外购件）、修理用备件（备品备件）、包装材料、燃料等的计划成本或者实际成本。

材料成本差异，是指企业采用计划成本进行日常核算的材料的计划成本与实际成本之间的差额。

库存商品，是指企业库存的各种商品的实际成本（或者进价）或者计划成本（或者售价），包括库存产成品、外购商品、存放在门市部准备出售的商品、发出展览的商品以及寄存在外的商品等。接受来料加工制造的代制品、为外单位加工修理的代修品，在制造、修理完成而验收入库之后，视同企业的产成品看待。

发出商品，是指企业未满足收入确认条件但已经发出的商品的实际成本或者计划成本。

商品进销差价，是指企业采用售价法进行日常核算的商品的售价与进价之间的差额。

委托加工物资，是指企业委托外单位加工的各种材料、商品等物资的实际成本。

周转材料，是指企业周转材料的计划成本或者实际成本，主要包括包装物、低值易耗品。

融资租赁资产，是指企业为开展融资租赁业务而租入的资产的成本。

存货跌价准备，是指企业存货在特定条件下计提及冲销的跌价准备金额。

持有至到期投资，是指企业持有至到期投资的实际摊余成本。

持有至到期投资减值准备，是指企业持有至到期投资在特定条件下计提和冲销的减值准备。

可供出售金融资产，是指企业持有的可供出售金融资产的公允价值，包括划分为可供出售的股票投资、债券投资等金融资产。

长期股权投资，是指企业持有的采用成本法和权益法核算的长期股权投资。

长期股权投资减值准备，是指企业长期股权投资在特定条件下计提的减值准备。

投资性房地产，是指企业采用成本模式或公允价值模式计量的投资性房地产的成本。

长期应收款，是指企业的长期应收款项，包括融资租赁产生的应收款项、采用递延方式具有融资性质的销售商品和提供劳务等产生的应收款项等。

未实现融资收益，是指企业分期计入租赁收入或者利息收入的未实现融资收益。

固定资产，是指企业持有的固定资产的原价。

累计折旧，是指企业固定资产的累计折旧。

固定资产减值准备，是指企业固定资产在特定条件下计提的减值准备。

在建工程，是指企业的基建、更新改造等在建工程发生的支出。

工程物资，是指企业为在建工程准备的各种物资的成本，包括工程用材料、尚未安装的设备以及为生产准备的工器具等。

固定资产清理，是指企业因出售、报废、毁损、对外投资、非货币性资产交换、债务重组等原因而转出的固定资产的价值以及在清理过程中发生的费用等。

未担保余值，是指企业（租赁）采用融资租赁方式租出资产的未担保余值。

无形资产，是指企业持有的无形资产的成本，包括专利权、非专利技术、商标权、著作权、土地使用权等。

累计摊销，是指企业对使用寿命有限的无形资产计提的累计摊销。

无形资产减值准备，是指企业无形资产在特定条件下计提的减值准备。

商誉，是指企业合并中形成的商誉的价值。

长期待摊费用，是指企业已经发生但应该由本期和以后各期负担的分摊期限一年以上的各项费用，如以经营租赁方式租入的固定资产发生的改良支出等。

递延所得税资产，是指企业确认的可抵扣暂时性差异所产生的递延所得税资产。

待处理财产损溢，是指企业在清查财产的过程中查明的各种财产盘盈、盘亏、毁损的价值。

2. 负债类科目解释

短期借款，是指企业向银行或者其他金融机构等借入的偿还期限一年以下（含一年）的各种借款。

交易性金融负债，是指企业承担的交易性金融负债的公允价值，企业持有的直接指定为以公允价值计量且其变动计入当期损益的金融负债，也属于交易性金融负债。

应付票据，是指企业因购买材料、商品和接受劳务供应等而开出、承兑的商业汇票，包括银行承兑汇票、商业承兑汇票。

应付账款，是指企业因购买材料、商品和接受劳务等经营活动而应该支付的款项。

预收账款，是指企业按照合同或协议的规定预收的款项。预收账款情况不多的，也可以不设置本科目，将预收的款项直接计入"应收账款"科目。

应付职工薪酬，是指企业根据有关规定应该付给职工的各种薪酬。企业（外商）按规定从净利润中提取的职工奖励及福利基金，也在本科目核算。

应交税费，是指企业按照税法等规定计算应交纳的各种税费，包括增值税、消费税、所得税、资源税、土地增值税、城市维护建设税、房产税、土地使用税、车船使用税、教育费附加、矿产资源补偿费等。

应付利息，是指企业按照合同或协议的约定应该支付的利息，包括吸收存款、分期付息到期还本的长期借款、企业债券等应该支付的利息。

应付股利，是指企业宣告分配的现金股利或者利润。

其他应付款，是指企业除应付票据、应付账款、预收账款、应付职工薪酬、应付利息、应付股利、应交税费、长期应付款等以外的其他各项应付、暂收的款项。

代理业务负债，是指企业因不承担风险的代理业务而收到的款项，包括受托投资资金、受托贷款资金等。

递延收益，是指企业确认的应该在以后期间计入当期损益的政府补助。

长期借款，是指企业向银行或其他金融机构借入的期限一年以上（不含一年）的各项借款。

应付债券，是指企业为筹集（长期）资金而发行的债券的本金和利息。

长期应付款，是指企业除长期借款和应付债券以外的其他各种长期应付款项，包括应付融资租入固定资产的租赁费、以分期付款方式购入固定资产等发生的应付款项等。

未确认融资费用，是指企业应当分期计入利息费用的未确认融资费用。

专项应付款，是指企业取得政府作为企业所有者投入的具有专项或者特定用途的款项。

预计负债，是指企业确认的对外提供担保、未决诉讼、产品质量保证、重组义务、亏损性合同等预计负债。

递延所得税负债，是指企业确认的应纳税暂时性差异产生的所得税负债。

3. 共同类科目解释（略）

4. 所有者权益类科目解释

实收资本，是指企业接受的投资者投入的注册资本，股份有限公司应该将本科目改为"股本"。

资本公积，是指企业收到的投资者的出资额超出其在注册资本或者股本中所占份额的部分，以及直接计入所有者权益的利得和损失。

盈余公积，是指企业从净利润中提取的盈余公积金。

本年利润，是指企业当期实现的净利润（或者发生的净亏损）。

利润分配，是指企业利润的分配（或者亏损的弥补）和历年分配（或者弥补）后的余额。

库存股，是指企业收购、转让或者注销的本公司的股份的金额。

5. 成本类

生产成本，是指企业进行工业性生产而发生的各项生产成本，包括生产各种产品（产成品、自制半成品等）、自制材料、自制工具、自制设备等。

制造费用，是指企业生产车间（部门）为生产产品和提供劳务而发生的各项间接费用。

劳务成本，是指企业对外提供劳务而发生的成本。

研发成本，是指企业进行研究与开发无形资产过程中发生的各项支出。

6. 损益类

主营业务收入，是指企业确认的销售商品、提供劳务等主营业务实现的收入。

其他业务收入，是指企业确认的除主营业务活动以外的其他经营活动实现的收入，包括出租固定资产、出租无形资产、出租包装物和商品、销售材料等。

公允价值变动损益，是指企业交易性金融资产、交易性金融负债，以及采用公允价值模式计量的投资性房地产、衍生工具、套期保值业务等的公允价值变动而形成的应计入当期损益的利得或者损失。

投资收益，是指企业确认的投资收益或者投资损失。

营业外收入，是指企业发生的各项营业外收入，主要包括非流动资产处置利得、非货币性资产交换利得、债务重组利得、政府补助、盘盈利得、捐赠利得等。

主营业务成本，是指企业确认销售商品、提供劳务等主营业务收入时应结转的成本。

其他业务成本，是指企业确认的除主营业务活动以外的其他经营活动所发生的支出，包括销售材料的成本、出租固定资产的折旧额、出租无形资产的摊销额、出租包装物的成本或者摊销额等。

营业税金及附加，是指企业经营活动发生的消费税、城市维护建设税、资源税和教育费附加等相关税费。

销售费用，是指企业销售商品和材料、提供劳务的过程中发生的各种费用，包括保险费、包装费、展览费和广告费、商品维修费、预计产品质量保证损失、运输费、装卸费等以及为销售本企业商品而专设的销售机构（含销售网点、售后服务网点等）的职工薪酬、业务费、折旧费等经营费用。

管理费用，是指企业为组织和管理企业生产经营所发生的管理费用，包括企业在筹建期间内发生的开办费、董事会和行政管理部门在企业的经营管理中发生的或者应该由企业统一负担的公司经费（包括行政管理部门职工工资及福利费、物料消耗、低值易耗品摊销、办公费和差旅费等）、工会经费、董事会费（包括董事会成员津贴、会议费和差旅费等）、聘请中介机构费、咨询费（含顾问费）、诉讼费、业务招待费、房产税、车船使用税、土地使用税、印花税、技术转让费、矿产资源补偿费、研究费用、排污费等。

财务费用，是指企业为筹集生产经营所需资金等而发生的筹资费用，包括利息支出（减利息收入）、汇兑损益以及相关的手续费、企业发生的现金折扣或者收到的现金折扣等。

资产减值损失，是指企业因计提各项资产减值准备所形成的损失。

营业外支出，是指企业发生的各项营业外支出，包括非流动资产处置损失、非货币性资产交换损失、债务重组损失、公益性捐赠支出、非常损失、盘亏损失等。

所得税费用，是指企业确认的应该从当期利润总额中扣除的所得税费用。

以前年度损益调整，是指企业本年度发生的调整以前年度损益的事项以及本年度发现的重要前期差错更正涉及调整以前年度损益的事项。

二、会计科目的作用

会计科目属于会计核算体系的第三个层次，是会计核算体系正常运转不可缺少的重要组成部分。

通过设置会计科目，可以将企业发生的各种类型的经济业务按照一定的标准进行分类、汇总，使复杂的经济业务转化为会计信息，为会计信息使用者提供规范化的信息；通过对会计要素的具体内容进行分类，还可以为会计信息使用者提供各种分类的核算指标，以满足不同信息使用者的需要；通过设置会计科目，为复式记账法的应用、编制记凭证和登记账簿提供了依据，为编制报表提供了方便。

三、会计科目的设置原则

会计科目作为会计核算体系的重要组成部分，如何设置会计科目关系到投资者、债权人、企业经营管理者等信息使用者的决策。在设置会计科目时，应遵循《企业会计准则——应用指南》的具体要求，在设置过程中应尽量做到科学、合理、适用。因此，会计科目的设置应遵循以下四个方面原则：

（一）真实完整原则

企业从事的经营活动内容不同，所处的行业不同，其核算具有不同的特点和管理要求。在设置会计科目时，企业应当根据经营活动的特点并结合自身的实际情况综合考虑，做到真实全面反映企业交易或事项，如工业企业是以制造产品为主，应设置生产成本、制造费用等科目；施工企业主要从事工程的建造业务，应设置工程施工、机械作业等科目。

（二）满足信息使用者需求原则

企业提供会计信息是为信息使用者服务的，能够满足不同信息使用者对信息的需求，是设置会计科目的出发点。企业设置的会计科目应当充分考虑不同的信息使用者对会计信息的需求，既要满足投资者、债权人、政府监管部门、社会公众等外部信息使用者的需求，也要满足企业内部管理层的需要，如为了满足投资者对业绩的信息需求，企业应设置主营业务收入、主营业务成本、本年利润、利润分配等科目；为了满足债权人对偿债能力的信息需求，企业应设置短期借款、长期借款、应付利息等科目。

（三）合法合规原则

为了规范不同企业以及同一企业中不同会计期间使用的会计科目，提高信息的可比性，增强信息的提供口径和披露标准，企业在设置会计科目时应当遵循合法合规原则。合法合规，是指企业在设置会计科目时，应遵循《企业会计准则》《统一会计制度》的规定，对总分类会计科目的设置及核算内容进行统一规定，以保证会计核算指标在一个部门乃至全国范围内综合汇总，分析利用，凡是相同的交易或事项，就要使用相同的会计科目。对于明细分类科目，国家法律法规没有统一规定的，企业可以根据自身的具体情况和管理要求，自行增加或减少。

（四）实用原则

企业应当根据业务繁简状况、业务数量等，设置出符合企业自身情况的会计科目。会计科目不是越多越好，也不是越少越好；不是越简单越好，也不是越明细越好，应当根据反映信息的需求来确定。如大型企业、业务繁多的企业可以设置多一些、详细一点的会计科目，小型企业可以设置少一些、简单一些的会计科目。

任务二 认识账户

一、账户的概述

（一）账户的概念

账户是根据会计科目设置的，具有一定的格式和结构，用以全面、系统、连续地记录交易或事项的发生而引起的会计要素的增减变动及其结果的载体。会计科目是对会计要素的内容进行分类，是分类核算的项目，但是，会计科目没有格式，没有结构，无法独立反映会计要素的增减变动及其结果。因此，为了全面、系统、连续地反映交易或事项发生情况以及会计要素的增减变动的结果，还必须根据会计科目设置账户。设置账户是会计核算的一种专门方法。通过账户记录提供的会计核算数据，既能反映企业一定时期内交易或事项的情况，又能作为编制会计报表的基础。

（二）账户的分类

账户是根据会计科目设置的，会计科目的性质决定了账户的性质。因此，在实际工作中，对账户的分类同对会计科目的分类一样，主要有以下两种：①按反映经济内容不同分类；②按所提供信息的详细程度及其统御关系分类。

账户与会计科目是两个不同的概念，它们既有联系又有区别。一方面，账户和会计科目所反映的经济内容是相同的，两者相辅相成。会计科目是设置账户的依据，是账户的名称，账户则是会计科目的具体运用。没有会计科目，账户便失去了设置的依据；没有账户，就无法发挥会计科目的作用。另一方面，会计科目本身并不存在结构问题，而账户作为一种核算和监督的工具，必须具备一定的格式和结构，以便记录和反映每一笔经济业务对会计要素的影响。在实际工作中，对会计科目和账户往往不加严格区分，而是相互通用。

二、账户的内容与结构

（一）账户的内容

账户是根据会计科目设置的，不仅应具有名称，还应具有一定的格式和结构。经济业务的发生所引起会计要素的增减变动包括增加和减少两种情况，因此，账户在结构上也分为两个部分，一方登记增加数额，另一方登记减少数额。为满足实际业务核算的需要，每一方又分为若干专栏，分别反映会计核算的主要内容。一般账户应包括以下五个方面的内容：账户的名称，即会计科目；记账的日期；凭证号数，是记账和事后查询的依据；摘要，简要说明经济业务内容；增加和减少的金额及余额。

账户名称（会计科目）如表 4-3 所示。

表 4-3 账户名称（会计科目）

年		凭证		摘　要	借　方	贷　方	借或贷	余　额
月	日	字	号					

（二）账户的结构

账户由名称、时间、凭证字号、摘要、金额等内容构成，账户的缩写称为 T 型账或丁型账。账户分为左边和右边，在借贷记账法下，左边称为"借方"，右边称为"贷方"。账户的借方、贷方可以表示增加或者减少以及余额的方向，但是，哪一方表示增加数，哪一方表示减少数，则取决于账户所反映的经济内容和性质。

在账户中，登记本期增加的金额称为本期增加发生额；登记本期减少的金额称为本期减少发生额；将本期增加额和本期减少额相抵的差额称为余额。账户余额分为期初余额和期末余额两种。通常情况下，余额登记的方向与登记本期增加发生额的方向一致。本期增加发生额、本期减少发生额、期初余额、期末余额四个方面的核算数据，用下列公式表示：

期末余额＝期初余额＋本期增加发生额－本期减少发生额

为了教学上的方便，上述账户的基本结构可用 T 型账户来进行说明，如图 4-1 所示。

借方	账户名称	贷方

图 4-1　T 型账户

任务三　认识会计记账方法

一、会计记账方法的概念

会计记账方法，是指对企业发生的交易或事项所引起的会计要素的增减变动，遵循一定的记账原理，借助记账符号进行记录的方法。记账方法是会计核算方法之一，是完成会计工作的必然途径，选择科学合理的记账方法，对准确、全面反映企业会计信息有重要的作用。

二、会计记账方法的分类

根据记账方法的发展历程以及记账方法在实际工作中的应用，可以分为单式记账法和复式记账法。

（一）单式记账法

单式记账法，是指企业对发生的交易或事项只在一个账户中进行记账的方法，单式记账法通俗易懂、简单易学。单式记账法的特点是：企业发生的每笔交易或事项只计入一个账户，一般只登记现金、银行存款的收付业务和各种债权、债务和往来款项，如以现金 1 000元购买办公用品，只需要在库存现金账户登记减少 1 000 元，不需要反映对应账户。单式记账法的优点是：简单，通俗易懂，便于理解。单式记账法的缺点是：方式单一，不完整，不能全面、系统地反映交易或事项的来龙去脉，无法反映账户之间的对应关系，也不便于检查账户记录的正确性和真实性。因为单式记账法固有的缺陷，现代企业已经淘汰了单式记账法。

（二）复式记账法

复式记账法，是指企业对发生的每一项交易或事项都要以相等的金额在两个或两个以上相互联系的账户中进行登记的记账方法。复式记账法是经济发展到一定程度的产物，是适应企业的管理需要而诞生的。复式记账法的特点是：企业发生的任何一项交易或事项都会涉及两个或两个以上的账户，并且金额总计是相等的。最早的复式记账法由意大利的数学家卢卡帕乔利在 1494 年的专著《数学大全》里面首次全面介绍。如企业向银行提取现金 10 000 元备用，一方面要在"库存现金"账上登记增加 10 000 元，另一方面又要在"银行存款"账上登记减少 10 000 元。复式记账法的优点是：形成了一套完整的账户体系，可以反映每一项交易或事项的来龙去脉，可以反映资金运动的过程，便于核对账务记录，容易查找错误。正是因为复式记账法的优点很明显，所以其在全球大部分地区得到广泛的推广。根据《企业会计准则》的规定，我国企业采用复式记账法。

三、借贷记账法

借贷记账法是以"借"和"贷"作为记账符号的复式记账法，即企业对发生的每一项交易或事项都要以相等的金额在两个或两个以上相互联系的账户中进行登记的记账方法。

（一）记账符号

借贷记账法是以"借"和"贷"作为记账符号来表示交易或事项所引起的会计要素的增减变动。

1. 借贷记账法的起源与发展

借贷记账法起源于十三四世纪的意大利，其正处于资本主义萌芽时期，经济繁荣，已是商业信贷和银行业的中心。经营钱庄的商人，一方面吸收商人零散的存款并支付一定的利息；另一方面又把钱借给资金短缺的商人，收取高额的利息，钱庄通过存款的低利息与放款的高利息获得收益。钱庄记账时，向钱庄借钱的是债务人，其借款金额记在该人名账户的借方，表示人欠我的金额增加；贷款给钱庄的人是债权人，其贷款金额记在该人名的贷方，表示我欠人的金额增加。钱庄在中间划账，由此而产生"借"和"贷"。由于人欠我、我欠人的金额有相等的求偿权，能得到对比，这就为借贷记账法建立了理论基础。后来，随着商品经济的发展，威尼斯商人又把这种方法推广运用在商业经营企业，将借主、贷主之意逐渐由人推及物。这样，"借""贷"两字就逐渐失去了原本的含义，而转化为单纯的记账符号和会计上的专门术语，其作用在于指明记账的方向、账户对应关系及账户余额的性质，在全球范围内的大部分地区得到推广和应用。

2. "借贷"符号的作用

借贷记账法的符号"借"和"贷"经过了漫长的发展历程，已经失去了其本来的含义。在借贷记账法下，"借"和"贷"仅仅是两个记账符号。

与借贷记账法结合起来，"借"和"贷"有三个方面的作用：

（1）表示账户的两个固定部分，即左方为借方，右方为贷方。

（2）表示增加或减少，至于借方表示增加还是贷方表示增加，由账户的性质来决定，如资产类、成本类、费用类增加记在借方，负债类、所有者权益类、收入类增加记在贷方。

（3）表示账户的余额方向，如资产类、成本类账户的余额一般在借方，负债类、所有者权益类账户的余额一般在贷方。

（二）账户结构

在借贷记账法下，账户分为左右两部分，左边称为借方，右边称为贷方，用来反映不同类型的交易或事项所引起的会计要素在数额上的变动。账户的机构像一个 T 字或丁字，因此也称为 T 字账户或丁字账户。账户的左方和右方，一方登记增加数，另一方登记减少数。每一个账户的借方和贷方都要按相反的方向记录其增减变动，一方登记增加额，另一方就登记减少额。至于账户的哪一方登记增加额，哪一方登记减少额，则取决于账户的性质。不同类型、不同性质的账户其结构是不同的。

1. 资产类账户的结构

根据借贷记账法的记账要求，一般资产类账户的结构是：借方登记资产的增加数额，贷方登记资产的减少数额。在一定会计期间内，借方登记的增加数额相加称为借方发生额合计，贷方登记的减少数额相加称为贷方发生额合计，在会计期间末将借方与贷方发生额相抵，其差额为期末余额。一般资产类账户若有余额在借方，则表示期末资产的实有数额。资产类账户的基本结构如图 4 - 2 所示。

借方	资产类账户		贷方
期初余额	×××		
本期增加额	×××	本期减少额	×××
	…		…
本期借方发生额合计	×××	本期贷方发生额合计	×××
期末余额	×××		

图 4 - 2 资产类账户的基本结构

资产类账户期末借方余额 = 期初借方余额 + 本期借方发生额 - 本期贷方发生额

注意：资产类的被抵账户（如坏账准备、存货跌价准备、累计折旧等）贷方登记增加数额，借方登记减少数额，期末若有余额在贷方，表示资产类被抵账户的实有数。

2. 负债类账户的结构

负债类账户的结构是：账户的贷方登记负债的增加数额，借方登记负债的减少数额，在一定会计期间内，贷方登记的增加数额相加称为贷方发生额合计，借方登记的减少数额相加称为借方发生额合计，在会计期间末将借贷发生额相抵，其差额为期末余额。负债类账户若有期末余额一般在贷方，表示期末负债的实有数。负债类账户的基本结构如图 4 - 3 所示。

借方	负债		贷方
		期初余额	×××
本期减少额	×××	本期增加额	×××
	…		…
本期借方发生额合计	×××	本期贷方发生额合计	×××
		期末余额	×××

图 4 - 3 负债类账户的基本结构

负债类账户期末贷方余额 = 期初贷方余额 + 本期贷方发生额 - 本期借方发生额

3. 所有者权益类账户的结构

所有者权益类账户的结构是：账户的贷方登记所有者权益的增加数额，借方登记所有者权益的减少数额，在一定会计期间内，贷方登记的增加数额相加称为贷方发生额合计，借方登记的减少数额相加称为借方发生额合计，在会计期间末将借贷发生额相抵，其差额为期末余额。所有者权益类账户若有期末余额一般在贷方，表示期末所有者权益的实有数。所有者权益类账户的基本结构如图 4 - 4 所示。

借方		所有者权益		贷方
		期初余额		×××
本期减少额	×××	本期增加额		×××
		…		…
本期借方发生额合计	×××	本期贷方发生额合计		×××
		期末余额		×××

图4－4　所有者权益类账户的基本结构

所有者权益类账户期末贷方余额＝期初贷方余额＋本期贷方发生额－本期借方发生额

4. 成本类账户的结构

根据借贷记账法的记账要求，成本类账户的结构是：借方登记成本的增加数额，贷方登记成本的减少数额。在一定会计期间内，借方登记的增加数额相加称为借方发生额合计，贷方登记的减少数额相加称为贷方发生额合计，在会计期间末将借方与贷方发生额相抵，其差额为期末余额。成本类账户若有余额在借方，表示期末资产的实有数额。成本类账户的基本结构如图4－5所示。

借方		成本类账户		贷方
期初余额	×××			
本期增加额	×××	本期减少额		×××
		…		…
本期借方发生额合计	×××	本期贷方发生额合计		×××
期末余额	×××			

图4－5　成本类账户的基本结构

成本类账户期末借方余额＝期初借方余额＋本期借方发生额－本期贷方发生额

5. 收入类账户的结构

收入类账户的结构是：账户的贷方登记收入的增加数额，借方登记收入的减少数额，在一定会计期间内，贷方登记的增加数额相加称为贷方发生额合计，借方登记的减少数额相加称为借方发生额合计，期末将收入的余额转入本年利润，结转后无余额。收入类账户的基本结构如图4－6所示。

借方		收入类账户		贷方
本期减少额	×××	本期增加额		×××
	…			…
本期借方发生额合计	×××	本期贷方发生额合计		×××

图4－6　收入类账户的基本结构

6. 费用类账户的结构

费用类账户的结构是：账户的借方登记费用的增加数额，贷方登记收入的减少数额，在一定会计期间内，借方登记的增加数额相加称为借方发生额合计，贷方登记的减少数额相加称为贷方发生额合计，期末将费用的余额转入本年利润，结转后无余额。费用类账户的基本结构如图 4 - 7 所示。

借方		费用类账户	贷方	
本期增加额	××× …	本期减少额		××× …
本期借方发生额合计	×××	本期贷方发生额合计		×××

图 4 - 7　费用类账户的基本结构

为了便于了解所有账户借、贷两方所反映的经济内容，现将上述各类账户的具体结构进行概括，如表 4 - 4 所示。

表 4 - 4　各类账户的具体结构

账户类型	借方	贷方	余额
资产类	+	-	借方
负债类	-	+	贷方
所有者权益类	-	+	贷方
成本类	+	-	借方
损益类	（费用类＋）（收入类－）	（费用类－）（收入类＋）	无
资产类备抵账户	-	+	贷方

（三）记账规则

根据复式记账法的原理，对任何一项交易或事项都必须以相等的金额，在两个或两个以上相互联系的账户进行登记。在以"借"和"贷"为记账符号的复式记账法，即借贷记账法下，任何一项交易或事项，有借方项目一定会有对应的贷方项目，反之也成立；记录在借方的金额合计与记录在贷方的金额合计一定相等。借贷记账法的记账规则归纳起来就是：有借必有贷，借贷必相等。

下面通过案例来验证借贷记账法的记账规则。

【例 4 - 1】2017 年 6 月 1 日，FX 有限责任公司收到 WXR 有限责任公司投入注册资本金 500 000 元，款项已存入银行，不考虑其他因素。

解析：该项交易的发生，一方面使企业的"银行存款"账户增加了 500 000 元，另一方面使企业的"实收资本"账户增加了 500 000 元。"银行存款"属于资产类账户，增加计入借方，"实收资本"属于所有者权益类账户，增加计入贷方。

借方	实收资本	贷方		借方	银行存款	贷方
		（1）500 000	←→		（1）500 000	

【例 4 - 2】2017 年 6 月 2 日，FX 有限责任公司从工商银行借入期限 10 个月的短期借款 200 000 元，款项已收到，不考虑其他因素。

解析：该项交易的发生，一方面使企业的"银行存款"账户增加了 200 000 元，另一方面使企业的"短期借款"账户增加了 200 000 元。"银行存款"属于资产类账户，增加计入借方，"短期借款"属于负债类账户，增加计入贷方。

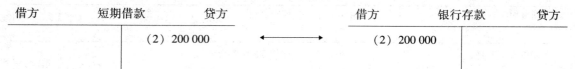

借方	短期借款	贷方		借方	银行存款	贷方
		（2）200 000	←→	（2）200 000		

【例 4 - 3】 2017 年 6 月 2 日，FX 有限责任公司收回乙公司前欠购货款 100 000 元，款项已收到存入银行，不考虑其他因素。

　　解析：该项交易的发生，一方面使企业的"应收账款"账户减少 100 000 元，另一方面使企业的"银行存款"账户增加 100 000 元。"应收账款"和"银行存款"同属于资产类账户，减少计入贷方，增加计入借方。

借方	应收账款	贷方		借方	银行存款	贷方
		（3）100 000	←→	（3）100 000		

【例 4 - 4】 2017 年 6 月 10 日，FX 有限责任公司企业向工商银行借入 3 个月到期的借款 80 000 元，直接偿还所欠 B 公司购货款，不考虑其他因素。

　　解析：该项交易的发生，一方面使企业的"短期借款"账户增加了 80 000 元，另一方面使企业的"应付账款"账户减少了 80 000 元。"短期借款"和"应付账款"同属于负债类账户，增加计入贷方，减少计入借方。

借方	短期借款	贷方		借方	应付账款	贷方
		（4）80 000	←→	（4）80 000		

　　【例 4 - 5】 2017 年 6 月 15 日，FX 有限责任公司以资本公积 200 000 元转增资本，不考虑其他因素。

　　解析：该项事项的发生，一方面使企业的"资本公积"账户减少 200 000 元，另一方面使企业的"实收资本"账户增加了 200 000 元。"实收资本"和"资本公积"同属于所有者权益类账户，增加计入贷方，减少计入借方。

借方	实收资本	贷方		借方	资本公积	贷方
		（5）200 000	←→	（5）200 000		

　　【例 4 - 6】 2017 年 9 月 10 日，FX 有限责任公司用银行存款 80 000 元偿还短期借款，不考虑其他因素。

　　解析：该项交易的发生，一方面使企业的"银行存款"账户减少了 80 000 元，另一方面使企业的"短期借款"账户减少了 80 000 元。"银行存款"属于资产类账户，减少计入贷方，"短期借款"属于负债类账户，减少计入借方。

【例4-7】 2017年9月15日，FX有限责任公司用银行存款30 000元购买固定资产，不考虑其他因素。

解析： 该项交易的发生，一方面使企业的"银行存款"账户减少了30 000元，另一方面使企业的"固定资产"账户增加了30 000元。"银行存款"与"固定资产"属于资产类账户，增加计入借方，减少计入贷方。

通过以上所举的七个案例可以看出，在借贷记账法下，每一项交易或事项的发生，都必须是一方面计入某一个账户借方，另一方面计入另一个账户的贷方，而且计入借方与计入贷方的金额必然相等。所以，借贷记账法的记账规则是：有借必有贷，借贷必相等。

（四）账户的对应关系和会计分录

1. 账户的对应关系

账户的对应关系，是指在借贷账法下企业发生的交易或事项所涉及的几个账户之间存在着应借应贷的对应关系。存在着对应关系的账户称为对应账户，在某项交易或事项中，借方的账户与贷方的账户之间存在对应关系，借方账户与借方账户之间或者贷方账户与贷方账户之间不存在对应关系。正是因为账户对应关系的存在，企业发生的交易或事项的过程以及来龙去脉就可以清楚地反映出来，便于检测账户的正确性。

2. 会计分录

会计分录，是指其借贷记账法下列示出应借应贷的记账符号、账户的名称以及金额的一种记录。会计分录是由"借""贷"符号，会计科目与金额构成的。会计分录按涉及会计科目的多少分为简单分录和复合分录，其中，一借一贷分录属于简单分录，一借多贷、多借一贷、多借多贷分录属于复合分录。通过编制会计分录，可以将交易或事项的来龙去脉以及资金运动的过程反映出来，为企业编制记账凭证提供依据。

为了保证账簿记录的正确性，在经济交易或事项登记入账前，需要做到以下几点：

（1）分析经济交易或事项涉及的会计科目。

（2）确定涉及哪些会计科目，是增加还是减少。

（3）确定哪个（或哪些）会计科目记借方，哪个（或哪些）会计科目记贷方。

（4）确定应借应贷会计科目是否正确，借贷方金额是否相等。

编制会计分录的格式，一般是先借后贷、上借下贷或左借右贷。一般"贷"字应对齐借方会计科目的第一个字，金额也要错开写。

下面将前面所举的七笔业务编制会计分录。

【例4-8】 承接例4-1 2017年6月1日，FX有限责任公司收到WXR有限责任公司投入注册资本金500 000元，款项已存入银行，不考虑其他因素。

FX有限责任公司编制如下会计分录：

借：银行存款　　　　　　　　　　　　　　　　　　　　　　　500 000
　　贷：实收资本　　　　　　　　　　　　　　　　　　　　　　　　500 000

【例 4 – 9】承接例 4 – 2 2017 年 6 月 2 日，FX 有限责任公司从工商银行借入期限 10 个月的短期借款 200 000 元，款项已收到，不考虑其他因素。

FX 有限责任公司编制如下会计分录：

借：银行存款　　　　　　　　　　　　　　　　　　　　　　　200 000
　　贷：短期借款　　　　　　　　　　　　　　　　　　　　　　　　200 000

【例 4 – 10】承接例 4 – 3 2017 年 6 月 2 日，FX 有限责任公司收回乙公司前欠购货款 100 000 元，款项已收到存入银行，不考虑其他因素。

FX 有限责任公司编制如下会计分录：

借：银行存款　　　　　　　　　　　　　　　　　　　　　　　100 000
　　贷：应收账款　　　　　　　　　　　　　　　　　　　　　　　　100 000

【例 4 – 11】承接例 4 – 4 2017 年 6 月 10 日，FX 有限责任公司企业向工商银行借入 3 个月到期的借款 80 000 元，直接偿还所欠 B 公司购货款，不考虑其他因素。

FX 有限责任公司编制如下会计分录：

借：应付账款　　　　　　　　　　　　　　　　　　　　　　　80 000
　　贷：短期借款　　　　　　　　　　　　　　　　　　　　　　　　80 000

【例 4 – 12】承接例 4 – 5 2017 年 6 月 15 日，FX 有限责任公司以资本公积 200 000 元转增资本，不考虑其他因素。

FX 有限责任公司编制如下会计分录：

借：资本公积　　　　　　　　　　　　　　　　　　　　　　　200 000
　　贷：实收资本　　　　　　　　　　　　　　　　　　　　　　　　200 000

【例 4 – 13】承接例 4 – 6 2017 年 9 月 10 日，FX 有限责任公司用银行存款 80 000 元偿还短期借款，不考虑其他因素。

FX 有限责任公司编制如下会计分录：

借：短期借款　　　　　　　　　　　　　　　　　　　　　　　80 000
　　贷：银行存款　　　　　　　　　　　　　　　　　　　　　　　　80 000

【例 4 – 14】承接例 4 – 7 2017 年 9 月 15 日，FX 有限责任公司用银行存款 30 000 元购买固定资产，不考虑其他因素。

FX 有限责任公司编制如下会计分录：

借：固定资产　　　　　　　　　　　　　　　　　　　　　　　30 000
　　贷：银行存款　　　　　　　　　　　　　　　　　　　　　　　　30 000

【例 4 – 15】2017 年 9 月 15 日，FX 有限责任公司采购原材料一批，价格 20 000 元，已用银行存款支付 12 000 元，尚欠 8 000 元货款，不考虑其他因素。

FX 有限责任公司编制如下会计分录：

借：原材料　　　　　　　　　　　　　　　　　　　　　　　　20 000
　　贷：银行存款　　　　　　　　　　　　　　　　　　　　　　　　12 000
　　　　应付账款　　　　　　　　　　　　　　　　　　　　　　　　8 000

（五）借贷记账法的试算平衡

试算平衡，是指根据资产与权益的恒等关系以及借贷记账法的记账规则，检查所有账户记录是否正确的一种专门方法。试算平衡包括发生额试算平衡和余额试算平衡，其中，余额试算平衡包括起初余额试算平衡和期末余额试算平衡。在手工做账环境下，难免会发生记账错误的情况，因此，通过试算平衡，可以检验一定时期内所发生的交易或事项在账户中登记的正确性。

1. 发生额试算平衡

发生额试算平衡就是通过计算所有账户的借方发生额、贷方发生额是否相等来检验账户记录是否正确的方法。发生额试算平衡的依据是"有借必有贷，借贷必相等"的记账规则。因为根据借贷记账法，对任何一项经济业务都必须以相等的金额，在两个或两个以上相互联系的账户中进行登记，且借贷方金额相等，且每项经济业务所编制的会计分录借、贷两方的发生额都是相等的，因此，无论发生多少笔经济业务，在某一期间内，所有账户借方发生额合计必然等于所有账户贷方发生额合计。如果出现不相等，必然是在记账过程中出现了差错，应及时查找并更正。

发生额试算平衡的公式如下：

全部账户本期借方发生额合计 = 全部账户本期贷方发生额合计

2. 余额试算平衡

余额试算平衡就是通过计算全部账户的借方余额合计与贷方余额合计是否相等来检验账户记录是否正确的方法，包括期初余额平衡和期末余额平衡。余额试算平衡的依据是资产与权益的恒等关系。因为资产类账户的期末余额一般都是在借方，所有账户的借方余额合计就是资产总额；负债及所有者权益账户的期末余额一般都在贷方，所有账户的贷方余额合计就是负债及所有者权益类账户的期末余额，所以，根据"资产 = 负债 + 所有者权益"，在一定时点上，全部账户的借方余额合计必然等于全部的贷方余额合计。如果不相等，说明账户记录有错误，应予以查找并更正。

余额试算平衡的公式如下：

全部账户的期初借方余额合计 = 全部账户的期初贷方余额合计

全部账户的期末借方余额合计 = 全部账户的期末贷方余额合计

在实际工作中，这两种方法通常是在月末结出各个账户的本月发生额和月末余额后，依据上述两个公式编制试算平衡表的方法进行的。

3. 试算平衡表的格式

试算平衡表的格式如表4-5至表4-7所示。

表 4-5　账户起初余额试算平衡

年　　月　　　　　　　　　　　　　　　　　元

会计科目	借方余额	贷方余额
……	…	…
合　计		

表4-6 账户本期发生额试算平衡表

年　　月　　　　　　　　　　　　　　　　　　　元

会计科目	借方发生额	贷方发生额
……	…	…
合　计		

表4-7 账户本期发生额余额试算平衡表

年　　月　　　　　　　　　　　　　　　　　　　元

会计科目	期初余额		本期发生额		期末余额	
	借方	贷方	借方	贷方	借方	贷方
……	…	…	…	…	…	…
合　计						

【例4-16】FX有限责任公司2017年9月初有关账户的余额如表4-8所示。

表4-8 账户余额

元

户账名称	借方余额	贷方余额
银行存款	50 000	
应收账款	30 000	
原材料	15 000	
固定资产	160 000	
短期借款		35 000
应付票据		20 000
实收资本		200 000
合　计	255 000	255 000

FX有限责任公司2017年9月份发生如下经济业务：

（1）收到投资者A追加投资80 000元，款项已收存入银行，不考虑其他因素。

FX有限责任公司编制如下会计分录：

借：银行存款 　　　　　　　　　　　　　　　　　　　　　　80 000

　　贷：实收资本 　　　　　　　　　　　　　　　　　　　　　80 000

（2）收到红光工厂所欠货款30 000元，款项已存入银行。

借：银行存款 　　　　　　　　　　　　　　　　　　　　　　30 000

　　贷：应收账款 　　　　　　　　　　　　　　　　　　　　　30 000

（3）用银行存款偿还已到期的商业承兑汇票款 20 000 元。

借：应付票据　　　　　　　　　　　　　　　　　　20 000

　　贷：银行存款　　　　　　　　　　　　　　　　　　　20 000

（4）向银行借入短期借款 30 000 元用于周转。

借：银行存款　　　　　　　　　　　　　　　　　　30 000

　　贷：短期借款　　　　　　　　　　　　　　　　　　　30 000

（5）购入原材料一批，价款为 50 000 元（不考虑增值税），原材料已验收入库，货款通过商业承兑汇票支付。

借：原材料　　　　　　　　　　　　　　　　　　　50 000

　　贷：应付票据　　　　　　　　　　　　　　　　　　　50 000

（6）用银行存款 40 000 元偿还短期借款。

借：短期借款　　　　　　　　　　　　　　　　　　40 000

　　贷：银行存款　　　　　　　　　　　　　　　　　　　40 000

根据上述资料，登记有关账户，并计算本期发生额和期末余额，填入试算平衡表，如图 4-8、表 4-9 所示。

借方	银行存款	贷方
期初余额　50 000		
① 80 000	③ 20 000	
② 30 000		
④ 30 000		
	⑥ 40 000	
本期发生额 140 000	本期发生额 60 000	
期末余额 130 000		

借方	应收账款	贷方
初余额 30 000		
	② 30 000	
本期发生额 0	本期发生额 30 000	
期末余额 0		

借方	固定资产	贷方
期初余额 160 000		
本期发生额 0	本期发生额 0	
期末余额 160 000		

借方	原材料	贷方
期初余额 15 000		
⑤ 50 000		
本期发生额 50 000	本期发生额 0	
期末余额 65 000		

借方	短期借款	贷方
	期初余额 35 000	
⑥ 40 000	④ 30 000	
本期发生额 40 000	本期发生额 30 000	
	期末余额 25 000	

借方	应付票据	贷方
	期初余额 20 000	
③ 20 000	⑤ 40 000	
本期发生额 20 000	本期发生额 40 000	
	期末余额 40 000	

```
借方            实收资本              贷方
                        期初余额 200 000
                        ① 80 000
            ─────────────────────────
                        本期发生额 80 000
            ─────────────────────────
                        期末余额 280 000
```

图 4 – 8   本期发生额和期末余额

表 4 – 9   总分类账户试算平衡表

2017 年 9 月 30 日   元

账户名称	期初余额		本期发生额		期末余额	
	借方	贷方	借方	贷方	借方	贷方
银行存款	50 000		140 000	60 000	130 000	
应收账款	30 000			30 000	0	
原材料	15 000		50 000		65 000	
固定资产	160 000				160 000	
短期借款		35 000	40 000	30 000		25 000
应付票据		20 000	20 000	50 000		50 000
实收资本		200 000		80 000		280 000
合计	255 000	255 000	250 000	250 000	355 000	355 000

必须指出，即使试算平衡表中借贷金额相等，也不足以说明账户记录完全没有错误，因为有些错误并不影响借贷双方的平衡，通过试算也就无法发现，如漏记或重记某项经济业务、借贷记账方向彼此颠倒或方向正确但记错了账户等，因此，根据试算平衡的结果，只能确认账户记录是否基本正确。

一些错记或漏记的情况是试算平衡表无法发现的，如一笔经济业务事项重复记录、借贷方同时漏记、会计分录的借贷方向被颠倒、用错会计科目。

四、总分类账户与明细分类账户的平行登记

根据总分类账户与明细分类账户之间的关系，在会计核算中，为了保证核算资料的完整性和正确性，总分类账户与其管辖的明细分类账户应当采用平行登记的方法。

平行登记，是指对企业发生的每项交易或事项，一方面要在总分类账户中进行登记，另一方面要在其管辖的明细分类账户中进行登记。平行登记是手工做账条件下，自我检测账户记录是否正确完整的保障，主要包括四个要点：

（一）登记依据相同

登记依据相同，是指企业在登记总分类账与其管辖的明细分类账的时候，要依据相同的会计凭证。因为采用的会计核算形式不同，登记总分类账可以依据记账凭证、汇总记账凭证、科目汇总表登记；登记明细分类账可以依据记账凭证、原始凭证、汇总原始凭证。从形

式上看，依据的会计凭证是不相同的，但是，不管依据哪一种核算形式，登记总分类账与其管辖的明细分类账都要依据相同的原始凭证。

（二）登记期间相同

登记期间相同，是指企业登记总分类账与其管辖的明细分类账要在同一会计期间。如某笔交易或事项的总分类账登记在 10 月份，其对应的明细分类账也要登记在 10 月份，保障登记的会计期间相同，便于核对账目。

（三）登记方向相同

登记方向相同，是指企业登记总分类账与其管辖的明细分类账要在相同的方向，即对企业发生的每一笔交易或事项，登记总分类账户的方向应与登记其管辖的明细分类账户的方向保持一致，做到总分类账与其管辖的明细分类账在登记上同借同贷。如某项交易或事项的总分类账金额登记在借方（或贷方），其所属明细分类账户的金额也应登记在借方（或贷方）。

（四）登记金额相等

登记金额相等，是指企业登记总分类账金额与其管辖的明细分类账金额合计是相等的，即企业发生的每一笔交易或事项，登记在总分类账的金额与登记在其明细分类账的金额合计是相等的，用公式表示为：

总分类账户的期初余额 = 其所管辖各明细分类账户的期初余额合计

总分类账户的借方发生额 = 其所管辖各明细分类账户的借方发生额合计

总分类账户的贷方发生额 = 其所管辖各明细分类账户的贷方发生额合计

总分类账户的期末余额 = 其所管辖各明细分类账户的期末余额合计

根据平行登记的原则和要求，企业发生的每一笔交易或事项一方面登记在总分类账上，另一方面登记在其管辖的各个明细分类账上，并且登记的金额是相等的。因此，将一定会计期间内所发生的交易或事项全部登记入账后，总分类账与其管辖的明细分类账在方向上必然相同、在金额上必然相等、在期间上必然相同。如果出现总分类账与其管辖的明细分类账不相符，意味着存在登账错误，应当认真核对，直到找出错误的根源。

项目小结

会计科目，是指对会计要素的具体内容按经济特征进行分类核算的项目，是会计层次中的第三个层次，反映详细的会计信息。会计科目可以按照反映经济内容不同、提供信息的详细程度及其统御关系进行分类。

通过设置会计科目，可以将企业发生的各种类型的经济业务按照一定的标准进行分类、汇总，使复杂的经济业务转化为会计信息，为会计信息使用者提供规范化的信息；通过对会计要素的具体内容进行分类，还可以为会计信息使用者提供各种分类的核算指标，以满足不同会计信息使用者的需要；通过设置会计科目，为复式记账法的应用、编制记凭证和登记账簿提供了依据，为编制报表提供了方便。

科目设置的原则有：真实完整原则、满足信息使用者需求原则、合法合规原则、实用原则。

　　账户是根据会计科目设置的，具有一定的格式和结构，用以全面、系统、连续地记录交易或事项的发生而引起的会计要素的增减变动及其结果的载体。

　　账户是在会计科目的基础上赋予它一定的结构，可以记录经济业务内容，提供具体的数据资料，反映经济业务所引起会计要素数量的增减变动。

　　账户具有以下内容：账户的名称、记账的日期、凭证号数、摘要、增加和减少的金额及余额。

　　复式记账法，是指企业对发生的每一项交易或事项都要以相等的金额在两个或两个以上相互联系的账户中进行登记的记账方法。复式记账法相对于单式记账法有两个突出特点：一是可以了解每一项经济业务的来龙去脉；二是可以对账户记录结果进行试算平衡，以检查账户记录的正确性。

　　借贷记账法是我国目前使用的记账方法。借贷记账法的内容包括基本概念、账户结构、记账规则及试算平衡等。借贷记账法的规则是有借必有贷，借贷必相等。

　　账户对应关系，是指在借贷账法下企业发生的交易或事项所涉及的几个账户之间存在着应借应贷的对应关系。

　　会计分录，是指其借贷记账法下列示出应借应贷的记账符号、账户的名称以及金额的一种记录。

　　试算平衡，是指根据资产与权益的恒等关系以及借贷记账法的记账规则，检查所有账户记录是否正确的一种专门方法。

　　平行登记，是指对企业发生的每项交易或事项，一方面要在总分类账户中进行登记，另一方面要在其管辖的明细分类账户中进行登记。

习题与实训

一、思考题

1. 什么是会计科目？会计科目有什么作用？

2. 会计科目与会计账户是一样的吗？

3. 什么是复式记账法？有什么特点？

4. 借贷记账法的内容包括哪些？

5. 什么是平行登记？平行登记的要点包括哪些？

二、单项选择题

1. 会计科目是（　　　）。

　　A. 账户的名称　　B. 企业的名称　　　C. 报表的名称　　　D. 会计要素的名称

2. 账户结构一般分为（　　　）。

　　A. 左右两方　　　　　　　　　　B. 上下两部分

　　C. 发生额、余额两部分　　　　　D. 前后两部分

3. 账户的贷方反映的是（　　　）。

　　A. 费用的增加　　　　　　　　　B. 所有者权益的减少

　　C. 收入的增加　　　　　　　　　D. 负债的减少

4. 账户余额一般与（　　　）在同一方向。

　　A. 增加额　　　　　B. 减少额　　　　　C. 借方发生额　　　　D. 贷方发生额

5. 费用类账户期末结账后，应是（　　　）。

　　A. 贷方余额　　　　　　　　　　　　B. 借方余额

　　C. 没有余额　　　　　　　　　　　　D. 借方或贷方余额

6. 下列科目中属于资产类科目的是（　　　）。

　　A. 应收账款　　　B. 销售费用　　　　C. 预收账款　　　　D. 盈余公积

7. 某企业本期期初资产总额为14 000元，本期期末负债总额比期初增加2 000元，所有者权益总额比期初减少1 000元，则企业期末资产总额为（　　　）。

　　A. 17 000元　　　B. 13 000元　　　C. 15 000元　　　D. 12 000元

8. 在单式记账法下，对每项经济业务都在（　　　）账户中进行登记。

　　A. 一个　　　　　B. 两个　　　　　C. 两个或更多　　　D. 有关

9. 下列会计分录中，属于简单会计分录的是（　　　）的会计分录。

　　A. 一借多贷　　　B. 一贷多借　　　　C. 一借一贷　　　　D. 多借多贷

10. 资产账户借方记增加数，贷方记减少数，其结果必须是（　　　）。

　　A. 每个资产账户借方数大于贷方

　　B. 每个资产账户贷方数大于借方

　　C. 所有资产账户的借方数大于负债账户的贷方数

　　D. 所有资产账户的借方数大于所有者权益账户的贷方数

11. 在借贷记账法下，负债、所有者权益账户贷方表明（　　　）。

　　A. 负债、所有者权益和收入增加　　　B. 资产、成本和费用增加

　　C. 负债、所有者权益和收入减少　　　D. 资产、损益减少

12. 下列各账户中，期末可能有余额在借方的是（　　　）。

　　A. 制造费用　　　　　　　　　　　　B. 生产成本

　　C. 销售费用　　　　　　　　　　　　D. 营业成本

三、多项选择题

1. 期末结账后没有余额的账户是（　　　）。

　　A. 主营业务收入　　　　　　　　　　B. 生产成本

　　C. 投资收益　　　　　　　　　　　　D. 销售费用

2. 下列会计科目中属于负债类科目的是（　　　）。

　　A. 应收账款　　　B. 银行存款　　　　C. 预付账款　　　　D. 盈余公积

3. 下列经济业务中使资产与权益同时减少的有（　　　）。

　　A. 以银行存款支付应付利润　　　　　B. 以银行存款支付预提费用

　　C. 以银行存款偿还应付账款　　　　　D. 取得短期借款并存入银行

4. 下列账户中属于损益类账户的有（　　　）。

　　A. 制造费用　　　B. 销售费用　　　　C. 管理费用　　　　D. 财务费用

5. 总分类账户和明细账户的关系是（　　　）。

　　A. 总分类账户提供总括资料，明细账户提供详细资料

　　B. 总分类账户和明细分类账户平行登记

    C. 总分类账户统御、控制所属明细账户

    D. 所有总分类账户必须附设明细分类账户

6. 下列会计科目中属于资产类科目的是（　　　　）。

    A. 原材料　　　　　　　　　　　B. 生产成本

    C. 长期待摊费用　　　　　　　　D. 实收资本

7. 关于"资产 = 负债 + 所有者权益"的会计等式，下列提法正确的是（　　　　）。

    A. 它反映了会计静态要素之间的基本数量关系

    B. 它反映了会计静态要素与会计动态要素的相互关系

    C. 资产和权益的对应是逐项的一一对应

    D. 资产和权益的对应是综合的对应

8. 下列各项是以会计恒等式为理论依据的有（　　　　）。

    A. 复式记账　　　　　　　　　　B. 成本计算

    C. 编制资产负债表　　　　　　　D. 试算平衡

9. 下列各项中，不能通过试算平衡发现的有（　　　　）。

    A. 某项经济业务未登记入账

    B. 借贷双方同时多记了相等的金额

    C. 只登记了借方金额，未登记贷方金额

    D. 应借应贷的账户中错记了借贷方向

10. 下列经济业务，引起资产和所有者权益同时增加的业务有（　　　　）。

    A. 国家以机器设备对企业投资　　B. 外商以货币资金对企业投资

    C. 销售产品已收货款存入银行　　D. 购买材料未付款

11. 下列各账户中，期末余额可能在借方也可能在贷方的有（　　　　）。

    A. 预收账款　　B. 预付账款　　C. 短期借款　　　D. 银行存款

12. 企业在生产经营过程中，销售商品取得的收入，可能（　　　　）。

    A. 资产增加　　B. 增加负债　　C. 减少负债　　　D. 增加所有者投资

四、判断题

1. 账户是会计科目的名称。　　　　　　　　　　　　　　　　　　　　（　　　）

2. 在所有的账户中，左边均登记增加额，右方均登记减少额。　　　　　（　　　）

3. 一般说来，各类账户的期末余额与记录增加额的一方属同一方向。　　（　　　）

4. 借贷记账法大约产生于 16 世纪的英国。　　　　　　　　　　　　　（　　　）

5. 记账方法，按记录方式不同，可分为单式记账法和借贷记账法。　　　（　　　）

6. 借贷记账法的记账规则是："有借必有贷，借贷必相等。"　　　　　　（　　　）

7. 借贷记账法的基本内容，主要包括记账符号、账户设置、记账规则和试算平衡。（　　　）

8. 凡是余额在借方的都是资产类账户。　　　　　　　　　　　　　　　（　　　）

9. 所有经济业务的发生都会引起会计等式两边发生变化。　　　　　　　（　　　）

10. 借贷记账法下的"借""贷"二字，其本身是没有意义的。　　　　　（　　　）

11. 账户是会计科目的名称，会计科目是根据账户开设的。　　　　　　　（　　　）

12. 账户期末借方发生额合计数与贷方发生额合计数相等。　　　　　　　（　　　）

五、实训题

1. WXR 有限责任公司 2017 年有下列资料：

元

账户名称	期初余额	本期借方发生额	本期贷方发生额	期末余额
现金	4 000	2 000	（1）	4 750
银行存款	75 000	50 000	91 000	（2）
应收账款		52 300	43 000	17 000
短期借款	50 000	（3）	25 000	45 000
实收资本	150 000			150 000
固定资产	67 000	5 400	（5）	56 500
原材料	（6）	6 450	8 670	7 410
应付账款	2 000	（7）	1 500	2 100

要求：根据各类账户的结构关系，计算并填在上列表格的空格处。

2. WXR 有限责任公司 2017 年 2 月份发生如下经济业务：

（1）3 日将库存现金 20 000 元送存银行；

（2）7 日收到国家追加投入资本金 200 000 元，存入银行；

（3）9 日向甲公司购入原材料 30 000 元，货款尚未支付；

（4）15 日向天池厂销售产品 50 000 元，货款尚未收到；

（5）18 日用库存现金 800 元购入办公用品；

（6）20 日以现金支付管理人员小张出差预借差旅费 1 800 元；

（7）23 日向银行借入短期借款 60 000 元，存入银行；

（8）25 日用银行存款购入固定资产，价值 40 000 元；

（9）27 日向天山厂销售产品 10 000 元，货款收到存入银行；

（10）28 日结转本月完工产品的生产成本 98 000 元。

要求：根据上述资料编制会计分录。

3. WXR 有限责任公司 2017 年 3 月份发生下列经济业务：

（1）4 日向南方厂购入材料 90 000 元，60 000 元已通过银行支付，其余尚欠；

（2）5 日用银行存款 3 600 元支付办公费，其中厂部 2 000 元，车间 1 600 元；

（3）7 日领用材料 73 800 元，其中生产产品领料 70 000 元，车间一般性消耗领料 3 000 元，厂部修理领料 800 元；

（4）9 日报销厂办人员差旅费 1 380 元，出差时预借 1 300 元，不足部分用现金补办；

（5）13 日向银行取得借款 850 000 元，存入银行，其中长期借款 500 000 元，短期借款 350 000 元；

（6）15 日向新胜厂销售产品 126 000 元，货款 100 000 元已收到存入银行，其余对方尚欠；

（7）18 日向北方厂销售产品 35 700 元，货款 35 000 元通过银行已收妥，700 元收到现金；

（8）20 日用银行存款归还到期的长期借款 200 000 元、短期借款 50 000 元。

要求：根据上述资料编制会计分录。

4. WXR 有限责任公司 2017 年 12 月份初总分类账户的余额如下：

元

账户名称	借方余额	类别	贷方余额
库存现金	2 100	短期借款	100 000
银行存款	873 000	长期借款	1 000 000
原材料	934 600	应付账款	249 000
其他应收款	800	应交税费	52 500
生产成本	256 000	应付利息	2 000
库存商品	481 000	实收资本	6 229 000
固定资产	6 437 000	盈余公积	438 000
应收账款	189 000	本年利润	259 000
无形资产	400 000	累计折旧	1 210 000
长期待摊费用	30 000	累计摊销	64 000

WXR 有限责任公司 12 月份发生下列经济业务：

（1）收到国家投入资本 740 000 元，存入银行；

（2）收到某公司投入全新机器一台，价值 153 000 元；

（3）向天灵厂购入甲材料一批，材料价款 700 000 元，增值税额 119 000 元，材料已验收入库，货款尚未支付；

（4）开出商业汇票一张，向红星厂购入乙材料一批，材料价款 50 000 元，增值税额 8 500元，材料已验收入库；

（5）用银行存款 120 000 元偿还前欠华星厂购货款；

（6）向永胜厂购入丙材料一批，材料价款 9 000 元，增值税额 1 530 元，材料尚未运到，货款尚未支付；

（7）向永胜厂购入的丙材料运到，验收入库；

（8）向银行借入短期借款 500 000 元，存入银行；

（9）用银行存款支付本月欠天灵厂的购料款；

（10）为生产 A 产品领用甲材料 800 000 元、B 产品领用乙材料 300 000 元，车间管理领用丙材料 5 000 元，厂部管理领用丙材料 3 000 元；

（11）从银行提前现金 168 000 元，并于当日发放职工工资；

（12）采购员报销差旅费 960 元，上月已预付 800 元，不足部分以现金补付；

（13）收到南方厂上月的购货款 92 000 元，存入银行；

（14）预提应由本月负担的短期借款利息 1 000 元；

（15）摊销应由本月负担的无形资产价值额 3 000 元；

（16）摊销应由本月负担的长期待摊费用 600 元；

（17）计提固定资产折旧 8 600 元，其中车间折旧 7 510 元，厂部折旧 1 090 元；

（18）分配本月工资费用 168 000 元，其中 A 产品生产工人工资 80 000 元，B 产品生产工人工资 60 000 元，车间管理人员工资 80 000 元，厂部管理人员工资 20 000 元；

（19）按职工工资总额的 14% 计提职工福利费；

（20）将本月发生的制造费用按生产工人工资比例分配计入 A、B 两种产品成本；

（21）A 产品月初的产品成本为 250 000 元，本月 A 产品全部完工，并已验收入库，按其实际生产成本转账，B 产品尚未制造完工；

（22）本月销售 A 产品一批，不含税销售额 1 000 000 元，增值税率 17%，货款 600 000 元收到，已存入银行，其余尚未收到；

（23）出售材料一批，不含税销售额为 3 000 元，增值税率 17%，款已收到，存入银行；

（24）用银行存款支付广告费 84 000 元；

（25）结转已销 A 产品的实际生产成本 743 950 元；

（26）结转出售材料的实际成本 2 500 元；

（27）已现金支付罚款 100 元；

（28）收到罚款收入 1 000 元，存入银行；

（29）计算并结转本月的利润总额；

（30）根据企业全年实现的利润总额，按 25% 的税率计算应交所得税；

（31）结转本年的所得税费用；

（32）结转本年实现的净利润；

（33）按本年净利润的 10% 提取盈余公积金；

（34）按本年净利润的 60% 作为应付给投资者的利润。

要求：

（1）根据 12 月份的月初资料，设置有关总分类账户，并登记期初余额；

（2）根据 12 月份发生的经济业务，编制有关会计分录，并据以登记总账；

（3）结出各总分类账户的本期发生额及期末余额，并编制试算平衡表。

掌握企业主要经济业务的核算

学习目标

认识企业主要经济业务的内容、应设置会计账户的作用以及使用规则；

理解借贷记账法在企业中的具体应用；

掌握企业资金筹集、供应过程、生产过程、销售过程和财务成果形成及其分配等业务的核算。

引 例

水泥厂的利润计算

李老板投资成立了一家水泥厂，在忙碌的管理工作之余，李老板想算算水泥厂的利润有多少。于是，李老板从投资款开始测算，涉及厂房建设、机器设备购置、材料采购、材料管理、职工工资薪酬、水电费……越算越头疼，越算越糊涂，折腾了好几天，也算不清楚。你知道怎么计算吗？

任务一　筹资业务的核算

企业的生存、发展，都需要一定数额的资本，企业的日常经营活动离不开资本。资本是企业进行生产经营活动的物资条件，有了资本，企业才可以生存、发展；没有资本，企业就无法生存，更不能发展。企业的资本来源主要有两个方面：一是投资者投入企业的资本及其增值额，即实收资本（股本）和资本公积，形成企业所有者权益的重要组成部分；二是债权人投入企业的资本，形成企业的负债（债权人权益）。在实务中，我们习惯将所有者权益和负债统称为权益。

一、股权资本筹集业务的核算

股权资本是由所有者投入企业的资本及其发生的增值额构成的，股权资本是形成企业资产的重要来源，是企业从事生产经营活动的前提条件。股权资本在有限责任公司称为实收资本，在股份有限公司称为股本。

（一）应设置的账户

1. 实收资本（或股本）

实收资本（股本），是指投资者按照企业章程、合同或协议的约定实际投入企业的注册资本。《中华人民共和国公司法》（以下简称《公司法》）规定：投资者可以用货币、实物资产、无形资产出资，但货币出资比例不得低于注册资本的30%；投入公司的资本，公司不得随意减少，如果需要减少资本，应当由股东会做出决议并向公司所在地的市场监督管理局提出变更资本的登记。

为了反映收到投资者投入资本的增减变动情况，企业应设置实收资本（股本）账户。实收资本（股本）属于所有者权益类账户，贷方登记企业实际收到投资者投入的资本数额，借方登记企业减少的资本数额，期末余额在贷方，表示企业期末资本的实有数额。

实收资本（股本）账户应当根据投资者的身份设置明细核算。

2. 资本公积

资本公积，是指企业在接受投资者投入资本过程中所引起的增值以及直接计入所有者权益的利得和损失。

为了反映资本公积的增减变动情况，企业应设置资本公积账户。资本公积属于所有者权益账户，贷方登记投资者投入企业的资本超过其注册资本中所占的份额以及直接计入所有者权益的利得，借方登记由于转增资本等原因减少的资本公积数额，期末余额在贷方，表示企业资本公积的实有数额。

资本公积账户应当分别按照"资本溢价""股本溢价"和"其他资本公积"进行明细核算。

（二）股权资本筹集业务的账务处理

1. 接受货币资产投资

接受货币资产投资，是指投资者用货币性资产投入企业。投入企业的货币性资产存入银行形成企业的银行存款。

收到投资者投入货币资产时，企业编制如下会计分录：

借：银行存款

　　贷：实收资本（股本）

　　　　资本公积——资本溢价或股本溢价（按照收到的货币性资产与注册资本差额）

注意：如果按法定程序报经批准减少注册资本的，企业编制如下会计分录：

借：实收资本（股本）

　　贷：银行存款

【例5-1】2017年2月，A、B、C共同投资设立WXR有限责任公司，注册资本为2 000 000元，A、B、C持股比例分别为60%、25%和15%。按照章程规定，甲、乙、丙投入资本分别为1 200 000元、50 000元和30 000元。WXR公司已收到A、B、C投资者一次缴足的款项。

收到投资款时，WXR有限责任公司编制如下会计分录：

借：银行存款　　　　　　　　　　　　　　　　　　　　　2 000 000

　　贷：实收资本——A　　　　　　　　　　　　　　　　　　1 200 000

　　　　　　　　——B　　　　　　　　　　　　　　　　　　　500 000

　　　　　　　　——C　　　　　　　　　　　　　　　　　　　300 000

【例 5 - 2】WXRA 股份有限公司通过发行普通股筹集资金，2017 年 2 月 10 日发行普通股 10 000 000 股，每股面值 1 元，每股发行价格 4 元。假定股票发行成功，款项 40 000 000 元已全部存入银行，不考虑发行过程中发生的相关税费。

股票发行成功时，WXRA 股份有限公司编制如下会计分录：

借：银行存款　　　　　　　　　　　　　　　　　　　　　40 000 000
　　贷：股本　　　　　　　　　　　　　　　　　　　　　　10 000 000
　　　　资本公积——股本溢价　　　　　　　　　　　　　　30 000 000

2. 接受非货币性资产投资

我国《公司法》规定，股东既可以用货币出资，也可以用实物、知识产权、土地使用权等非货币性资产出资，但法律规定不得用于出资的资产除外。作为出资的非货币性资产应当按照投资合同或协议约定的价值核算，但投资合同或协议约定价值不公允的除外。不论以何种方式出资，投资者如果在投资过程中违反投资合同或协议的约定，不按规定如期缴足出资额，其他履行投资合同或协议的投资者可以依法追究违约投资者的法律责任。

企业接受投资者投入非货币性资产时，应按投资合同或协议约定价值确定非货币性资产价值，但投资合同或协议约定价值不公允的除外。

（1）接受投资者投入固定资产。企业接受投资者投入的房屋、建筑物、机器设备等固定资产，应按投资合同或协议约定的价值作为固定资产的入账价值，但投资合同或协议约定价值不公允的除外。

接受投资者投入固定资产时，企业编制如下会计分录：

借：固定资产（不需要安装）
　　在建工程（需要安装）
　　应交税费——应交增值税（进项税）
　　贷：实收资本

【例 5 - 3】WXR 限责任公司于设立时收到 H 公司作为资本投入的不需要安装的机器设备一台，合同约定该机器设备的价值为 2 000 000 元，增值税进项税额为 340 000 元（假设增值税允许抵扣）。合同约定的固定资产价值与公允价值相符，不考虑其他因素。

收到 H 公司投入固定资产时，WXR 有限责任公司编制如下会计分录：

借：固定资产　　　　　　　　　　　　　　　　　　　　　2 000 000
　　应交税费——应交增值税（进项税）　　　　　　　　　　340 000
　　贷：实收资本——H 公司　　　　　　　　　　　　　　　2 340 000

（2）接受投资者投入材料、商品等。企业接受投资者投入的材料、商品等，应按投资合同或协议约定的价值作为材料、商品的入账价值，但投资合同或协议约定价值不公允的除外。

接受投入材料物资时，企业编制如下会计分录：

借：原材料
　　库存商品等
　　应交税费——应交增值税（进项税）
　　贷：实收资本

【例 5 - 4】WXR 有限责任公司于设立时收到 M 公司作为资本投入的原材料一批，该批原材料投资合同或协议约定价值（不含可抵扣的增值税进项税额部分）为 100 000 元，增值税进项税额为 17 000 元。M 公司已开具了增值税专用发票。假设合同约定的价值与公允价值相符，该进项税额允许抵扣，不考虑其他因素。

收到 M 公司投入材料时，WXR 有限责任公司编制如下会计分录：

借：原材料 100 000
　　应交税费——应交增值税（进项税） 17 000
　　　贷：实收资本——M 公司 117 000

【例 5 - 5】 WXR 有限责任公司于设立时收到 R 投资者作为资本投入的商品一批，该批商品投资合同或协议约定价值（不含可抵扣的增值税进项税额部分）为 500 000 元，增值税进项税额为 85 000 元。R 公司已开具了增值税专用发票。假设合同约定的价值与公允价值相符，该进项税额允许抵扣，不考虑其他因素。

收到 R 投资者投入商品时，WXR 有限责任公司编制如下会计分录：

借：库存商品 500 000
　　应交税费——应交增值税（进项税） 85 000
　　　贷：实收资本——R 585 000

（3）接受投资者投入无形资产。企业收到投资者投入的无形资产，应按投资合同或协议约定的价值作为无形资产的入账价值，但投资合同或协议约定价值不公允的除外。

收到投入无形资产时，企业编制如下会计分录：

借：无形资产
　　　贷：实收资本

【例 5 - 6】 WXR 有限责任公司于设立时收到 L 公司作为资本投入的专利技术一项，该专利技术投资合同约定价值为 80 000 元，同时收到 Z 公司作为资本投入的土地使用权一项，投资合同约定价值为 200 000 元。假设 WXR 公司接受该非专利技术和土地使用权符合国家注册资本管理的有关规定，可按合同约定作实收资本入账，合同约定的价值与公允价值相符，不考虑其他因素。

收到投入非专利技术时，WXR 有限责任公司编制如下会计分录：

借：无形资产——专利技术 80 000
　　　　　　——土地使用权 200 000
　　　贷：实收资本——L 公司 80 000
　　　　　　　　　——Z 公司 200 000

二、债务资本筹集业务的核算

企业成立后，在后续发展中，会存在资金紧张或资金周转不灵的问题。为了解决这些问题，企业向银行等金融机构借入资金，向供应商赊购材料、赊购设备等，形成企业的债务。债务也称债权人权益，表示债权人对企业资产的求偿权。所谓债务也称负债，是指企业过去的交易或者事项形成的、预期会导致经济利益流出企业的现时义务，主要包括短期借款、应付票据、应付账款、预收账款、应付职工薪酬、应交税费、应付股利、其他应付款、长期借款、应付债券、长期应付款等。

（一）应设置的账户

1. 短期借款

短期借款，是指企业向银行或其他金融机构借入的偿还期限在 1 年以内（含 1 年）的各种借款。

为了反映企业短期借款的增减变动情况，企业应设置短期借款账户。短期借款属于负债类账户，贷方登记企业借入的各种短期借款数额，借方登记企业偿还的短期借款数额，期末余额在贷方，表示企业尚未偿还的短期借款的数额。

该账户应当按债权人设置明细账，并按借款种类进行明细核算。

2. 长期借款

长期借款，是指企业向银行或其他金融机构借入的偿还期限在 1 年以上（不含 1 年）的各种借款。

为了反映企业长期借款的增减变动情况，企业应设置长期借款账户。长期借款属于负债类账户，贷方登记企业借入长期借款的本金以及到期一次还本付息偿还方式下计提的利息，借方登记企业偿还的本金及利息，期末余额在贷方，表示企业尚未偿还的长期借款的本金和利息。

该账户应当按债权人设置明细账，并按借款种类进行明细核算。

3. 财务费用

财务费用，是指企业为筹集生产经营所需资金等而发生的筹资费用，主要包括利息支出（减利息收入）、汇兑差额以及相关的手续费、企业发生的现金折扣或收到的现金折扣等。

为了反映企业财务费用的增减变动情况，企业应设置财务费用账户。财务费用属于损益类账户，借方登记企业实际发生的财务费用，贷方登记企业减少的财务费用（如利息收入、汇兑收益等）；期末，应将该账户的余额转入"本年利润"账户，结转后该账户没有余额。

该账户应当按照财务费用项目进行明细核算。

4. 应付利息

应付利息，是指企业按照合同或协议约定应付的利息，包括短期借款利息、到期还本分期付息的长期借款利息等。

为了反映企业应付利息的增减变动情况，企业应设置应付利息账户。应付利息属于负债类账户，贷方登记企业按合同或协议约定的利率计算确定的应付但尚未支付的利息，借方登记企业实际支付的利息，期末余额在贷方，表示企业应付但尚未支付的利息数额。

该账户应当按照债权人进行明细核算。

（二）债务资本筹集业务的账务处理

1. 短期借款业务

借入短期借款时，企业编制如下会计分录：

借：银行存款

　　贷：短期借款

计提利息费用时，企业编制如下会计分录：

借：财务费用

　　贷：应付利息

偿还本金和利息时，企业编制如下会计分录：

借：短期借款

　　应付利息

　　贷：银行存款

【例5-7】WXR有限责任公司由于生产经营的需要于2017年1月1日向银行取得借款100万元，期限为1年，年利率为4.5%，利息随本金到期一次支付，款项已存入银行，不考虑其他因素。

借入短期借款时，WXR有限责任公司编制如下会计分录：

借：银行存款　　　　　　　　　　　　　　　　　　　　1 000 000

　　贷：短期借款　　　　　　　　　　　　　　　　　　　1 000 000

【例5-8】WXR有限责任公司1月31日计提本月短期借款利息，金额为3 750元。

计提1月份利息费用时，WXR有限责任公司编制如下会计分录：

借：财务费用　　　　　　　　　　　　　　　　　　　　　　3 750

　　贷：应付利息　　　　　　　　　　　　　　　　　　　　3 750

注意：2—12月月末计提利息费用的会计分录与例5-8是一样的。

【例5-9】WXR有限责任公司2018年1月1日以银行存款偿还到期的短期借款本金及利息。

偿还本金和利息时，WXR有限责任公司编制如下会计分录：

借：短期借款　　　　　　　　　　　　　　　　　　　　1 000 000

　　应付利息　　　　　　　　　　　　　　　　　　　　　　45 000

　　贷：银行存款　　　　　　　　　　　　　　　　　　　1 045 000

2. 长期借款业务

借入长期借款时，企业编制如下会计分录：

借：银行存款

　　贷：长期借款——本金

计提利息费用时，企业编制如下会计分录：

借：财务费用（用户生产经营活动形成的一般性借款计提利息的情况）

　　制造费用（用于生产多种商品借款计提的利息满足资本化的情况）

　　在建工程等（用于工程建设等借款计提的利息满足资本化的情况）

　　贷：应付利息（分期付息的情况）

　　　　长期借款——应计利息（到期一次还本付息的情况）

偿还本金和利息时，企业编制如下会计分录：

借：长期借款——本金

　　长期借款——应计利息

　　应付利息

　　贷：银行存款

【例5-10】2017年7月1日，WXR有限责任公司为了满足生产经营需要而向银行借入2年期的款3 000 000元，年利率6%，借款利息每半年支付一次，款项已存入银行，不考虑其他因素。

借入长期借款时，WXR有限责任公司编制如下会计分录：

借：银行存款   3 000 000

  贷：长期借款——本金   3 000 000

【例 5 – 11】 2017 年 7 月 30 日，WXR 有限责任公司计提 7 月份的长期借款利息 15 000元。

计提长期借款利息时，WXR 有限责任公司编制如下会计分录：

借：财务费用   15 000

  贷：应付利息   15 000

注意：8—12 月月末计提利息费用的会计分录与例 5 – 11 是一样的。

【例 5 – 12】 2018 年 1 月 1 日，WXR 有限责任公司支付长期借款利息 90 000 元。

支付半年利息时，WXR 有限责任公司编制如下会计分录：

借：应付利息   90 000

  贷：银行存款   90 000

注意：2018 年 7 月 1 日、2019 年 1 月 1 日、2019 年 7 月 1 日偿还利息的会计分录与例 5 – 12是一样的。

【例 5 – 13】 2019 年 7 月 1 日 WXR 有限责任公司以银行存款归还到期的借款本金。

偿还长期借款本金时，WXR 有限责任公司编制如下会计分录：

借：长期借款——本金   3 000 000

  贷：银行存款   3 000 000

任务二 供应过程业务的核算

企业成立后，需要通过生成产品或提供劳务来获取收入，维持企业的生存和发展。企业生成产品，首先得购置各种生成经营活动所需的资产，如购建厂房、购置机器设备等固定资产，购买生产过程用的各种材料物资，形成了供应过程业务的核算。供应过程业务的核算主要包括固定资产业务的核算和材料物资业务的核算。

一、固定资产业务的核算

（一）固定资产的概念及特征

固定资产，是指企业为生产商品、提供劳务、出租或经营管理而持有的，使用寿命超过一个完整的会计年度的有形资产。

固定资产具有以下三个特征：

1. 企业持有固定资产是为了生产商品、提供劳务、出租或经营管理

这是固定资产的最基本特征，该特征使固定资产明显与库存商品等相区别。

2. 使用寿命超过一个会计年度

这一特征表明企业固定资产属于长期性资产，其收益期超过一年，固定资产能在超过一年的时间里为企业创造经济利益。该特征使固定资产与流动资产相区别。

3. 固定资产属于有形资产

固定资产具有实物形态，该特征使固定资产与无形资产相区别。

（二）固定资产的分类

企业在经营活动中，根据不同的管理要求，可以将固定资产分为如下类型：

1. 按经济用途分类

固定资产按经济用途分为生产经营用固定资产和非生产经营用固定资产。其中，生产经营用固定资产，是指直接服务于企业生产、经营过程的各种固定资产，如生产经营用的房屋、建筑物、机器、设备、器具、工具等。非生产经营用固定资产，是指不直接服务于生产、经营过程的各种固定资产，如职工宿舍、食堂、浴室、理发室等使用的房屋、设备和其他固定资产等。

2. 按使用情况分类

固定资产按使用情况分为使用中的固定资产、未使用的固定资产和不需用的固定资产。

其中，使用中的固定资产，是指正在使用中的经营性和非经营性的固定资产。由于季节性经营或大修理等原因，暂时停止使用的固定资产仍属于企业使用中的固定资产；企业出租给其他单位使用的固定资产和内部替换使用的固定资产，也属于使用中的固定资产。未使用的固定资产，是指已完工或已购建的尚未交付使用的新增固定资产以及因进行改建、扩建等暂停使用的固定资产，如企业购建的尚待安装的固定资产、经营任务变更停止使用的固定资产等。不需用的固定资产，是指本企业多余或不适用，需要调配处理的各种固定资产。

3. 综合分类

固定资产按综合分类可以分为以下七类：

（1）生产经营用固定资产。

（2）非生产经营用固定资产。

（3）租出固定资产（指在经营租赁方式下出租给外单位使用的固定资产）。

（4）不需用固定资产。

（5）未使用固定资产。

（6）土地（是指过去已经估价单独入账的土地。因征地而支付的补偿费，应计入与土地有关的房屋、建筑物的价值内，不单独作为土地价值入账。企业取得的土地使用权，应作为无形资产管理，不作为固定资产管理）。

（7）融资租入固定资产。

（三）应设置的账户

在实务中，为了加强对固定资产的会计核算，企业需要设置"固定资产""工程物资""在建工程"等账户，核算固定资产取得情况。

1. 固定资产

为了反映所持有固定资产的增减变动情况，企业应设置固定资产账户。固定资产属于资产类账户，借方登记企业增加的固定资产原价，贷方登记企业减少的固定资产原价，期末余额在借方，表示企业期末持有固定资产的账面原价。

2. 工程物资

工程物资，是指企业为工程建设而储备的各项物资，工程物资属于长期资产的范畴。

为了反映所持有工程物资的增减变动情况，企业应设置工程物资账户。工程物资属于资产类账户，借方登记企业增加工程物资的实际成本，贷方登记企业减少工程物资的实际成本，期末余额在借方，表示企业持有工程物资的实际成本。

3. 在建工程

在建工程，是指企业正在建设但尚未完工的各项工程的成本，在建工程属于长期资产的范畴。

为了反映在建工程的增减变动情况，企业应设置在建工程账户。在建工程属于资产类账户，借方登记企业各项在建工程的实际成本，贷方登记企业完工工程转出的实际成本，期末余额在借方，表示企业尚未完工的各项工程的实际成本。

（三）取得固定资产的核算

取得固定资产的渠道很多，主要包括外购固定资产、自行建造固定资产等。

1. 外购固定资产的业务

企业外购固定资产的成本，应由实际支付的购买价款和相关税费，以及使固定资产达到预定可使用状态所发生的可直接归属于该项资产的合理的必要的支出构成，如运输费、装卸费和专业人员服务费等。

（1）购入不需要安装的固定资产。企业购入的不需要安装的固定资产，是指企业购买的不需要安装即可直接使用的固定资产。购入不需要安装的固定资产，应按购入时实际支付的购买价款、相关税费，以及使固定资产达到预定可使用状态所发生的可直接归属于该资产的合理的必要的支出入账。

购入不需要安装的固定资产时，企业编制如下会计分录：

借：固定资产

　　应交税费——应交增值税（进项税额）

　　　贷：银行存款

　　　　　应付票据

　　　　　应付账款等

【例5-14】2017年1月1日，WXR有限责任公司（一般纳税人）购入不需要安装的A设备一台，价款100 000元，增值税税率为17%，另支付运输费3 000元，包装费5 000元。款项以银行存款支付，不考虑其他因素。

购入A设备时，WXR有限责任公司编制如下会计分录：

借：固定资产——A　　　　　　　　　　108 000（100 000+3 000+5 000）

　　应交税费——应交增值税（进项税额）　　　　　　　　17 000

　　　贷：银行存款　　　　　　　　　　　　　　　　　　125 000

（2）购入需要安装的固定资产。企业购入需要安装的固定资产，是指企业购买的需要经过安装以后才能交付使用的固定资产。购入需要安装的固定资产，应在购入固定资产采购成本的基础上加上安装调试成本入账。核算时，先计入"在建工程"账户，待安装完毕达到预定可使用状态后，再由"在建工程"账户转入"固定资产"账户。

购入需要安装的固定资产时，企业编制如下会计分录：

借：在建工程

　　应交税费——应交增值税（进项税额）

　　　贷：银行存款

　　　　　应付票据

　　　　　应付账款等

支付安装、调试费用时，企业编制如下会计分录：

借：在建工程

贷：银行存款

应付职工薪酬等

安装完毕达到预定可使用状态时，企业编制如下会计分录：

借：固定资产

贷：在建工程

【例5-15】2017年2月2日，WXR有限责任公司（一般纳税人）购入一台需要安装的B设备，取得的增值税专用发票上注明的设备买价为50 000元，增值税率为17%，支付的运输费为1 000元，设备运抵企业后由供货商安装，支付安装费4 000元，款项均以银行存款支付，不考虑其他因素。

购入B设备时，WXR有限责任公司编制如下会计分录：

借：在建工程——B　　　　　　　　　　　　　　　　51 000

应交税费——应交增值税（进项税额）　　　　 8 500

贷：银行存款　　　　　　　　　　　　　　　　　 59 500

支付安装费时，WXR有限责任公司编制如下会计分录：

借：在建工程——B　　　　　　　　　　　　　　　　 4 000

贷：银行存款　　　　　　　　　　　　　　　　　　 4 000

B备安装完毕时，WXR有限责任公司编制如下会计分录：

借：固定资产——B　　　　　　　　　 55 000（51 000+4 000）

贷：在建工程——B　　　　　　　　　　　　　　　 55 000

2. 自行建造固定资产的业务

自行建造固定资产，是指企业自行建造房屋、建筑物、各种机器设备等，应按实际发生的各项合理的必要的支出入账。核算时，先通过"在建工程"账户记录，等工程完工达到预定可使用状态后，从"在建工程"账户转入"固定资产"账户。

购入工程物资时，企业编制如下会计分录：

借：工程物资

应交税费——应交增值税（进项税额）

贷：银行存款

应付票据

应付账款等

领用工程物资时，企业编制如下会计分录：

借：在建工程

贷：工程物资

发生工程人工费时，企业编制如下会计分录：

借：在建工程

贷：应付职工薪酬

工程完工时，企业编制如下会计分录：

借：固定资产

贷：在建工程

【例 5 – 16】2017 年 2 月 10 日，WXR 有限责任公司自行建造生产线一条，有关业务如下：公司购入为工程准备的物资 500 000 元，支付的增值税 85 000 元，款项已通过银行支付；生产线开始动工，领用工程物资 500 000 元；生产线建设有关工程成员工资为 80 000 元；2017 年 2 月 25 日，生产线建设工程投入使用。

购入工程物资时，WXR 有限责任公司编制如下会计分录：

借：工程物资 500 000
应交税费——应交增值税（进项税额） 85 000
贷：银行存款 585 000

领用工程物资时，WXR 有限责任公司编制如下会计分录：

借：在建工程 500 000
贷：工程物资 500 000

发生人工费用时，WXR 有限责任公司编制如下会计分录：

借：在建工程 80 000
贷：应付职工薪酬 80000

生产线安装完成时，WXR 有限责任公司编制如下会计分录：

借：固定资产 580 000
贷：在建工程 580 000

二、材料采购业务的核算

原材料是企业生产经营中不可缺少的物资，在生产经营中起着重要的作用。有的原材料在生产过程中构成产品的实体，有的原材料虽然不构成产品实体，但有助于产品的形成，有的原材料在生产过程或提供劳务过程中会被消耗掉。不同的原材料在生产过程或提供劳务过程中处于不同的形态，在生产过程或提供劳务过程所起的作用也不同，但原材料核算是相同的。

（一）原材料的分类

原材料按其在生产经营过程中的作用分为以下几类：

1. 原料及主要材料

原料及主要材料，是指经过加工后能够构成产品主要实体的各种原料和主要材料。原料是指没有经过加工的材料，如纺纱用的原棉、制糖用的甘蔗、冶炼用的铁矿石等；主要材料是指经过加工过的材料，如织布用的棉纱、机器制造用的钢材等。

2. 外购半成品

外购半成品，是指从外部购买，需要经过本企业进一步加工或装配的已加工过的原材料，如织布厂外购的棉纱、汽车制造厂外购的轮胎等。在实务中，外购半成品也可以纳入原料及主要材料核算。

3. 辅助材料

辅助材料，是指直接用于生产，在生产中起辅助作用，不构成产品实体的各种材料。

4. 燃料

燃料，是指工艺技术过程或非工艺技术过程用来燃烧取得热能的各种材料，包括固体燃料、液体燃料和气体燃料。

5. 修理用备件

修理用备件，是指为修理本企业机器设备和运输工具等而储备的各种备品备件，如螺母、轴承、齿轮等。

6. 包装材料

包装材料，是指企业为包装本企业商品而储备的各种包装容器，包括桶、坛、袋、箱等。

（二）应设置的账户

为了核算企业供应过程材料采购业务的情况，企业应设置"在途物资""原材料""应付账款""应付票据""预付账款""应交税费"等账户。

1. 在途物资

在途物资，是指企业已经购买，但尚未验收入库的各种材料的实际成本。

为了反映采用实际成本法核算的材料等物资的增减变动情况，企业应设置在途物资账户。在途物资属于资产类账户，借方登记企业购入但尚未验收入库材料等物资的实际成本，贷方登记验收入库材料等物资的实际成本，期末余额在借方，则表示企业已经购买，但尚未验收入库材料等物资的实际成本。

该账户可按供应单位和物资品种进行明细核算。

2. 原材料

原材料，是指企业为生产产品、提供劳务等而持有的各种主要材料及辅助材料。

为了反映库存各种材料的增减变动情况，企业应设置原材料账户。原材料属于资产类账户，借方登记企业验收入库材料的成本，贷方登记企业发出材料的成本，期末余额在借方，则表示企业库存材料的实际成本或计划成本。

该账户应当按照材料的保管地点（仓库）、材料的类别、品种和规格等进行明细核算。

3. 应付账款

应付账款，是指企业购买材料、商品、接受劳务等应付的款项。

为了反映因购买材料、商品和接受劳务等应付的各种款项，企业应设置应付账款账户。应付账款属于负债类账户，贷方登记企业因购买材料、商品等或接受劳务等发生的应付未付的款项，借方登记企业已经支付的款项或已经开出承兑商业汇票抵付的应付款项，期末余额一般在贷方，表示企业尚未支付的应付账款，如果期末余额在借方，则表示企业预付的款项。

该账户应当按照不同的债权人进行明细核算。

4. 应付票据

应付票据，是指企业购买材料、商品等开出承兑的商业汇票，包括银行承兑汇票和商业承兑汇票。

为了反映购买材料、商品和接受劳务等而开出、承兑的商业汇票的增减变动情况，企业应设置应付票据账户。应付票据属于负债类账户，贷方登记企业开出、承兑汇票或以承兑汇票抵付货款的金额，借方登记企业已支付的到期商业汇票的金额，期末余额在贷方，则表示企业尚未到期的商业汇票的金额。

5. 预付账款

预付账款，是指企业按照合同或协议的约定预先支付的各种款项。

为了反映预付账款的增减变动情况，企业应设置预付账款账户。预付账款属于资产类账户，借方登记按合同或协议约定预付给供应单位或者提供劳务单位的款项和补付的款项，贷方登记收到材料、商品等或接受劳务应付的款项和收到退回多付的款项，期末余额一般在借方，表示企业预付的款项，期末余额如果在贷方，则表示企业尚未补付的款项。

该账户应当按照供应单位和提供劳务方进行明细核算。

6. 应交税费

应交税费，是指企业按照税法规定应交的各项税费，主要包括增值税、消费税、所得税、资源税、土地增值税、城建税、房产税、土地使用税、车船税、印花税、教育费附加、矿产资源补偿费等。

为了反映企业应交税费的增减变动情况，企业应设置应交税费账户。应交税费属于负债类账户，贷方登记企业税法按规定计算应交纳的各种税费，借方登记实际缴纳的各种税费，期末余额一般在贷方，表示企业尚未交纳的各种税费，期末余额如果在借方，则表示企业多交或尚未抵扣的各种税费。

"应交税费"账户一般按照应交税费的税种进行明细核算。

（三）材料采购业务

材料采购业务在实务中可以分为按计划成本入账和按实际成本入账两种。按计划成本入账发生的材料采购成本应先通过"材料采购"账户核算。如果没有特别说明，本书采购材料业务是按实际成本核算的，在此只介绍按实际成本入账。

企业取得原材料的具体情况不同，其账务处理也不太相同，企业取得原材料的核算主要包括以下几种情况：

1. 材料和单据同时到达

购入材料时，企业编制如下会计分录：

借：原材料
　　应交税费——应交增值税（进项税）
　　　贷：应付账款
　　　　　应付票据
　　　　　银行存款等

【例 5 – 17】 2017 年 3 月 5 日，WXR 有限责任公司购入 Q 材料一批，增值税专用发票注明价款为 30 000 元，增值税为 5 100 元，发票账单已收到，材料已验收入库，全部款项以银行存款支付，不考虑其他因素。

购入材料时，WXR 有限责任公司编制如下会计分录：

借：原材料——Q 材料　　　　　　　　　　　　　　　　　　30 000
　　应交税费——应交增值税（进项税额）　　　　　　　　　　 5 100
　　　贷：银行存款　　　　　　　　　　　　　　　　　　　　　　 35 100

【例 5 – 18】 2017 年 3 月 6 日，WXR 有限责任公司购入 C 材料一批，增值税专用发票注明价款为 20 000 元，增值税为 3 400 元，发票账单已收到，材料已验收入库，款项尚未支付，不考虑其他因素。

购入材料时，WXR 有限责任公司编制如下会计分录：

借：原材料——C 材料　　　　　　　　　　　　　　　　　　20 000
　　应交税费——应交增值税（进项税额）　　　　　　　　　　 3 400
　　　贷：应付账款　　　　　　　　　　　　　　　　　　　　　　 23 400

【例 5 – 19】2017 年 3 月 7 日，WXR 有限责任公司购入 E 材料一批，增值税专用发票注明价款为 10 000 元，增值税为 1 700 元，发票账单已收到，材料已验收入库，已开出并承兑的商业汇票金额为 11 700 元，支付货款，不考虑其他因素。

购入材料时，WXR 有限责任公司编制如下会计分录：

借：原材料——E 材料　　　　　　　　　　　　　　　　　　　　　　10 000
　　应交税费——应交增值税（进项税额）　　　　　　　　　　　　　　1 700
　　贷：应付账款　　　　　　　　　　　　　　　　　　　　　　　　　　11 700

2. 材料已到单据未到

企业购的材料已经入库，到月底发票账单尚未收到，应当按暂估价值入账。

购入材料发票账单未到时，企业编制如下会计分录：

借：原材料
　　贷：应付账款——暂估应付账款

下个月月初用红字冲回，企业编制如下会计分录：

借：原材料　　　　　　　　　　　　　　　　　　（金额用红字）
　　贷：应付账款——暂估应付账款　　　　　　　　（金额用红字）

【例 5 – 20】WXR 有限责任公司 2017 年 5 月 28 日购入并验收入库 D 材料一批，发票账单尚未收到，D 材料暂估价值为 50 000 元，5 月 31 日，发票账单尚未到达。为了反映库存真实情况，应当根据暂估价值入账。

购入材料时，WXR 有限责任公司编制如下会计分录：

借：原材料——D 材料　　　　　　　　　　　　　　　　　　　　　　50 000
　　贷：应付账款——暂估应付账款　　　　　　　　　　　　　　　　　　50 000

6 月 1 日，用红字编制相同分录冲销：

借：原材料——D 材料　　　　　　　　　　　　　　　　　　　50 000

　　贷：应付账款——暂估应付账款　　　　　　　　　　　　　　　50 000

6 月 5 日，收到上述购入 D 材料的结算凭证和发票账单，专用发票列明材料价款 50 000 元，增值税额 8 500 元，以银行存款支付，不考虑其他因素。

收到材料时，WXR 有限责任公司编制如下会计分录：

借：原材料——D 材料　　　　　　　　　　　　　　　　　　　　　　50 000
　　应交税费——应交增值税（进项税额）　　　　　　　　　　　　　　8 500
　　贷：银行存款　　　　　　　　　　　　　　　　　　　　　　　　　58 500

3. 单据已到材料未到

企业购入材料，如果发票账单已到达，材料尚未验收入库时，企业编制如下会计分录：

借：在途物资
　　应交税费——应交增值税（进项税）
　　贷：应付账款
　　　　应付票据
　　　　银行存款等

【例 5 – 21】2017 年 5 月 2 日，WXR 有限责任公司购入一批 R 材料，增值税专用发票上注明材料价款为 50 000 元，增值税为 8 500 元。双方商定采用商业承兑汇票结算方式支付货款，付款期限为 3 个月，材料尚未到达，不考虑其他因素。

购买材料尚未入库时，WXR 有限责任公司编制如下会计分录：

借：在途物资——R 材料　　　　　　　　　　　　　　　　50 000

　　应交税费——应交增值税（进项税额）　　　　　　　　 8 500

　　贷：应付票据　　　　　　　　　　　　　　　　　　　　　　　　58 500

R 材料到达验收入库时，WXR 有限责任公司编制如下会计分录：

借：原材料——R 材料　　　　　　　　　　　　　　　　　50 000

　　贷：在途物资——R 材料　　　　　　　　　　　　　　　　　　50 000

如果上例购入 R 材料取得的是增值税普通发票，列明金额为 58 500 元，采用商业承兑汇票结算方式支付货款，付款期限为 3 个月，材料尚未到达。

购入材料尚未入库时，WXR 有限责任公司编制如下会计分录：

借：在途物资——R 材料　　　　　　　　　　　　　　　　58 500

　　贷：应付票据　　　　　　　　　　　　　　　　　　　　　　　　58 500

4. 款项已付材料尚未到达

企业购入材料，如果款项已付，材料尚未验收入库，则应分步核算。

预付款购买材料时，企业编制如下会计分录：

借：预付账款

　　贷：银行存款

借：在途物资

　　应交税费——应交增值税（进项税）

　　贷：预付账款

　　　　银行存款等

【例 5-22】2017 年 3 月 10 日 WXR 有限责任公司从 B 公司购入一批 Y 材料，增值税专用发票上注明材料价款为 50 000 元，增值税为 8 500 元。双方商定采用预付款方式，3 月 10 日签订合同时预付 30 000 元，B 公司发出材料时补付余款，3 月 15 日材料已发出，但尚未到达，不考虑其他因素。

预付款项时，WXR 有限责任公司编制如下会计分录：

借：预付账款　　　　　　　　　　　　　　　　　　　　　30 000

　　贷：银行存款　　　　　　　　　　　　　　　　　　　　　　　　30 000

借：在途物资——Y 材料　　　　　　　　　　　　　　　　50 000

　　应交税费——应交增值税（进项税）　　　　　　　　　 8 500

　　贷：预付账款　　　　　　　　　　　　　　　　　　　　　　　　30 000

　　　　银行存款　　　　　　　　　　　　　　　　　　　　　　　　28 500

当企业同时购进两种或两种以上材料时发生的采购费用，如果能分清承担对象的，可以直接计入各种材料的采购成本；如果不能分清对象，应选择适当的分配标准在各种材料当中进行合理分配，再分别计入各种材料的采购成本。其计算公式如下：

材料采购的费用分配率＝材料采购费用÷分配标准合计×100%

上式中的分配标准可选择购入材料的重量、体积、买价、件数等，在实务中，可根据具体情况选择使用。

　　某材料应负担的采购费用＝某种材料分配标准数×料采购费用分配率

　　【例5-23】WXR有限责任公司同时购入一批R材料与E材料，增值税专用发票上注明R材料价款为50 000元，增值税为8 500元，E材料的价款为30 000元，增值税为5 100元。双方商定采用商业承兑汇票结算方式支付货款，付款期限为3个月，材料尚未到达，不考虑其他因素。

　　购买材料尚未入库时，WXR有限责任公司编制如下会计分录：

借：在途物资——R材料	50 000
——E材料	30 000
应交税费——应交增值税（进项税额）	13 600
贷：应付票据	93 600

　　【例5-24】承接例5-23 WXR有限责任公司以银行存款支付R、E两种材料的运杂费9 000元（按重量分配），假设R材料的重量为1 000千克，E材料的重量为500千克。

　　支付运杂费时，WXR有限责任公司编制如下会计分录：

借：在途物资——R材料	6 000
——E材料	3 000
贷：银行存款	9 000

　　分配计算如下：

　　运杂费分配率＝9 000÷（1 000＋500）＝6（元/千克）

　　R材料应负担的运杂费＝1 000×6＝6 000（元）

　　E材料应负担的运杂费＝500×6＝3 000（元）

　　【例5-25】承接例5-23、例5-24 WXR有限责任公司购入的R、E两种材料均已验收入库，结转其采购成本。

　　验收入库时，WXR有限责任公司编制如下会计分录：

借：原材料——R材料	56 000
——E材料	33 000
贷：在途物资——R材料	56 000
——E材料	33 000

任务三　生产过程业务的核算

　　企业构建固定资产、采购材料物资为生产环节提供了物质基础和保障，构建固定资产、采购材料物资之后就进入了生产环节，生产环节主要是将储备的各种材料物资进行生产、加工并形成产品的过程。在生产过程，必然要发生各种消耗（如消耗各种材料物资、支付职工薪酬，以及固定资产等发生的磨损而计提的折旧费等）。生产过程形成的各种耗费属于日常活动中所发生的经济利益的总流出，称为费用。费用分为可以对象化的制造成本（直接材料、直接人工、制造费用）和不能对象化的期间费用（管理费用、销售费用、财务费用）。

一、制造成本与期间费用概述

(一) 制造成本

制造成本，是指企业为生产一定种类和数量的产品所发生的各种对象化费用的总和。制造成本一般按产品品种进行归集，制造成本一般包括直接材料、直接人工和制造费用。其中，直接材料是指企业在制造产品过程中，用于构成产品实体而耗用的原料、主要材料及虽然不构成产品实体，但有助于产品形成的各种辅助性材料等。直接人工是指企业直接从事产品生产的工人的各项职工薪酬，包括工资、奖金、津贴补贴、福利等。制造费用是指企业生产产品过程中发生的，不能直接计入某项产品成本、经过一定分配标准计入产品成本的各项间接费用，它通常包括车间管理部门发生的费用、车间机物料损耗等。

(二) 期间费用

期间费用，是指在生产过程中发生的，与制造产品没有直接关系的各项费用，它在发生时直接计入当期损益。期间费用主要包括管理费用、销售费用和财务费用。

管理费用是指为组织和管理企业的生产经营活动而发生的各项费用。包括企业的董事会和行政管理部门在企业的经营管理中发生的或者应由企业统一负担的公司经费（包括行政管理部门职工薪酬、修理费、物料消耗、低值易耗品摊销、办公费和差旅费等）、工会经费、董事会费（包括董事会成员津贴、会议费和差旅费等）、聘请中介机构费、咨询费（含顾问费）、诉讼费、业务招待费、房产税、车船使用税、土地使用税、印花税、技术转让费、矿产资源补偿费、研究费用、排污费等。

销售费用是指企业在销售商品和材料、提供劳务的过程中发生的各项费用，包括保险费、包装费、展览费和广告费、商品维修费、预计产品质量保证损失、运输费、装卸费等，以及为销售本企业商品而专设的销售机构（含销售网点、售后服务网点等）的职工薪酬、业务费、折旧费等。

财务费用是指企业为筹集生产经营所需资金等而发生的筹资费用，包括利息支出（减利息收入）、汇兑差额以及相关的手续费、企业发生的现金折扣或收到的现金折扣等。

二、应设置的账户

1. 生产成本

为了反映生产成本的增减变动情况，企业应设置生产成本账户。生产成本属于成本类账户，借方登记企业生产产品过程中发生的各项直接费用以及应由产品成本负担的间接费用，贷方登记已经生产完工并验收入库的产品以及自制半成品等的实际成本，期末余额在借方，表示企业尚未生产完工的各项产品的成本。

该账户应当按照基本生产成本和辅助生产成本进行明细核算。

2. 制造费用

为了反映生产车间为生产产品和提供劳务而发生的各项间接费用的增减变动情况，企业应设置制造费用账户。制造费用属于成本类账户，借方登记各项间接费用的累计发生数额，贷方登记分配计入有关成本计算对象的间接费用，期末将余额转入"生产成本"账户，结转后无余额。

3. 管理费用

为了反映管理费用的增减变动情况，企业应设置管理费用账户。管理费用属于损益类账户，借方登记实际发生的各项管理性费用，贷方登记其冲减和转入"本年利润"账户的金额，期末结转后无余额。

该账户应当按照费用项目进行明细核算。

4. 应付职工薪酬

为了反映应付职工薪酬的增减变动情况，企业应设置应付职工薪酬账户。应付职工薪酬属于负债类账户，贷方登记企业计算应付给职工的各种薪酬，借方登记实际支付给职工的各种报酬，期末余额在贷方，表示企业尚未支付的职工薪酬。

该账户应当按照工资、福利、社会保险费、住房公积金、工会经费、职工教育经费等项目进行明细核算。

5. 库存商品

为了反映库存商品的增减变动情况，企业应设置库存商品账户。库存商品属于资产类账户，借方登记验收入库的商品或产成品的成本，贷方登记发出商品成本，期末余额在借方，表示企业结存各种库存商品的成本。

该账户应当按照库存商品的种类、品种和规格进行明细核算。

6. 累计折旧

为了反映固定资产累计计提折旧的增减变动情况，企业应设置累计折旧账户。累计折旧属于资产类备抵账户，贷方登记固定资产计提的折旧数额，借方登记由于固定资产出售、报废、盘亏等转出的累计折旧数额，期末余额在贷方，表示固定资产累计计提的折旧数额。

该账户应当按照固定资产的类别或项目进行明细核算。

三、生产过程的业务

生产过程的业务核算，主要包括生产过程中发生的各项费用的归集以及按产品品种汇总各项费用后计算出各种产品的制造成本。

（一）领用材料

企业在生产过程消耗的各种材料，有的构成产品成本，计入"生产成本""制造费用"账户；有的不构成产品成本，直接计入当期损益。对于直接用于某种产品生产的材料消耗，应直接计入该产品生产成本，对于由几种产品共同耗用、应由这些产品共同负担的材料费，应当采用合理的标准在各种产品之间进行分配，计入各项目的成本；对于发生的间接耗费，应先通过"制造费用"账户归集，然后再同其他间接费用一起分配计入各有关产品成本中。

生产经营领用原材料时，企业编制如下会计分录：

借：生产成本
　　制造费用
　　销售费用
　　管理费用
　　在建工程等
　　贷：原材料
应交税费——应交增值税（进项税额转出）（如用于非应税项目）

【例 5 – 26】2017 年 2 月 28 日，根据"发料凭证汇总表"的数据显示，WXR 有限责任公司 2017 年 4 月份生产甲产品领用 M 材料 200 000 元，生产乙产品领用 M 材料 40 000 元，车间管理部门领用 M 材料 5 000 元，企业行政管理部门领用 M 材料 4 000 元，合计 249 000元，不考虑其他因素。

领用材料时，WXR 有限责任公司编制如下会计分录：

借：生产成本——甲　　　　　　　　　　　　　　　　　　　　　200 000
　　　　　　　——乙　　　　　　　　　　　　　　　　　　　　　40 000
　　制造费用　　　　　　　　　　　　　　　　　　　　　　　　　5 000
　　管理费用　　　　　　　　　　　　　　　　　　　　　　　　　4 000
　　贷：原材料——M 材料　　　　　　　　　　　　　　　　　　　　　　249 000

（二）直接人工费用的归集与分配

企业从事生产经营活动，需要拥有一定数量的职工，职工是企业实现其经营目标的劳动者，没有职工，企业无法生产产品或提供服务。职工给企业提供劳动力，有的构成企业产品成本，计入"生产成本""制造费用"账户；有的不构成产品成本，直接计入当期损益。对于直接服务某种产品生产的职工薪酬，应直接计入该产品生产成本，对于由几种产品共同承担的薪酬，应当采用合理的标准在各种产品之间进行分配，计入各项目的成本；对于发生的间接耗费，应先通过"制造费用"账户归集，然后再同其他间接费用一起分配计入各产品成本。

计提职工薪酬时，企业编制如下会计分录：

借：生产成本
　　制造费用
　　销售费用
　　管理费用
　　在建工程等
　　贷：应付职工薪酬

【例 5 – 27】WXR 有限责任公司 2017 年 2 月末结算本月的职工薪酬，其中生产甲产品的职工薪酬是 50 000 元，生产乙产品的职工薪酬 40 000 元，车间管理人员职工薪酬 8 000 元，行政管理人员职工薪酬是 20 000 元。

计提职工薪酬时，WXR 有限责任公司编制如下会计分录：

借：生产成本——甲产品　　　　　　　　　　　　　　　　　　　50 000
　　　　　　　——乙产品　　　　　　　　　　　　　　　　　　　40 000
　　制造费用　　　　　　　　　　　　　　　　　　　　　　　　　8 000
　　管理费用　　　　　　　　　　　　　　　　　　　　　　　　　20 000
　　贷：应付职工薪酬——工资　　　　　　　　　　　　　　　　　　　118 000

【例 5 – 28】WXR 有限责任公司 2017 年 3 月 2 日提取现金 120 000 元，其中 118 000 元用于发放 4 月份工资，2 000 元留作备用金。

提取现金时，WXR 有限责任公司编制如下会计分录：

借：库存现金　　　　　　　　　　　　　　　　　　　　　　　　120 000
　　贷：银行存款　　　　　　　　　　　　　　　　　　　　　　　　120 000

【例5-29】WXR有限责任公司2017年3月3日用现金发放2月份职工工资118 000元。支付工资时，WXR有限责任公司编制如下会计分录：

借：应付职工薪酬——工资　　　　　　　　　　　　　　118 000

　　贷：库存现金　　　　　　　　　　　　　　　　　　　　118 000

【例5-30】WXR有限责任公司2017年3月10日用现金支付小张困难补助2 000元。支付困难补助时，WXR有限责任公司编制如下会计分录：

借：应付职工薪酬——职工福利费　　　　　　　　　　　2 000

　　贷：库存现金　　　　　　　　　　　　　　　　　　　　2 000

（三）固定资产折旧的核算

固定资产属于长期性资产，在为企业生产产品过程中依旧保持原来的特征，但是，固定资产在生产经营过程中随着时间的推移会不断地发生磨损或损耗，其价值也慢慢地减少，通过折旧的方式转移到有关成本费用中。

折旧，是指在固定资产使用寿命内，按照确定的方法对其应计折旧额进行系统的分摊。其中，应计折旧额是指应当计提折旧的固定资产原价减去预计净残值后的金额；已计提减值准备的固定资产，还应当扣除已计提固定资产减值准备的累计金额。预计净残值是指固定资产预计使用寿命达到预计的期限并处于使用寿命终了的预期状态时，企业从该项资产处置中获得的净现金流量。

企业应当对所有的固定资产计提折旧，下列情况除外：已提足折旧仍继续使用的固定资产、单独计价入账的土地使用权、提前报废的固定资产。企业应当按月计提固定资产折旧，当月增加的固定资产，当月不计提折旧，从下月开始计提折旧；当月处置的固定资产，当月仍计提折旧，从下月起不计提折旧。

1. 固定资产计提折旧的计算方法

企业选择计提折旧的方法应当反映固定资产有关经济利益的预期实现方式，方法有年限平均法、工作量法、双倍余额递减法、年数总和法。

（1）年限平均法。年限平均法又称直线法，是指将固定资产的应计提折旧额均衡地分摊到固定资产预计使用寿命内的一种方法。采用这种方法计算的每期折旧额相等。计算公式如下：

固定资产年折旧额=（固定资产原价-预计净残值）÷预计使用年限

固定资产月折旧额=固定资产年折旧额÷12

或

固定资产年折旧率=（1-预计净残值率）÷预计使用年限×100%

固定资产月折旧率=固定资产年折旧率÷12

固定资产月折旧额=固定资产原价×月折旧率

【例5-31】2017年2月1日，WXR有限责任公司购入机器设备1台，价值80 000元，预计使用年限为10年，预计净残值为8 000元，不考虑其他因素。计算该设备的年折旧额和年折旧率、月折旧额。

年折旧额=（80 000-8 000）÷10=7 200（元）

年折旧率=7 200÷80 000=9%

月折旧额=7 200÷12=600（元）

　　用平均年限法计算固定资产折旧，计算过程简单方便，但是它只考虑资产的使用年限长短，忽视了资产在各个期间的使用情况和损耗情况。固定资产在各个期间的使用成本等于本期折旧和维护修理费用之和。用年限平均法计提折旧，各个期间的折旧金额一般是相等的。

　　（2）工作量法。工作量法是指把固定资产预计所完成的工作量作为计算折旧额的方法。工作量法计提折旧考虑了固定资产在各个期间的磨损情况，通过固定资产承担的工作量大小来分摊固定资产折旧。这种方法一般适用于一些专用设备、运输工具等。

　　采用工作量法计提固定资产折旧的计算公式如下：

　　单位工作量折旧额 =（固定资产 – 预计净残值）÷ 预计总工作量

　　固定资产月折旧额 = 固定资产当月工作量 × 单位工作量折旧额

　　【例 5 – 32】 2017 年 2 月 10 日，WXR 有限责任公司购入一辆小货车，原价为 56 000 元，预计总行驶里程为 500 000 千米，预计净残值为 10 000 元，3 月份行驶了 4 000 千米，4 月份行驶了 5 000 千米。计算该货车 3 月份、4 月份的折旧额。

　　单位里程折旧额 =（56 000 – 10 000）÷ 500 000 = 0.11（元/千米）

　　3 月份该货车折旧额 = 4 000 × 0.11 = 440（元）

　　4 月份该货车折旧额 = 5 000 × 0.11 = 550（元）

　　采用工作量法计提折旧，容易计算，简单明了，同时这种方法使折旧的计提与固定资产的使用情况及固定资产的磨损情况结合了起来。但是，这种方法只重视固定资产的使用情况和有形损耗，忽略了无形损耗对固定资产价值的影响。

　　（3）双倍余额递减法。双倍余额递减法是指在不考虑固定资产预计净残值的情况下，根据每期期初固定资产原价减去累计折旧后的金额和双倍的直线法折旧率计算固定资产折旧的一种方法。应用这种方法计算折旧额时，由于每年年初固定资产净值没有扣除预计净残值，所以在计算固定资产折旧额时，应在其折旧年限到期前两年内，将固定资产净值扣除预计净残值后的余额平均摊销。计算公式如下：

　　固定资产年折旧率 = 2 ÷ 预计使用年限 × 100%

　　固定资产月折旧率 = 固定资产年折旧率 ÷ 12

　　固定资产月折旧额 =（固定资产原价 – 累计折旧）× 月折旧率

　　（4）年数总和法。年数总和法又称年限合计法，是指将固定资产的原价减去预计净残值后的余额，乘以一个以固定资产尚可使用寿命为分子、以预计使用寿命逐年数字之和为分母的逐年递减的分数计算每年的折旧额。计算公式如下：

　　固定资产年折旧率 = 尚可使用寿命 ÷ 预计使用寿命的年数总和 × 100%

　　固定资产月折旧率 = 年折旧率 ÷ 12

　　固定资产月折旧额 =（固定资产原价 – 预计净残值）× 月折旧率

　2. 固定资产计提折旧的分录

　　计提折旧时，企业编制如下会计分录：

　　借：制造费用

　　　　管理费用

　　　　其他业务成本等

　　　　贷：累计折旧

　　【例 5 – 33】 2017 年 2 月 28 日，WXR 有限责任公司计提本月固定资产折旧额 40 000 元，其中，生产车间计提折旧 30 000 元，行政管理部门计提折旧 6 000 元，销售部门计提折旧 4 000元。

计提折旧时，WXR 有限责任公司编制如下会计分录：

借：制造费用 30 000

管理费用 6 000

销售费用 4 000

贷：累计折旧 40 000

（四）其他费用的核算

企业在生产经营过程中，除了发生材料费用、人工费用、折旧损耗以外，还有水电费、办公费和差旅费等。

【例5-34】2017 年 2 月 28 日，WXR 有限责任公司以银行存款支付本月的水电费 8 000元，其中车间承担 6 000 元，行政管理部门承担 1 200 元，销售部门承担 800 元。

支付水电费时，WXR 有限责任公司编制如下会计分录：

借：制造费用 6 000

管理费用 1 200

销售费用 800

贷：银行存款 8 000

【例5-35】2017 年 2 月 26 日，WXR 有限责任公司以银行存款支付本月的办公费 6 000元，其中车间承担 2 000 元，行政管理部门承担 3 000 元，销售部门承担 1 000 元。

支付办公费时，WXR 有限责任公司编制如下会计分录：

借：制造费用 2 000

管理费用 3 000

销售费用 1 000

贷：银行存款 6 000

【例5-36】2017 年 2 月 20 日，WXR 有限责任公司以现金支付行政人员小韦出差预借差旅费 3 000 元。

支付小韦借款时，WXR 有限责任公司编制如下会计分录：

借：其他应收款——小韦 3 000

贷：库存现金 3 000

【例5-37】承接例 5-36 2017 年 2 月 25 日，WXR 有限责任公司小韦出差回来，到公司报销差旅费 3 500 元，差额以现金结算。

结算差旅费时，WXR 有限责任公司编制如下会计分录：

借：管理费用 3 500

贷：其他应收款——小韦 3 000

库存现金 500

【例5-38】2017 年 2 月 28 日，WXR 有限责任公司以银行存款支付管理咨询费4 000元。

支付咨询费时，WXR 有限责任公司编制如下会计分录：

借：管理费用 4 000

贷：银行存款 4 000

（五）制造费用的归集与分配

制造费用是企业在生产产品和提供劳务过程中发生的各项间接费用，主要包括企业各生产车间为组织和管理生产活动所发生的耗费，如生产车间管理人员的职工薪酬，生产车间使用的照明费、取暖费、运输费、劳动保护费等。企业应当先把制造费用归集起来，然后通过一定的分配标准进行分配。在分配制造费用时，应坚持"谁受益谁承担"的原则，做到多收益多承担、少收益少承担。

分配制造费用计算公式如下：

制造费用分配率 = 制造费用总额 ÷ 分配标准合计

某种产品应承担的制造费用 = 某种产品所占分配标准数 × 制造费用分配率

制造费用的分配方法一般包括直接人工工时法、直接人工成本法、机器工时法、直接材料成本法等。

【例 5 - 39】2017 年 2 月末，WXR 有限责任公司按本月生产甲、乙两种产品生产工人工资比例分配制造费用。本月，公司发生的制造费用合计金额为 60 000 元，本月生产甲产品工人工资合计为 40 000 元，生产乙产品工人工资合计为 20 000 元。

制造费用分配率 = 60 000 ÷ (40 000 + 20 000) = 1

甲产品应负担制造费用 = 40 000 × 1 = 40 000（元）

乙产品应负担制造费用 = 20 000 × 1 = 20 000（元）

计入制造费用分配表（表 5 - 1）中。

表 5 - 1　制造费用分配表

元

应借账户	分配标准	分配率	分配金额
生产成本——甲产品	40 000	1	40 000
生产成本——乙产品	20 000	1	20 000
合计	60 000	1	60 000

分配制造费用时，WXR 有限责任公司编制如下会计分录：

借：生产成本——甲产品 40 000

　　　　——乙产品 20 000

　　贷：制造费用 60 000

（六）完工产品生产成本的计算与结转

将制造费用分配转入产品的生产成本之后，应当根据产品的完工情况分别处理。对于全部完工的产品，应将其发生的生产成本全部转入库存商品；对于部分完工的产品，按照实际完工产品的数量及其成本转入库存商品，即完工多少结转多少，不完工不结转。

期末在产品成本 = 期初在产品成本 + 本期发生的生产费用 - 本期完工产品成本

本期完工产品成本 = 期初在产品成本 + 本期发生的生产费用 - 期末在产品成本

【例 5 - 40】2017 年 2 月份 WXR 有限责任公司月初甲产品在产品的总成本为 60 000 元，其中直接材料为 30 000 元，直接人工为 20 000 元，制造费用为 1 000 元；乙产品无期初余额，2017 年 2 月底，甲产品全部完工入库，乙产品完工入库 80%，甲、乙产品的"生产成本"账户分别如表 5 - 2、表 5 - 3 所示。

表 5 – 2　甲产品的"生产成本"账户

产品名称：甲产品　　　　　　　　　　　　　　　　　　　　　　　　　　　　　　元

2017 年		凭证种类	摘要	成本项目			合计
月	日			直接材料	直接人工	制造费用	
2	1		期初余额	30 000	20 000	10 000	60 000
	略	略	生产领用材料	200 000			200 000
			分配生产工人工资		50 000		50 000
			分配结转制造费用			40 000	40 000
			本月合计	230 000	70 000	50 000	350 000
			结转完工产品成本	230 000	70 000	50 000	350 000

表 5 – 3　乙产品的"生产成本"账户

产品名称：乙产品　　　　　　　　　　　　　　　　　　　　　　　　　　　　　　元

2017 年		凭证种类	摘要	成本项目			合计
月	日			直接材料	直接人工	制造费用	
2	1		期初余额	0	0	0	0
	略	略	生产领用材料	40 000			40 000
			分配生产工人工资		40 000		40 000
			分配结转制造费用			20 000	20 000
			本月合计	40 000	40 000	20 000	100 000
			结转完工产品成本	32 000	32 000	16 000	80 000
			月末在产品成本	8 000	8 000	4 000	20 000

结转成本时，WXR 有限责任公司编制如下会计分录：

借：库存商品——甲产品　　　　　　　　　　　　　　　　　　　350 000

　　　　　　——乙产品　　　　　　　　　　　　　　　　　　　 80 000

　　贷：生产成本——甲产品　　　　　　　　　　　　　　　　　　　　350 000

　　　　　　　　——乙产品　　　　　　　　　　　　　　　　　　　　 80 000

任务四　销售过程业务的核算

　　企业制造出来的商品经过销售环节，一方面将商品的价值转化为货币性资产，另一方面弥补制造产品过程发生的成本费用，实现资金回笼，保证企业的正常运转。在销售环节，企业应当反映以下内容：已销售商品实现的收入，销售材料、出租包装物、出租固定资产、出租无形资产等取得的其他业务收入，已销售商品的实际生产成本，销售产品应承担的税费以及在销售过程中发生的销售费用等。

一、销售收入的核算

（一）收入的概念

收入，是指企业在日常活动中形成的、会导致所有者权益增加的、与所有者投入资本无关的经济利益的总流入。收入按照重要性分为主营业务收入和其他业务收入，按照经济业务的性质分为销售商品收入、提供劳务收入、让渡资产使用权收入。

销售商品应当同时满足以下五个条件才能确认为收入：

（1）企业已将商品所有权上的主要风险和报酬转移给购货方。

（2）企业既没有保留通常与所有权相联系的继续管理权，也没有对已售出的商品实施有效控制。

（3）收入的金额能够可靠地计量。

（4）相关的经济利益很可能流入企业。

（5）相关的已发生或将发生的成本能够可靠地计量。

（二）应设置的账户

1. 主营业务收入

为了反映销售商品、提供劳务等主营业务的收入的增减变动情况，企业应设置主营业务收入账户。主营业务收入属于损益类账户，贷方登记企业销售商品、提供劳务等所实现的收入，借方登记企业发生的销售折让、销售退回和转入"本年利润"账户的金额，期末结转后无余额。

2. 其他业务收入

为了反映除主营业务活动以外的其他经营活动实现收入的增减变动情况，企业应设置其他业务收入账户。其他收入属于损益类账户，贷方登记企业实现的其他业务收入，借方登记转入"本年利润"账户的收入，期末结转后无余额。

该账户应当按照其他业务收入种类进行明细核算。

3. 应收账款

为了反映应收账款的增减变动情况，企业应设置应收账款账户。应收账款属于资产类账户，借方登记企业由于销售商品、提供劳务等发生的应收账款，贷方登记企业已经收回或者无法收回转销的应收账款，期末余额一般在借方，表示企业尚未收回的应收账款；期末如为贷方余额，则表示企业预收的账款。

该账户应当按照不同的购货单位或接受劳务的单位进行明细核算。

4. 应收票据

为了反映因销售商品、提供劳务等活动收到的商业汇票的增减变动情况，企业应设置应收票据账户。应收票据属于资产类账户，借方登记企业收到的商业汇票，贷方登记票据到期收回的票面金额和到期无法收回转销的金额，期末余额在借方，表示企业持有尚未到期的商业汇票的票面金额。

企业应当按照开出、承兑商业汇票的单位进行明细核算。

5. 预收账款

为了反映按照合同规定预先收取款项的增减变动情况，企业应设置预收账款账户。预收账款属于负债类账户，贷方登记企业预收的款项和购货单位补付的款项，借方登记向购货方销售商品结算的货款和退回购货单位多付的款项，期末余额一般在贷方，表示企业向购货单位预收的款项；期末如为借方余额，则表示企业应由购货单位补付的款项。

该账户应按购货单位进行明细核算。

（三）销售收入的业务

企业由于采用不同的销售方式或结算方式，其账务处理有所不同。

1. 实现主营业务收入

实现主营业务收入时，企业编制如下会计分录：

借：银行存款

应收账款

应收票据

预收账款

贷：主营业务收入

应交税费——应交增值税（销项税额）

【例5-41】2017年3月10日，一般纳税人企业WXR有限责任公司销售甲产品100件，单价1 000元，增值税率17%，产品已发出，开出增值税专用发票，款项已存入银行。

实现收入时，WXR有限责任公司编制如下会计分录：

借：银行存款 117 000

贷：主营业务收入——甲产品 100 000

应交税费——应交增值税（销项税额） 17 000

【例5-42】2017年3月12日，一般纳税人企业WXR有限责任公司采用托收承付方式向KL有限责任公司发出乙产品50件，单价1 000元，增值税税率为17%，代垫运杂费5 000元，已办理托收款手续，款项尚未收到。

实现收入时，WXR有限责任公司编制如下会计分录：

借：应收账款 63 500

贷：主营业务收入——乙产品 50 000

应交税费——应交增值税（销项税额） 8 500

银行存款 5 000

【例5-43】2017年3月13日，一般纳税人企业WXR有限责任公司销售甲产品8件，单价1 000元，增值税税率为17%，收到购货单位签发的银行承兑商业汇票一张。

实现收入时，WXR有限责任公司编制如下会计分录：

借：应收票据 9 360

贷：主营业务收入——甲产品 8 000

应交税费——应交增值税（进项税额） 1 360

【例5-44】2017年3月15日，一般纳税人企业WXR有限责任公司预收FX有限责任公司货款80 000元，款项已存入银行。

预收款项时，WXR有限责任公司编制如下会计分录：

借：银行存款 80 000

贷：预收账款——FX有限责任公司 80 000

【例5-45】承接例5-44 2017年3月16日，一般纳税人企业WXR有限责任公司向FX

有限责任公司发出甲产品 100 件，单价 1 000 元，增值税专用发票注明价款为 100 000 元，增值税额为 17 000 元。

发货给 FX 有限责任公司时，WXR 有限责任公司编制如下会计分录：

借：预收账款——FX 有限责任公司　　　　　　　　　　　　　117 000

　　贷：主营业务收入——甲产品　　　　　　　　　　　　　　100 000

　　　　应交税费——应交增值税（销项税额）　　　　　　　　　17 000

【例 5 - 46】承接例 5 - 44、例 5 - 45 2017 年 3 月 16 日，一般纳税人企业 WXR 有限责任公司与 FX 有限责任公司结算货款，收到 FX 有限责任公司补付货款 37 000 元，款项已存入银行。

收到 FX 有限责任公司补付货款时，WXR 有限责任公司编制如下会计分录：

借：银行存款　　　　　　　　　　　　　　　　　　　　　　37 000

　　贷：预收账款——FX 有限责任公司　　　　　　　　　　　　37 000

2. 实现其他业务收入

企业实现其他业务收入一般包括：出售材料收入、出租固定资产收入、出租无形资产收入、出租包装物收入。

实现其他业务收入时，企业编制如下会计分录：

借：银行存款

　　应收账款

　　应收票据

　　预收账款

　　贷：其他业务收入

　　　　应交税费——应交增值税（销项税额）

【例 5 - 47】2017 年 3 月 10 日，一般纳税人企业 WXR 有限责任公司销售不需用的材料一批，增值税专用发票注明价格为 2 000 元，增值税为 340 元，款项已存入银行。

实现收入时，WXR 有限责任公司编制如下会计分录：

借：银行存款　　　　　　　　　　　　　　　　　　　　　　2 340

　　贷：其他业务收入　　　　　　　　　　　　　　　　　　　2 000

　　　　应交税费——应交增值税（销项税额）　　　　　　　　　340

二、销售成本费用的业务

（一）销售成本费用概述

企业在销售环节中，通过把商品出售给购货方实现收入。在确认收入的同时，也需确认所销售商品的成本、销售过程发生的相关税费，如实反映企业销售过程发生的成本费用。销售成本费用主要包括主营业务成本、其他业务成本、营业税金及附加、销售费用。

（二）应设置的账户

1. 主营业务成本

为了反映主营业务成本的增减变动情况，企业应设置主营业务成本账户。主营业务成本属于损益类账户，借方登记企业已销售商品或已提供劳务的成本，贷方登记企业本期发生商品销售退回等成本和期末转入"本年利润"账户的数额，期末结转后无余额。

该账户应当按照主营业务的种类进行明细核算。

2. 其他业务成本

为了反映其他业务成本的增减变动情况，企业应设置其他业务成本账户。其他业务成本属于损益类账户，借方登记企业发生的其他业务成本，贷方登记企业其他业务成本转入"本年利润"账户的数额，期末结转后无余额。

该账户应当按照其他业务成本的种类进行明细核算。

3. 营业税金及附加

为了反映营业税金及附加的增减变动情况，企业应设置营业税金及附加账户。营业税金及附加属于损益类账户，借方登记企业按规定计算确定的与经营活动相关的税费，贷方登记减免退回的税金和期末转入"本年利润"账户的数额，期末结转后无余额。

4. 销售费用

为了反映销售费用的增减变动情况，企业应设置销售费用账户。销售费用属于损益类账户，借方登记企业发生的各项销售费用，贷方登记期末转入"本年利润"账户的数额，期末结转后无余额。

该账户应当按照费用项目进行明细核算。

（三）销售成本费用的业务

确认销售成本时，企业编制如下会计分录：

借：主营业务成本
　　贷：库存商品

【例5-48】2017年3月28日，WXR有限责任公司结转本月销售甲产品的成本160 000元，乙产品的成本70 000元。

确认销售成本时，WXR有限责任公司编制如下会计分录：

借：主营业务成本——甲产品　　　　　　　　　　　　　　　160 000
　　　　　　　　　——乙产品　　　　　　　　　　　　　　　 70 000
　　贷：库存商品——甲产品　　　　　　　　　　　　　　　　160 000
　　　　　　　　——乙产品　　　　　　　　　　　　　　　　 70 000

确认营业税金及附加时，企业编制如下会计分录：

借：营业税金及附加
　　贷：应交税费——应交消费税
　　　　　　　　——城建税
　　　　　　　　——教育费附加

【例5-49】2017年3月底，WXR有限责任公司月末计算应交消费税10 000元，应交增值税20 000元，应交教育费附加900元，应交城建税2 100元。

确认营业税金及附加时，WXR有限责任公司编制如下会计分录：

借：营业税金及附加　　　　　　　　　　　　　　　　　　　 33 000
　　贷：应交税费——应交消费税　　　　　　　　　　　　　　 10 000
　　　　　　　　——应交增值税　　　　　　　　　　　　　　 20 000
　　　　　　　　——应交教育费附加　　　　　　　　　　　　　　900
　　　　　　　　——应交城建税　　　　　　　　　　　　　　　 2 100

确认销售费用时，企业编制如下会计分录：

借：销售费用

　　贷：库存现金

　　　　银行存款

　　　　应付职工薪酬等

【例 5 – 50】2017 年 3 月底，WXR 有限责任公司计提本月销售机构人员工资薪酬 50 000元。

计提销售机构工资时，WXR 有限责任公司编制如下会计分录：

借：销售费用　　　　　　　　　　　　　　　　　　　50 000

　　贷：应付职工薪酬——工资　　　　　　　　　　　　　　50 000

【例 5 –51】2017 年 3 月 2 日，WXR 有限责任公司以银行存款支付销售商品的运输费、保险费共 2 000 元。

支付运输费保险费时，WXR 有限责任公司编制如下会计分录：

借：销售费用　　　　　　　　　　　　　　　　　　　2 000

　　贷：银行存款　　　　　　　　　　　　　　　　　　　2 000

确认其他业务成本时，企业编制如下会计分录：

借：其他业务成本

　　贷：原材料

　　　　累计折旧

　　　　累计摊销等

【例 5 –52】2017 年 3 月底，WXR 有限责任公司结转本月已销售材料成本 5 000 元。

结转销售材料成本时，WXR 有限责任公司编制如下会计分录：

借：其他业务成本　　　　　　　　　　　　　　　　　5 000

　　贷：原材料　　　　　　　　　　　　　　　　　　　5 000

【例 5 –53】2017 年 3 月底，WXR 有限责任公司结转出租固定的成本，该固定资产每月的折旧额为 10 000 元。

结转出租固定资产成本时，WXR 有限责任公司编制如下会计分录：

借：其他务成本　　　　　　　　　　　　　　　　　　10 000

　　贷：累计折旧　　　　　　　　　　　　　　　　　　10 000

任务五　财务成果形成与利润分配业务的核算

财务成果，是指企业在一定会计期间从事生产经营活动所取得的成果，具体体现为盈利或亏损。企业在一定会计期间所实现的收入与发生的相关成本费用相抵后的差额就是企业利润，如果收入大于费用，其差额为企业的盈利；如果收入小于费用，其差额为企业的亏损。企业在经营活动中，既要对一段时间内实现的利润进行准确的核算，也要安排好利润的分配。

一、营业外收支的核算

（一）营业外收支的概述

营业外收支，是指企业在非日常活动中发生的各项利得和损失，是企业财务成果的组成部分。营业外收入与营业外支出彼此独立，不具有因果关系。营业外收支包括营业外收入、营业外支持两部分。

1. 营业外收入

营业外收入，是指企业中非日常活动中形成的直接计入当期损益的利得。营业外收入核算的内容主要包括：处置非流动资产利得、非货币性资产交换利得、债务重组利得、罚没利得、政府补助利得、确实无法支付而按规定程序经批准后转作营业外收入的应付款项等。

2. 营业外支出

营业外支出，是指企业中非日常活动中发生的直接计入当期损益的损失。营业外支出核算的内容主要包括：处置非流动资产损失、非货币性资产交换损失、债务重组损失、罚款支出、捐赠支出、非常损失等。

(二) 应设置的账户

1. 营业外收入

为了反映所发生的与其经营活动没有直接关系的各项利得的增减变动情况，企业应设置营业外收入账户。营业外收入属于损益类账户，贷方登记企业实现的各项利得，借方登记期末转入"本年利润"的数额，期末结转后无余额。

该账户应当按照营业外收入项目进行明细核算。

2. 营业外支出

为了反映所发生的与其经营活动没有直接关系的各项损失的增减变动情况，企业应设置营业外支出账户。营业外支出属于损益类账户，方登记企业发生的各项营业外支出，贷方登记期末转入"本年利润"的数额，期末结转后无余额。

该账户应当按照支出项目进行明细核算。

(三) 营业外收支的业务

1. 营业外收入

形成营业外收入时，企业编制如下会计分录：

借：银行存款
　　库存现金
　　待处理财产损溢等
　　贷：营业外收入

【例 5 - 54】 2017 年 4 月 1 日，WXR 有限责任公司收到员工小张支付现金罚款 1 000 元。

收到罚款时，WXR 有限责任公司编制如下会计分录：

借：库存现金　　　　　　　　　　　　　　　　　　　1 000
　　贷：营业外收入　　　　　　　　　　　　　　　　　　1 000

【例 5 - 55】 2017 年 4 月 10 日，WXR 有限责任公司收到 N 公司支付的违约款 10 000 元，款项已存入银行。

收到违约款时，WXR 有限责任公司编制如下会计分录：

借：银行存款　　　　　　　　　　　　　　　　　　10 000
　　贷：营业外收入　　　　　　　　　　　　　　　　　10 000

2. 营业外支出

发生营业外支出时，企业编制如下会计分录：

借：营业外支出
　　贷：库存现金
　　　　银行存款
　　　　待处理财产损溢等

【例 5-56】2017 年 4 月 10 日，WXR 有限责任公司开出 500 000 元的现金支票捐给希望工程。

捐款时，WXR 有限责任公司编制如下会计分录：

借：营业外支出　　　　　　　　　　　　　　　　　　　　　500 000
　　贷：银行存款　　　　　　　　　　　　　　　　　　　　500 000

二、利润形成的核算

(一) 利润的概念

利润，是指企业在一定会计期间的经营成果，具体表现为盈利或亏损。企业将本期的收入、利得与本期发生的费用、损失进行比较，从而确定本期是盈利还是亏损，为企业分析经营成果提供依据。

(二) 利润的计算公式

利润的计算有单步式和多步式两种，我国规定用多步式计算利润（三步式）。

1. 营业利润

营业利润，是指企业在一定期间内从事生产活动所取得的利润，营业利润反映企业日常活动形成的利润，是企业利润总额的主要构成部分。

营业利润的计算公式如下：

营业利润 = 营业收入 - 营业成本 - 营业税金及附加 - 销售费用 - 管理费用 - 财务费用 - 资产减值损失 + 公允价值变动收益 - 公允价值变动损失 + 投资收益 - 投资损失

2. 利润总额

利润总额，是指企业在一定时期通过日常活动和非日常活动共同取得的税前利润，利润总额包含日常活动形成的利润和非日常活动形成的利润。

利润总额的计算公式如下：

利润总额 = 营业利润 + 营业外收入 - 营业外支出

3. 净利润

净利润，是指企业在一定会计期间通过日常活动和非日常活动取得的净收益，净利润是企业实现的利润总额扣除应交的所得税费用后的净额。

净利润的计算公式如下：

净利润 = 利润总额 - 所得税费用

(三) 应设置账户

1. 本年利润

为了反映一定会计期间的盈利或亏损情况，企业应设置本年利润账户。本年利润属于所有者权益类账户，贷方登记期末全部收入类账户的转入数，借方登记期末全部费用类账户的转入数，期末余额在贷方表示盈利，期末余额在借方表示亏损。年度终了，应将本年实现的净利润转入"利润分配"账户，结转后没有余额。

2. 所得税费用

为了反映所得税费用的增减变动情况，企业应设置所得税费用账户。所得税费用属于损益类账户，借方登记按税法规定确认纳税的所得税额，贷方登记期末转入"本年利润"账户的所得税额，期末结转后无余额。

（四）利润形成的业务

期末结转利润时，企业编制如下会计分录：

借：主营业务收入
　　其他业务收入
　　营业外收入等
　　贷：本年利润

同时

借：本年利润
　　贷：主营业务成本
　　　　营业税金及附加
　　　　其他业务成本
　　　　销售费用
　　　　管理费用
　　　　财务费用
　　　　营业外支出等

【例 5-57】WXR 有限责任公司 2017 年 4 月末主营业务收入为 300 000 元，其他业务收入为 50 000 元，营业外收入为 10 000 元，主营业务成本为 220 000 元，营业税金及附加为 5 000 元，销售费用为 10 000 元，管理费用为 20 000 元，财务费用为 5 000 元，营业外支出为 2 000元，其他业务成本为 40 000 元，不考虑其他因素。

结转利润时，WXR 有限责任公司编制如下会计分录：

借：主营业务收入　　　　　　　　　　　　　　　　　300 000
　　其他业务收入　　　　　　　　　　　　　　　　　50 000
　　营业外收入　　　　　　　　　　　　　　　　　　10 000
　　贷：本年利润　　　　　　　　　　　　　　　　　360 000

同时

借：本年利润　　　　　　　　　　　　　　　　　　　302 000
　　贷：主营业务成本　　　　　　　　　　　　　　　220 000
　　　　其他业务成本　　　　　　　　　　　　　　　40 000
　　　　营业税金及附加　　　　　　　　　　　　　　5 000
　　　　销售费用　　　　　　　　　　　　　　　　　10 000
　　　　管理费用　　　　　　　　　　　　　　　　　20 000
　　　　财务费用　　　　　　　　　　　　　　　　　5 000
　　　　营业外支出　　　　　　　　　　　　　　　　2 000

本期实现的利润总额 = 360 000 - 302 000 = 58 000（元）

（五）所得税费用的业务

所得税是企业根据《中华人民共和国税法》规定，根据应纳税所得额与规定的税率相乘，并按规定期限缴纳的税种。

所得税计算公式如下：

应纳所得税额＝应纳税所得额×所得税税率

应纳税所得额，是指企业在一定会计期间内，由于经营或投资而获得的收入扣除税法认定的费用后的余额。从税法的有关规定来看，应纳税所得额与利润总额并不完全一致，所以具体计算纳税时，应该以企业实现的利润总额为基础，按税法的有关规定进行调整，计算出应纳税所得额，并且按调整后的所得额计算并缴纳所得税。我国税法规定，一般企业的所得税税率为25％。

【例5－58】承接例5－57 WXR有限责任公司本月不涉及纳税调整事项，要求计算本月应交所得税额并编制所得税的分录。

应交所得税额＝利润总额×所得税率＝58 000×25％＝14 500（元）

确认所得税费用时，WXR有限责任公司编制如下会计分录：

借：所得税费用　　　　　　　　　　　　　　　　　　　　　14 500
　　贷：应交税费——应交企业所得税　　　　　　　　　　　　　　14 500

实际交纳所得税时，WXR有限责任公司编制如下会计分录：

借：应交税费——应交所得税　　　　　　　　　　　　　　　14 500
　　贷：银行存款　　　　　　　　　　　　　　　　　　　　　14 500

【例5－59】承接例5－58、例5－57 WXR有限责任公司将本月所得税费用转入本年利润。

借：本年利润　　　　　　　　　　　　　　　　　　　　　　14 500
　　贷：所得税费用　　　　　　　　　　　　　　　　　　　　　14 500

三、利润分配的核算

（一）利润分配的概念

利润分配，是将企业实现的净利润，按照国家规定的分配形式和顺序，在国家、企业和投资者之间进行分配的活动。企业的利润分配，应当考虑企业长远发展、抵御风险等需求，并不是全部分配完毕，更不是全部分配给投资者。企业在利润分配过程中，应当先计算可供分配利润。企业可供分配利润是指企业当期实现的净利润，加上年初未分配利润或减去年初未弥补亏损的余额。可供分配利润按下列顺序进行分配：

1. 计提法定盈余公积金

法定盈余公积金按照税后净利润的10％提取。如果有五年内未弥补的亏损，应当先弥补完亏损，再计提法定盈余公积金。法定盈余公积金已达注册资本的50％时可以不再提取。提取的法定盈余公积金可以用于弥补以前年度亏损或转增资本金。但转增资本金后留存的法定盈余公积金不得低于注册资本的25％。

2. 计提任意盈余公积金

企业计提法定盈余公积金后，可以根据股东会的决议再计提任意盈余公积金。任意盈余公积金的用途和法定盈余公积金是一样的。任意盈余公积金的计提比例可以根据企业股东会的决议来确定,《中华人民共和国公司法》没有明确的要求。

3. 向投资者分配利润

企业计提盈余公积后,可以根据股东会的决议向投资者宣告发放利润。向投资者发放利润的额度由股东会表决通过。一般地,企业不会将所有的剩余利润全部发给投资者,而是留存一部分用于企业开拓业务、抵御风险等。

(二) 应设置的账户

1. 利润分配

为了反映利润分配(或亏损的弥补)的增减变动情况,企业应设置利润分配账户。利润分配属于所有者权益类账户,贷方登记企业年末时从"本年利润"账户的借方转入的全年净利润和用盈余公积弥补以前年度亏损的金额,借方登记企业按规定实际分配的利润数或年末时从"本年利润"账户的贷方转入的全年亏损数额,年末余额如果在贷方,表示企业历年累计的未分利润,年末余额如果在借方,表示企业历年积存的未弥补亏损。

该账户应当分别按照"提取法定盈余公积""提取任意盈余公积""应付现金股利或利润""盈余公积补亏"和"未分配利润"等进行明细核算。

2. 盈余公积

为了反映盈余公积的增减变动情况,企业应设置盈余公积账户。盈余公积属于所有者权益类账户,贷方登记企业计提的盈余公积数额,借方登记企业盈余公积的减少数额,期末余额在贷方,表示企业盈余公积累计余额。

该账户应当分别按照"法定盈余公积""任意盈余公积"进行明细核算。

3. 应付股利

为了反映应付利润或现金股利的增减变动情况,企业应设置应付股利账户。应付股利属于负债类账户,贷方登记企业宣告向投资者分配的现金股利或利润,借方登记企业实际支付的现金股利或利润,期末贷方余额表示企业尚未支付的现金股利或利润。

该账户应当按照投资者进行明细核算。

(三) 利润分配的业务

1. 结转净利润的业务

年度终了,企业应将全年实现的净利润转入利润分配科目,企业编制如下会计分录:

借:本年利润

　　贷:利润分配——未分配利润(净利润转入)

或

借:利润分配——未分配利润(净亏损转入)

　　贷:本年利润

【例 5 - 60】WXR 有限责任公司 2017 年度实现净利润 1 000 000 元,假设不考虑其他因素。

转入利润分配时,WXR 有限责任公司编制如下会计分录:

借:本年利润　　　　　　　　　　　　　　　　　　　　　　　1 000 000

　　贷:利润分配——未分配利润　　　　　　　　　　　　　　　　　　1 000 000

2. 提取盈余公积的业务

提取盈余公积时,企业编制如下会计分录:

借：利润分配——提取法定盈余公积
　　　　　——提取任意盈余公积
　　贷：盈余公积——法定盈余公积
　　　　　——任意盈余公积

【例5－61】承接例5－60 WXR有限责任公司根据2017年度净利润的10%计提的法定盈余公积，根据净利润的8%提取的任意盈余公积分别为100 000元和80 000元，不考虑其他因素。

计提盈余公积时，WXR有限责任公司编制如下会计分录：

借：利润分配——提取法定盈余公积　　　　　　　　　　　100 000
　　　　　——提取任意盈余公积　　　　　　　　　　　　　80 000
　　贷：盈余公积——法定盈余公积　　　　　　　　　　　100 000
　　　　　——任意盈余公积　　　　　　　　　　　　　　　80 000

3. 宣告发放现金股利的业务

宣告发放现金股利时，企业编制如下会计分录：

借：利润分配——应付股利
　　贷：应付股利（应付库存现金股利或利润）

【例5－62】承接例5－60 WXR有限责任公司根据2017年度净利润的50%分配现金股利。

宣告发放现金股利时，WXR有限责任公司编制如下会计分录：

借：利润分配——应付股利　　　　　　　　　　　　　　　500 000
　　贷：应付股利　　　　　　　　　　　　　　　　　　　500 000

期末利润分配结束，只有"利润分配——未分配利润"科目有余额，利润分配其他明细科目的余额全部转入"利润分配——未分配利润"科目。

结转利润分配明细科目时，企业编制如下会计分录：

借：利润分配——未分配利润
　　贷：利润分配——提取法定盈余公积
　　　　　——提取任意盈余公积
　　　　　——应付现金股利等

【例5－63】承接例5－60、例5－61、例5－62 WXR有限责任公司利润分配结束后，将"利润分配——未分配利润"科目的明细科目转入"利润分配——未分配利润"。

结转利润分配明细科目时，WXR有限责任公司编制如下会计分录：

借：利润分配——未分配利润　　　　　　　　　　　　　　680 000
　　贷：利润分配——提取法定盈余公积　　　　　　　　　100 000
　　　　　——提取任意盈余公积　　　　　　　　　　　　80 000
　　　　　——应付现金股利　　　　　　　　　　　　　　500 000

项目小结 ⟩⟩⟩

本项目主要内容是企业发生的主要经济业务的账务处理，主要包括以下内容：

筹资业务核算包含筹资业务概述、应设置的账户、账务处理三个项目。资金筹集是企业生产经营活动的前提条件，没有资金，企业就无法运转，筹资是企业资金运动的起点。企业筹集的资金来源包括投资者投入和债权人借入。投资者投入企业的资本通过"实收资本"或"股本"科目进行核算。

供应过程业务核算包含供应过程概述、应设置的账户、账务处理三个项目。供应过程业务是企业为生产经营活动准备各种财产物资的过程，主要包括固定资产的构建和存货采购等。应该通过"固定资产""在途物资""原材料"等账户进行核算。

生产过程业务核算包含生产过程概述、应设置的账户、账务处理三个项目。生产过程是企业按照一定的生产步骤和程序从事产品的生产，通过一定的时间和流程生产出合格的产品，涉及工作人员职工薪酬、固定资产折旧等业务。这个过程通过"生产成本""制造费用"等账户进行核算。

销售过程业务核算包含销售过程概述、应设置的账户、账务处理三个项目。销售产品是企业生产经营的最后阶段，是企业产品价值的实现过程，涉及销售商品、销售材料、出租固定资产等。这个过程通过"主营业务收入""主营业务成本""销售成本""销售费用"等账户进行核算。

财务成果的形成与分配业务核算包含财务成果形成的概述、应设置的账户、账务处理三个项目。财务成果是指企业一定生产期间经营活动所产生的净利润或净亏损，即企业在一定会计期间所实现的各种收入与相关费用的差额。主要通过"本年利润""利润分配"等账户进行核算。年度终了，应将本年收入和支出相抵后结出的本年实现的净利润转入"利润分配"账户，借记本账户，贷记"利润分配——未分配利润"账户；如为净亏损，做相反的会计分录。

习题与实训

一、思考题

1. 企业的主要经济业务内容包括哪些？
2. 企业筹集资金的路径有哪些？如何核算企业的筹资业务？
3. 制造企业供应过程的核算包括哪些内容？
4. 材料采购的成本包括哪些？如何核算企业的采购业务？
5. 制造企业经营成果的核算内容包括哪些？如何进行核算？

二、单项选择题

1. 某企业税前会计利润为 1 000 万元，其中营业外收入 80 万元，营业外支出 100 万元，假设不存在纳税调整事项，所得税税率 25%，则应交所得税为（   ）万元。
   A. 250　　　　　　　B. 270　　　　　　　C. 280　　　　　　　D. 310

2. 某企业从外地购进甲种材料，买价 3 000 元，运杂费 500 元，那么该材料实际成本是（   ）元。
   A. 3 500　　　　　　B. 3 000　　　　　　C. 500　　　　　　　D. 2 500

3. 长期借款的期限通常在（   ）。
   A. 一年以上
   B. 一年以下（含一年）
   C. 一个经营周期以内
   D. 一个经营周期以上

4. 冲销无法支付的应付账款，应该借记（　　　）科目。

　　A. 应付账款　　　B. 应收账款　　　C. 营业外支出　　　D. 营业外收入

5. 开出现金支票一张，支付本月工资 150 000 元。应编制会计分录为（　　　）。

　　A. 借：应付职工薪酬——工资　　　　　　　150 000
　　　　　　贷：库存现金　　　　　　　　　　　　　　150 000

　　B. 借：库存现金　　　　　　　　　　　　　150 000
　　　　　　贷：银行存款　　　　　　　　　　　　　　150 000

　　C. 借：银行存款　　　　　　　　　　　　　150 000
　　　　　　贷：应付职工薪酬——工资　　　　　　　　150 000

　　D. 借：应付职工薪酬——工资　　　　　　　150 000
　　　　　　贷：银行存款　　　　　　　　　　　　　　150 000

6. 某企业从银行借入期限为 9 个月的借款 10 000 元，存入银行，应编制会计分录为（　　　）。

　　A. 借：银行存款　　　　　　　　　　　　　10 000
　　　　　　贷：短期借款　　　　　　　　　　　　　　10 000

　　B. 借：银行存款　　　　　　　　　　　　　10 000
　　　　　　贷：长期借款　　　　　　　　　　　　　　10 000

　　C. 借：长期借款　　　　　　　　　　　　　10 000
　　　　　　贷：银行存款　　　　　　　　　　　　　　10 000

　　D. 借：短期借款　　　　　　　　　　　　　10 000
　　　　　　贷：银行存款　　　　　　　　　　　　　　10 000

7. 下列各项中，不通过管理费用核算的是（　　　）。

　　A. 开办费　　　B. 职工差旅费　　　C. 广告费　　　D. 印花税

8. 某企业本月主营业务收入为 100 000 元，其他业务收入为 8 000 元，营业外收入为 9 000元，主营业务成本为 76 000 元，其他业务成本为 5 000 元，营业税金及附加为 3 000元，营业外支出为 7 500 元，管理费用为 4 000 元，销售费用为 3 000 元，财务费用为 1 500 元，所得税费用为 7 500 元。该企业本月利润总额为（　　　）元。

　　A. 17 000　　　B. 15 500　　　C. 2 500　　　D. 8 000

9. A 企业购入一台需要安装的设备，取得的增值税专用发票上注明的设备买价为 10 000元，增值税税额为 1 700 元，支付的运输费为 200 元，设备安装时领用工程用材料价值为 1 000 元，购入该批工程用材料的增值税为 170 元，设备安装时支付有关人员的工资为 500 元，假定该固定资产的增值税不允许抵扣，该固定资产的成本为（　　　）元。

　　A. 11 700　　　B. 13 400　　　C. 13 570　　　D. 10 700

10. 某企业为增值税小规模纳税人，外购一批原材料，实际支付的价款为 3 000 元，支付增值税 510 元，同时发生运杂费 50 元，合理损耗 20 元，入库前的挑选整理费 30元，则原材料的入账价值为（　　　）元。

　　A. 3 590　　　B. 3 100　　　C. 3 650　　　D. 3 000

11. 盈余公积在转增资本时，按规定保留的余额不应少于注册资本的（　　　）。

　　A. 20%　　　B. 10%　　　C. 25%　　　D. 30%

12. 企业收到投资方以库存现金投入的资本，实际投入的金额超过其在注册资本中所占份额的部分，应计入（　　）账户。

    A. 实收资本　　　B. 资本公积　　　　　C. 盈余公积　　　　　D. 投资收益

13. 企业出租包装物收取的租金应当（　　）。

    A. 计入主营业务收入　　　　　　B. 计入其他业务收入

    C. 计入营业外收入　　　　　　　D. 冲减管理费用

14. 下列各项属于企业主营业务收入的是（　　）。

    A. 出租固定资产取得的收入

    B. 出售固定资产取得的收入

    C. 转让无形资产使用权的使用费收入

    D. 劳务收入

15. 甲公司 2017 年年初"利润分配——未分配利润"账户的余额在借方，数额为 50 万元，2017 年实现净利润 200 万元，提取盈余公积 20 万元，分配利润 50 万元，则 2017 年年末时未分配利润的数额为（　　）万元。

    A. 130　　　　　　B. 150　　　　　　C. 80　　　　　　　D. 180

16. 未分配利润账户的借方余额表示（　　）。

    A. 本期实现的净利润　　　　　　B. 本期发生的净亏损

    C. 尚未分配的利润　　　　　　　D. 尚未弥补的亏损

三、多项选择题

1. 下列费用应计入制造费用的有（　　）。

    A. 车间设备折旧费　　　　　　　B. 车间管理人员的工资

    C. 车间机物料消耗　　　　　　　D. 车间办公费

2. 下列属于资产与负债同时增加的经济业务有（　　）。

    A. 购买材料 8 000 元，货款暂欠（不考虑增值税）

    B. 向银行借入长期借款 10 万元存入银行

    C. 以存款 6 000 元偿还前欠货款

    D. 接受某单位机器一台作为投资，价值 10 万元

3. 收到投资者投入的固定资产 20 万元，正确的说法有（　　）。

    A. 借记"固定资产"20 万元　　　B. 贷记"实收资本"20 万元

    C. 贷记"固定资产"20 万元　　　D. 借记"实收资本"20 万元

4. 下列经济业务中，仅引起资产项目一增一减的有（　　）。

    A. 从银行借款 10 万元

    B. 以现金 10 万元支付职工工资

    C. 以银行存款 20 000 元购入一项固定资产（不考虑增值税）

    D. 将现金 5 000 元存入银行

5. 从银行取得借款 5 000 元，直接归还前欠货款，正确的说法有（　　）。

    A. 借记"银行存款"5 000 元　　　B. 贷记"短期借款"5 000 元

    C. 借记"应付账款"5 000 元　　　D. 贷记"应付账款"5 000 元

6. 企业可以采用的固定资产折旧方法有（   ）。
   A. 工作量法   B. 年限平均法
   C. 年数总和法   D. 双倍余额递减法

7. 以下作为工业企业其他业务收入的有（   ）。
   A. 出售固定资产或无形资产   B. 出租固定资产或无形资产
   C. 出售不需要的材料   D. 出售产品

8. 计提应付职工薪酬时，借方可能涉及的科目有（   ）。
   A. 制造费用   B. 销售费用   C. 在建工程   D. 应付职工薪酬

9. 下列业务中会导致实收资本增加的是（   ）。
   A. 资本公积转增资本   B. 盈余公积转增资本
   C. 计提盈余公积   D. 企业按照法定程序减少注册资本

10. 下列业务应该计入营业外支出的是（   ）。
    A. 出售固定资产净损失   B. 固定资产盘亏净损失
    C. 无形资产摊销   D. 捐赠支出

11. "财务费用"账户的贷方登记（   ）。
    A. 期末结转"本年利润"的本期各项筹资费用
    B. 汇兑收益
    C. 应冲减财务费用的利息收入
    D. 发行股票溢价收入

12. 工业企业在经营活动中，需要在"销售费用"账户中核算的有（   ）。
    A. 广告费   B. 展览费
    C. 专设销售机构的人员工资   D. 专设销售机构的房屋租金

13. 下列费用应计入管理费用的有（   ）。
    A. 厂部管理人员的工资   B. 车间管理人员的工资
    C. 厂部房屋的折旧费   D. 厂部的办公费

14. 应计入产品成本的费用有（   ）。
    A. 生产工人工资及福利费   B. 车间管理人员工资及福利费
    C. 企业管理人员工资及福利费   D. 离退休人员的退休金

15. 下列业务中，可以确认收入的有（   ）。
    A. 销售商品   B. 提供劳务
    C. 出租固定资产资产   D. 出售固定资产

四、判断题

1. "主营业务成本"账户核算企业主要经营业务而发生的实际成本，借方登记本期发生的销售成本，贷方登记发生的销货退回、销售折让和期末结转"本年利润"的本期销售成本，结转之后无余额。   （   ）

2. 企业所取得的交易性金融资产初始成本中应该包括在取得时已宣告但尚未发放的现金股利或已到付息期但尚未领取的债券利息。   （   ）

3. 在计划成本法下，企业已支付货款，但尚在运输中或尚未验收入库的材料，应通过

"在途物资"这个科目来核算。　　　　　　　　　　　　　　　　　　　　　　（　　）

4. 企业在采购材料时，收料在先，付款在后；若材料发票凭证都已收到，可通过"应收账款"核算。　　　　　　　　　　　　　　　　　　　　　　　　　　（　　）

5. 对于材料已收到，但月末结算凭证仍然未到的业务，不能计入"原材料"账户核算。

　　　　　　　　　　　　　　　　　　　　　　　　　　　　　　　　　　　　（　　）

6. 在盘存日期，只有存放在本企业内的存货才视为企业的存货。　　　　　　　（　　）

7. 所得税费用是企业的一项费用支出，而非利润分配。　　　　　　　　　　　（　　）

8. "主营业务成本"账户核算企业经营主要业务而发生的实际成本，借方登记本期发生的销售成本，贷方登记销货退回、销售折让和期末结转"本年利润"的本期销售成本，结转之后无余额。　　　　　　　　　　　　　　　　　　　　　　　　　　　（　　）

9. 未分配利润有两层含义：一是留待以后年度分配的利润；二是未指定用途的利润。

　　　　　　　　　　　　　　　　　　　　　　　　　　　　　　　　　　　　（　　）

10. "利润分配——未分配利润"年末贷方余额表示未弥补的亏损数。　　　　（　　）

11. 在某些情况下，当企业累积的盈余公积比较多，而未分配利润比较少时，对于符合条件的企业，也可以用盈余公积分配现金股利或利润。　　　　　　　　　　（　　）

12. 短期借款的利息可以预提，也可以在实际支付时直接计入当期损益。　　　（　　）

13. 短期借款的利息不可以预提，均应在实际支付时直接计入当期损益。　　　（　　）

14. 支付所得税属于企业利润分配的一项内容。　　　　　　　　　　　　　　（　　）

15. 产品成本由直接材料、直接人工、制造费用和期间费用四个成本项目构成。（　　）

16. 当月增加的固定资产，当月计提折旧；当月减少的固定资产，当月不计提折旧。（　　）

五、实训题

1. WXR 有限责任公司 2017 年 1 月份发生下列经济业务：

（1）收到国家投入资本 900 000 元，存入银行；

（2）收到乙企业投入机器设备一台，经评估确认价值为 50 000 元；

（3）收到丙企业投入专利权一项，评估价值为 250 000 元；

（4）向银行借入短期借款 80 000 元、长期借款 500 000 元，款项已存入银行。

要求：根据上述经济业务编制相关会计分录。

2. WXR 有限责任公司 2017 年 2 月份发生下列经济业务：

（1）向红光厂购入甲材料一批，材料价款 50 000 元，增值税进项税 8 500 元，材料已验收入库，货款已通过银行支付；

（2）向东风厂购入乙材料一批，材料价款 20 000 元，增值税额 3 400 元，材料尚未验收入库，货款尚未支付；

（3）上述向东方厂购入的乙材料经验收入库；

（4）从天平厂购入丙材料一批，材料价款 60 000 元，增值税额 10 200 元，材料已验收入库，货款上月已预付 50 000 元，不足部分用银行存款补付；

（5）从梅山厂购入丁材料一批，材料价款 70 000 元，增值税额 11 900 元，材料尚未运达，货款用一张为期一个月的商业汇票抵付。

要求：根据上述经济业务编制相关会计分录。

3. WXR 有限责任公司 2017 年 3 月份发生下列经济业务：

（1）生产 A 产品领用甲材料 40 000 元，生产 B 产品领用乙材料 26 000 元，车间管理费用领用丙材料 2 000 元，厂部管理领用丙材料 1 700 元；

（2）以现金预付采购员差旅费 500 元；

（3）从银行提前现金 90 000 元，准备发放职工薪酬；

（4）以现金发放本月职工薪酬 90 000 元；

（5）根据下列工资用途，分配工资费用：

A 产品生产工人工资	40 000 元
B 产品生产工人工资	30 000 元
车间管理人员工资	8 000 元
厂部管理人员工资	12 000 元
合计	90 000 元

（6）预提应由本月负担的短期借款利息 700 元；

（7）以银行存款支付厂部办公费 1 400 元，车间办公费 600 元；

（8）以银行存款支付第二季度已经预提的短期借款利息 2 100 元；

（9）按规定计提本月固定资产折旧 5 000 元，其中厂部管理部门折旧 3 500 元，生产车间折旧 1 500 元；

（10）分配结转本月发生的制造费用（假定按 A、B 产品生产工人工资比例分配）；

（11）结转本月完工 A 产品的实际生产成本（假定 A 产品本月全部完工）。

要求：根据上述经济业务编制相关会计分录。

4. WXR 有限责任公司 2017 年 4 月份发生下列经济业务：

（1）销售 A 产品一批，不含税销售额 250 000 元，增值税率 17%，货款已存入银行；

（2）销售 B 产品一批，不含税销售额 180 000 元，增值税率 17%，货款 100 000 元收到，已存入银行，其余部分对方尚欠；

（3）销售甲材料一批，不含税销售额 8 000 元，增值税率 17%，货款尚未收到；

（4）用银行存款支付广告费 3 000 元；

（5）结转本月已售产品的生产成本 280 000 元，其中 A 产品成本 160 000 元，B 产品成本 120 000 元；

（6）结转本月已售甲材料的实际成本 7 000 元；

（7）按规定计算本月已销产品的应交消费税，消费税率 A 产品为 30%、B 产品为 10%。

要求：根据上述经济业务编制相关会计分录。

5. WXR 有限责任公司 2017 年 5 月份发生下列经济业务：

（1）取得罚款收入 4 600 元，存入银行；

（2）用银行存款捐赠给职工子弟学校 8 000 元；

（3）收到对外投资收益 17 000 元，存入银行；

（4）结转本月主营业务收入 580 000 元、其他业务收入 36 000 元、投资收益 17 000 元、营业外收入 4 600 元；

（5）结转本月主营业务成本 400 000 元、其他业务成本 31 000 元、销售费用 13 000 元、营业税金及附加40 000元、营业外支出8 000元、管理费用54 000元、财务费用11 600元；

（6）根据本月实现的利润总额，按25%的税率计算应交所得税；

（7）结转本月所得税费用；

（8）结转本月实现的净利润；

（9）按本月净利润的40%作为应付给投资者的利润。

要求：根据上述经济业务编制会计分录。

6. WXR有限责任公司2017年6月份发生下列经济业务：

（1）用银行存款10 000元上交上月应交税金；

（2）用银行存款支付应付投资者利润（数据连接第5题）；

（3）用银行存款200 000元偿还银行长期借款；

（4）用银行存款48 000元偿还前欠甲企业的购货款。

要求：根据上述经济业务编制相关会计分录。

项目六

认识和使用记账凭证

学习目标 \\\

认识记账凭证的概念、内容、分类；
理解各种类型记账凭证的编制方法；
掌握记账凭证在实际工作中的应用。

引　例 \\\

新会计小王编制记账凭证的困惑

小王拿到会计证后，到公司担任会计一职，在编制记账凭证的时候，不知道"借贷"两个字该放在哪里，于是去请教师父。老会计哈哈大笑，说："一看你就是书呆子，理论不联系实际，在记账凭证中，通过金额和位置控制借贷方向。"小王疑惑地点点头，似懂非懂地应答着。你知道是什么原因吗？

任务一　认识记账凭证

一、记账凭证的概念

记账凭证又称记账凭单，是指企业会计人员根据审核无误的原始凭证，按照经济业务事项的内容加以归类，并据以确定会计分录后所填制的，作为登记账簿直接依据的会计凭证。由于原始凭证内容广泛、种类繁多、格式不一，不能直接表明应计入会计账户的名称和方向，所以不适合作为直接登记账簿的依据，而为了便于登记账簿和查账，必须填制记账凭证。我国《会计基础工作规范》规定：会计机构、会计人员要根据审核无误后的原始凭证编制记账凭证。

二、记账凭证的基本内容

记账凭证虽然有不同的种类，但都是通过原始凭证进行归类、整理，确定会计分录并据以登记账簿的一种会计凭证。记账凭证必须具备以下基本内容：记账凭证的名称；填制凭证的日期；凭证的种类和编号；经济业务的内容摘要；会计科目和记账方向；记账金额；所附原始凭证的张数；填制凭证人员、出纳人员、复核人员、记账人员、会计主管人员的签名或盖章。

三、记账凭证的分类

由于会计凭证记录和反映的经济业务多种多样，因此，记账凭证也是多种多样的。记账凭证按不同的标准，可以分为不同的种类。

（一）按适用范围分类

按适用范围，记账凭证可以分为专用记账凭证和通用记账凭证。

1. 专用记账凭证

专用记账凭证，是指用来专门记录某一类型经济业务的记账凭证。按反映经济业务内容的不同，专用记账凭证可以分为收款凭证、付款凭证和转账凭证三种。

（1）收款凭证。收款凭证是指用来专门记录库存现金和银行存款收款业务的记账凭证。它是根据库存现金和银行存款收款业务的原始凭证填制的。收款凭证是出纳人员收讫款项后编制的，是登记库存现金总账、银行存款总账、库存现金日记账和银行存款日记账以及有关明细账的依据。收款凭证的格式如表6-1所示。

表6-1　收款凭证

借方科目：　　　　　　　　年　　月　　日　　　　　　　收字第　　号

摘要	总账科目	明细科目	贷方金额										记账
			千	百	十	万	千	百	十	元	角	分	
附件　　张　　　合计													

会计主管：　　　　　记账：　　　　　出纳：　　　　　审核：　　　　　制单：

（2）付款凭证。付款凭证是指用来记录库存现金和银行存付款业务的记账凭证。它是根据库存现金和银行存款付款业务的原始凭证填制的。付款凭证是出纳人员支付款项的依据，也是登记库存现金总账、银行存款总账、库存现金日记账和银行存款日记账以及有关明细账的依据。付款凭证的格式如表6-2所示。

（3）转账凭证。转账凭证是指用来记录不涉及库存现金和银行存款收付款业务的记账凭证。凡是不涉及库存现金收付和银行存款收付的其他经济业务，均为转账业务，应据此编制转账凭证。转账凭证的格式如表6-3所示。

表 6-2　付款凭证

贷方科目：　　　　　　　年　月　日　　　　　　　　　付字第　号

摘要	总账科目	明细科目	借方金额										记账
			千	百	十	万	千	百	十	元	角	分	
附件　张　　合计													

会计主管：　　　　　记账：　　　　　出纳：　　　　　审核：　　　　　制单：

表 6-3　转账凭证

年　月　日　　　　　　　　　转字第　号

摘要	总账科目	明细科目	借方金额										贷方金额										记账
			千	百	十	万	千	百	十	元	角	分	千	百	十	万	千	百	十	元	角	分	
附件　张　　合计																							

会计主管：　　　　　记账：　　　　　审核：　　　　　制单：

收款凭证、付款凭证、转账凭证分别用来记录库存现金和银行存款的收款业务、付款业务以及与库存现金、银行存款收支无关的业务。但是，为了避免重复记账，在会计实务中，对于涉及库存现金和银行存款之间相互划转的经济业务，一般只编制付款凭证。如从银行提取现金业务只编制银行存款付款凭证，将现金存入银行业务只编制现金付款凭证。

2. 通用记账凭证

通用记账凭证，是指不区分收款、付款和转账业务，凭证格式具有通用性，可以记录各种类型经济业务的记账凭证。这种凭证不再划分为收款业务、付款业务和转账业务，适用于规模小、经济业务较简单、收付款业务较少的企业。通用记账凭证的格式如表 6-4 所示。

表 6-4 通用记账凭证

年 月 日 记字第 号

摘要	总账科目	明细科目	借方金额										贷方金额										记账
			千	百	十	万	千	百	十	元	角	分	千	百	十	万	千	百	十	元	角	分	
附件 张 合计																							

会计主管: 记账: 出纳: 审核: 制单:

(二) 按填列方式不同分类

按填制方式的不同，记账凭证可以分为单式记账凭证和复式记账凭证。

1. 单式记账凭证

单式记账凭证又称单科目记账凭证，是指在每张记账凭证上只填列一个会计科目，而对应科目的名称仅作参考，不据以登记账簿。其中，填列借方科目的称为借项记账凭证，填列贷方科目的称为贷项记账凭证，一项经济业务涉及几个会计科目就要编制几张记账凭证，并用一定的编号方法将它们联系起来，以便查对。单式记账凭证的优点有：内容单一，便于记账工作的分工，也便于按科目汇总，并可加速凭证的传递；单式记账凭证的缺点有：凭证张数多，内容分散，在一张凭证上不能完整地反映一笔经济业务的全貌，不便于检验会计分录的正确性。单式记账凭证的格式如表 6-5 所示。

表 6-5 单式记账凭证

对应科目: 年 月 日 字第 号

摘要	总账科目	明细科目	金额										记账
			千	百	十	万	千	百	十	元	角	分	
附件 张 合计													

会计主管: 记账: 出纳: 审核: 制单:

2. 复式记账凭证

复式记账凭证，是指将每一笔经济业务事项所涉及的全部会计科目及其金额均在同一张凭证中填列的一种记账凭证，即一张记账凭证上登记一项经济业务所涉及的两个或两个以上的会计科目，既有"借方"，也有"贷方"。复式记账凭证的优点有：可以反映账户的对应关系，有利于了解经济业务的全貌；可以减少凭证的数量，节约编制记账凭证的时间；便于检验会计分录的正确性。复式记账凭证的缺点有：不便于汇总计算每一会计科目的发生额，不利于进行分工记账。在实际工作中，普遍使用的是复式记账凭证。

任务二　掌握记账凭证的填制与审核

一、记账凭证的填制

（一）记账凭证的填制要求

记账凭证是登记账簿的直接依据，记账凭证编制的质量，直接关系到账簿信息的质量。因此，记账凭证应当按照相关要求编制，具体包括：

1. 记账凭证依据审核无误的原始凭证

填制记账凭证，必须以审核无误的原始凭证及有关资料为依据。编制记账凭证可以依据每一张原始凭证编制，或根据若干张相同类型的原始凭证汇总编制，也可以根据原始凭证汇总表编制，但是，不能将不同类型的原始凭证汇总在同一张记账凭证上。

2. 记账凭证内容填写完整

记账凭证上列示的各项内容，应当按照要求逐项填写完整，不得遗漏，有关人员的签名或盖章必须齐全，不可遗漏。如记账凭证的日期，凭证编号，经济业务的内容摘要，会计科目和记账方向，记账金额，所附原始凭证的张数和其他附件资料，填制凭证人员、稽核人员、记账人员、会计主管人员的签名或盖章应当全部填写。

3. 记账凭证的书写应当清楚、规范

记账凭证的书写要求和原始凭证一样，应当按照相关要求书写，金额书写不得连笔，数字不得涂改、刮擦、挖补；文字要用正楷和行书，不得用草书或未经国务院认可的简化文字。

4. 记账凭证应当附有原始凭证

除结账和更正错误的记账凭证不需要附原始凭证外，其他的记账凭证都应当附有原始凭证，并且应当注明所附原始凭证的张数，便于核对。如果记账凭证附有 3 张原始凭证，应当在附件张数处填列张数；如果原始凭证另外装订，则在记账凭证上注明附件另订，方便核对和查询。

5. 记账凭证应当连续编号

记账凭证应按业务发生顺序，按不同种类的记账凭证连续编号。编号的方法包括两种：

（1）顺序编号法，即企业将全部记账凭证作为一类按业务发生的先后顺序统一编号，每月都是从第一号开始起编号，到本月底最后一笔业务的编号为止。

（2）分类编号法，即按经济业务的内容加以分类，采用收字、付字、转字编号。每月每一种类型的业务都是从一号开始编号，如收字第 1 号、付字第 1 号、转字第 1 号。当某一笔业务需要填制两张或两张以上记账凭证的，应当采用分号形式编写，即在原编记账凭证号码后面用分数的形式表示。如第三笔业务需要填写两张记账凭证，则这笔业务的凭证编号分别是：3 1/2、3 2/2。当月记账凭证的编号，可以在填写记账凭证的当日填写，也可以在月末或装订凭证时填写，但应在月末最后一张记账凭证编号的旁边加注"全"字。

6. 记账凭证发生错误应当重新填制

若记账凭证填制错误，则应当重新填制。已经登记入账的记账凭证，在当年内发现填写错误的，可以用红字填写一张与原内容相同的记账凭证，在摘要栏注明"注销某月某日某号凭证"字样，同时再用蓝字重新编制一张正确的记账凭证。如果会计科目没有错误，只是金额错误，也可以将正确数字与错误数字之间的差额，另编一张调整的记账凭证，调增金额用蓝字，调减金额用红字。发现以前年度记账凭证有错误的，应当用蓝字填制一张更正的记账凭证。

7. 记账凭证空行处画线

记账凭证填制完成后，如果存在空行，应当自金额栏最后一笔金额数字下的空行处至金额合计数的上一行画线注销，避免篡改。

（二）记账凭证的填制

对于企业发生的每项经济业务，都要根据审核无误的原始凭证编制记账凭证。下面分别介绍各种记账凭证的填制方法。

1. 收款凭证的填制

收款凭证是用来记录企业库存现金和银行存款收款业务的凭证，它是根据审核无误的涉及库存现金和银行存款收款业务的原始凭证填制的。

收款凭证的摘要栏应填写收款业务的简单说明，左上方的"借方科目"栏目应填写"库存现金"或"银行存款"科目；右上方应填写凭证的编号，应按顺序编写，一般按现收×号和银收×号分类；"贷方科目"栏目应填写"银行存款"或"库存现金"科目的对应科目，为了便于登记各种总账和明细账，在此栏中应注明一级科目、二级科目和明细科目。"记账"栏是登记账簿的标记，打"√"表示此笔业务已经登记入账，避免重复或漏记。"金额"栏目表示业务发生的金额，应按规定的位数填写。"附单据×张"栏目填写记账凭证所附原始凭证张数。"合计"栏目填列各项目金额之和，表明借贷双方的记账金额。收款凭证下面分别由会计主管、记账、稽核、制单等人员签章，以明确经济责任。

【例6-1】2017年8月1日，WXR有限责任公司销售甲产品一批，增值税专用发票注明价格为20 000元，增值税额3 400元，款项已收到，存入银行，根据销售发票、销货清单和银行收款结算凭据编制收款凭证。收款凭证如表6-6所示。

2. 付款凭证的填制

付款凭证是用来记录库存现金和银行存款付款业务的记账凭证。它是根据审核无误的涉及库存现金和银行存款付款业务的原始凭证填制的。付款凭证的填列方法和收款凭证的大致相同，只是付款凭证左上方的"贷方科目"应填列"库存现金"或"银行存款"，"借方科目"栏应填写与"库存现金"或"银行存款"相对应的总账科目和明细科目。

【例6-2】2017年8月2日，WXR有限责任公司以现金支付律师咨询费5 000元，根据律师事务所开具的服务业专用发票编制付款凭证，如表 6 – 7 所示。

表 6 – 6　收款凭证

贷方科目：银行存款　　　　　　　2017 年 8 月 1 日　　　　　　　　付字第 01 号

摘　要	总账科目	明细科目	借方金额									
			千	百	十	万	千	百	十	元	角	分
销售甲产品	主营业务收入	甲产品				2	0	0	0	0	0	0
销售甲产品	应交税费	应交增值税（销项）					3	4	0	0	0	0
附件 3 张　　合　计					¥	2	3	4	0	0	0	0

会计主管：　　　　记账：　　　　出纳：　　　　审核：　　　　制单：

表 6 – 7　付款凭证

贷方科目：库存现金　　　　　　　2017 年 8 月 2 日　　　　　　　　付字第 01 号

摘　要	总账科目	明细科目	借方金额										记账
			千	百	十	万	千	百	十	元	角	分	
支付律师咨询费	管理费用	咨询费					5	0	0	0	0	0	
附件 1 张　　合　计						¥	5	0	0	0	0	0	

会计主管：　　　　记账：　　　　出纳：　　　　审核：　　　　制单：

在实务中，为了避免记账重复，对于涉及库存现金和银行存款之间相互划转的业务，按规定只填写付款凭证。如从银行提取现金，只填写银行存款付款凭证；将现金存入银行，只填写库存现金付款凭证。

【例 6 – 3】2017 年 8 月 2 日，WXR 有限责任公司从银行提取现金 10 000 元备用。根据现金支票存根编制银行存款付款凭证。付款凭证如表 6 – 8 所示。

3. 转账凭证的填制

转账凭证用来记录既不涉及库存现金也不涉及银行存款业务的记账凭证，它是根据有关转账业务的原始凭证填制的。转账凭证的填制方法与收付款凭证略有不同。主要是转账凭证中"总账科目"和"明细科目"栏，应分别填列应借、应贷的科目，借方科目应记金额应在同一行的"借方金额"栏填列，贷方科目应记金额应在同一行的"贷方金额"填列。"借方金额"栏合计数与"贷方金额"栏合计数应相等。

表6－8　付款凭证

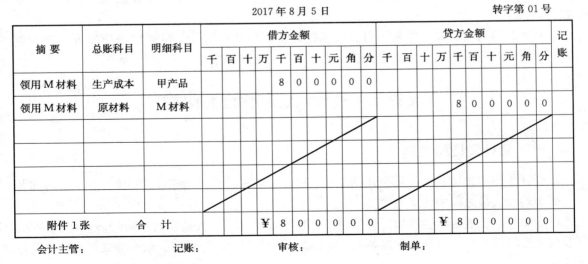

贷方科目：银行存款　　　　　　　　2017年8月2日　　　　　　　　付字第02号

| 摘　要 | 总账科目 | 明细科目 | 借方金额 |||||||||| 记账 |
			千	百	十	万	千	百	十	元	角	分	
提取备用金	库存现金					1	0	0	0	0	0	0	
附件1张	合　计			¥	1	0	0	0	0	0	0	0	

会计主管：　　　　记账：　　　　出纳：　　　　审核：　　　　制单：

【例6－4】2017年8月5日，WXR有限责任公司领用M材料一批，金额8 000元。根据领料单编制转账凭证。转账凭证如表6－9所示。

表6－9　转账凭证

2017年8月5日　　　　　　　　　　　　　　转字第01号

| 摘　要 | 总账科目 | 明细科目 | 借方金额 ||||||||| 贷方金额 ||||||||| 记账 |
			千	百	十	万	千	百	十	元	角	分	千	百	十	万	千	百	十	元	角	分	
领用M材料	生产成本	甲产品				8	0	0	0	0	0												
领用M材料	原材料	M材料														8	0	0	0	0	0		
附件1张	合　计				¥	8	0	0	0	0	0			¥	8	0	0	0	0	0		

会计主管：　　　　记账：　　　　审核：　　　　制单：

4. 通用记账凭证的填制

通用记账凭证是用来记录各项不同类型经济业务的通用型的记账凭证，它是根据审核无误的有关原始凭证填制的，其填制的方法与转账凭证的填制方法基本相同。

二、记账凭证的审核

记账凭证是登记账簿的直接依据，为了保证记账凭证的编制质量，正确登记账簿。记账凭证编制以后，必须由专人进行审核，只有经审核无误后的记账凭证，才能作为记账的依据。记账凭证的审核包括以下五项内容：

1. 内容是否真实

内容是否真实，是审核记账凭证是否附有原始凭证，所附原始凭证的内容是否与记账凭证记录的内容一致，记账凭证汇总表与记账凭证的内容是否一致。

2. 项目是否齐全

项目是否齐全，是审核记账凭证各项目的填写是否齐全，如日期、凭证编号、摘要、会计科目、金额、所附原始凭证张数及有关人员的签章。

3. 科目是否正确

科目是否正确，是审核记账凭证的应借、应贷科目是否正确，是否有明确的账户对应对系，所使用的会计科目是否符合会计制度的规定等。

4. 金额是否正确

金额是否正确，是审核记账凭证所记的金额与原始凭证的有关金额是否一致，记账凭证汇总表的金额与记账凭证的金额合计是否相符，原始凭证中的数量、单价、金额计算是否正确等。

5. 书写是否正确

书写是否正确，是审核记账凭证中的记录是否文字工整、数字清晰，是否按规定使用蓝黑墨水或碳素墨水，是否按规定进行更正等。

另外，出纳人员在收完收付款业务后，应在凭证上加盖收讫或付讫的戳记，以免重复收付。

在审核过程中，如果发现不符合要求的地方，应要求有关人员采取正确的方法进行更正。只有经过审核无误的记账凭证，才能作为登记账簿的依据。

任务三　会计凭证的传递和保管

一、会计凭证的传递

会计凭证的传递，是指从会计凭证的取得或填制开始到归档保管过程中，在单位内部各有关部门和人员之间的传送程序。

正确、合理地组织会计凭证的传递，有利于相关部门和人员及时了解经济业务的情况，及时处理经济业务；有利于加强各有关部门的责任，强化会计监督，以充分发挥会计的监督作用。

科学合理的传递程序既要保证会计信息的质量，又要减少不必要的环节，提高工作效率。因此，在制定会计凭证传递程序时，应注意以下几个问题：

1. 制定科学合理的传递路径

不同的经济业务，业务办理的程序也不一样，对会计凭证的传递程序也有不同的要求，企业应当根据具体情况确定凭证的传递程序和方法。科学合理地确定会计凭证的传递路径，明确各个环节的职责和权限，确保传递过程的安全完整。

2. 确定合理的停留处理时间

各单位要根据各环节办理手续所必需的时间，规定凭证在各环节停留的合理时间，以确保凭证的及时传递，不能拖延和积压会计凭证，以免影响会计工作的正常程序。此外，所有会计凭证的传递必须在报告期内完成，不允许跨期，以免影响会计核算的及时性和真实性。

3. 建立凭证交接签收制度

为防止凭证在传递过程中出现遗失、毁损或其他意外情况，在传递过程中，应建立凭证的交接签收制度，凭证的收发、交接都按一定的手续和制度办理，以保证会计凭证的安全和完整。

二、会计凭证的保管

会计凭证既是记录经济业务、明确经济责任的书面证明，又是记账的依据，所以，它是会计核算的重要经济档案和历史资料。各单位在完成经济业务手续和记账之后，必须按规定妥善保管会计凭证，以便本单位随时抽查利用，同时便于上级有关部门进行凭证检查。所谓会计凭证的保管是指会计凭证记账后的整理、装订、归档保管和查阅等一系列工作，它是会计档案管理工作的一个重要方面。

会计凭证保管的要求有以下几点：

1. 记账后的整理、装订

对于各种记账凭证在登记账簿以后，每月将其和所附原始凭证或者原始凭证汇总表一起加以整理，在无缺号和附件齐全的情况下，加上封面、封底装订成册。为防止凭证被抽换，装订处要加封签并盖印章。在封面上应注明单位名称、年度、月份、册数和起讫号码，以便核查。

2. 原始凭证单独装订的情况

对于一些性质相同、发生频率高的业务，如领料单、入库单等，如果原始凭证数量太多，可以将原始凭证单独装订，不附在记账凭证后面；单独装订的原始凭证，应当在其封面上注明所属记账日期、编号、种类，同时在记账凭证上注明"附件另订"字样，原始凭证名称、编号以及存放的地方。

3. 会计凭证查阅

装订成册的会计凭证不得外借，应指定专人保管，其他单位因特殊情况需要使用会计凭证时，在合法的程序内经单位负责人同意可以提供复制或查阅。向外单位提供的会计凭证复印件，应当进行登记，明确责任。

4. 会计凭证保管期限

对于会计凭证的保管期限和销毁，必须严格执行会计档案保管的规定，任何人不得随意销毁。年度终了，可暂由财会部门保管一年，期满后应由财会部门编造清册，移交本单位的档案部门保管。保管时，要防止弄脏、霉烂以及鼠咬虫蛀等。

按照《会计档案管理办法》的规定，原始凭证、记账凭证和汇总凭证的保管期限为30年，从会计年度终了后的第一天算起。期满后由本单位档案部门提出，会同财会部门鉴定，严格审查后编制会计档案销毁清册。报经批准后，由档案部门和会计部门共同派员监督销毁。在销毁会计凭证前，监销人员应认真清点核对。销毁后，在销毁清册上签名或盖章，并将监销情况报本单位负责人。

项目小结

记账凭证又称记账凭单，是指企业会计人员根据审核无误的原始凭证，按照经济业务事项的内容加以归类，并据以确定会计分录后所填制的，作为登记账簿直接依据的会计凭证。记账凭证按其适用的范围，分为专用记账凭证和通用记账凭证，专用记账凭证按其反映的经济业务是否与货币资金有关，分为收款凭证、付款凭证和转账凭证；按其填制方法，分为单式记账凭证和复式记账凭证。

记账凭证内容包括：记账凭证的名称，填制凭证的日期，凭证编号，经济业务的内容摘要，会计科目和记账方向，记账金额，所附原始凭证的张数和其他附件资料，填制凭证人员、稽核人员、记账人员、会计主管人员的签名或盖章。

记账凭证的填制要求包括：记账凭证依据审核无误的原始凭证，记账凭证内容填写完整，记账凭证的书写应当清楚、规范，记账凭证应当附有原始凭证，记账凭证应当连续编号，记账凭证发生错误应当重新填制，记账凭证空行处画线。

记账凭证的审核内容主要包括：内容是否真实、项目是否齐全、科目是否正确、金额是否正确、书写是否正确。

正确组织会计凭证的传递，对于及时处理和登记经济业务、明确经济责任、实行会计监督具有重要作用。会计凭证作为企业单位的重要经济档案，应按规定妥善保管，不得随意拆装、出借和销毁。

习题与实训

一、思考题

1. 什么是记账凭证？记账凭证有哪些内容？
2. 记账凭证是如何分类的？
3. 记账凭证的填制要求有哪些？如何审核记账凭证？
4. 如何填制收款凭证、付款凭证和转账凭证？
5. 保管会计凭证要注意哪些事项？

二、单项选择题

1. 关于记账凭证填制的基本要求，下列表述错误的是（　　）。
   A. 记账凭证可以根据原始凭证汇总表填制
   B. 记账凭证的编号可采用分数编号法制定
   C. 可以将不同内容和类别的原始凭证汇总填制在一张记账凭证上
   D. 填制记账凭证若发生错误，应当重新填制
2. 记账凭证的填制是由（　　）完成的。
   A. 出纳人员　　　B. 会计人员　　　C. 经办人员　　　D. 主管人员

3. 某单位购入设备一台，价款 10 万元，用银行存款支付 6 万元，另 4 万元签发了商业汇票。对这一经济业务，单位应编制的记账凭证为（　　）。

    A. 编制一张转账凭证

    B. 编制一张收款凭证

    C. 编制一张付款凭证

    D. 编制一张转账凭证和一张付款凭证

4. 某公司出纳小李将公司现金交存开户银行，应编制（　　）。

    A. 现金收款凭证　　　　　　　　　　B. 现金付款凭证

    C. 银行收款凭证　　　　　　　　　　D. 银行付款凭证

5. 出纳人员在办理收款或付款后，为避免重收重付，（　　）。

    A. 应在凭证上加盖"收讫"或"付讫"戳记

    B. 由收款人员或付款人员在备查簿上签名

    C. 由出纳人员在备查簿登记

    D. 由出纳人员在凭证上画线注销

6. 可以不附原始凭证的记账凭证是（　　）。

    A. 更正错误的记账凭证　　　　　　　B. 从银行提取现金的记账凭证

    C. 以现金发放工资的记账凭证　　　　D. 职工临时性借款的记账凭证

7. 从银行提取现金，需要编制（　　）。

    A. 银行存款付款凭证

    B. 现金付款凭证

    C. 现金收款凭证和银行存款付款凭证

    D. 转账凭证

8. 企业销售产品一批，货款未收。该笔业务应编制的记账凭证是（　　）。

    A. 收款凭证　　　　　　　　　　　　B. 付款凭证

    C. 转账凭证　　　　　　　　　　　　D. 以上均可

9. 下列经济业务，应该填制现金收款凭证的是（　　）。

    A. 从银行提取现金

    B. 以现金发放职工工资

    C. 出售报废的固定资产收到现金

    D. 销售积压材料收到一张转账支票

10. 下列经济业务，应该填制银行存款收款凭证的是（　　）。

    A. 销售产品一批，款未收

    B. 转让设备一台，收到转账支票并已送交银行

    C. 购入材料一批，开出支票

    D. 将现金存入银行

11. 记账凭证是由（　　）编制的。

    A. 出纳人员　　　B. 经办人员　　　　C. 会计人员　　　　　D. 经办单位

12. 付款凭证左上角的"贷方科目"可能登记的科目有（　　）。

    A. 应付账款　　　B. 银行存款　　　　C. 预付账款　　　　　D. 其他应付款

三、多项选择题

1. 关于记账凭证的填制，正确的是（　　　）。

    A. 一笔经济业务需要填制两张以上记账凭证的，可以采用分数编号法编号

    B. 记账凭证上应注明所附的原始凭证的张数，以便查核

    C. 如果原始凭证需要另行保管时，则应在附件栏目内加以注明

    D. 更正错误和结账的记账凭证也必须附有原始凭证

2. 记账凭证的填制必须做到记录真实、内容完整、填制及时、书写清楚外，还必须符合（　　　）要求。

    A. 如有空行，应当在空行处画线注销

    B. 发生错误应该按规定的方法更正

    C. 必须连续编号

    D. 除另有规定外，应该有附件并注明附件张数

3. 下列业务，不需要编制银行存款收款凭证的有（　　　）。

    A. 以银行存款购入设备　　　　　　　B. 接受投入一台设备

    C. 从银行借入款项，存入银行　　　　D. 将资本公积转增资本

4. 王明出差回来，报销差旅费 1 000 元，原预借 1 500 元，交回剩余现金 500 元，这笔业务应该编制的记账凭证有（　　　）。

    A. 付款凭证　　　B. 收款凭证　　　C. 转账凭证　　　D. 原始凭证

5. 下列关于记账凭证的填制要求说法正确的有（　　　）。

    A. 凭证应由主管该项业务的会计人员，按业务发生顺序并按不同种类的记账凭证连续编号。如果一笔经济业务需要填列多张记账凭证，可采用"分数编号法"

    B. 反映收付款业务的会计凭证可以由会计编号，也可以由出纳编号

    C. 记账凭证可以根据每一张原始凭证填制

    D. 记账凭证可以根据若干张同类原始凭证汇总编制，也可以根据原始凭证汇总表填制

6. 记账凭证的审核包括（　　　）。

    A. 内容是否真实、项目是否齐全　　　B. 科目是否正确

    C. 书写是否规范　　　　　　　　　　D. 手续是否完备

7. 记账凭证按凭证的用途可分为（　　　）。

    A. 专用记账凭证　　　　　　　　　　B. 通用记账凭证

    C. 单式记账凭证　　　　　　　　　　D. 复式记账凭证

8. 记账凭证的基本内容包括（　　　）。

    A. 会计科目

    B. 填制凭证人员、稽核人员、记账人员、会计机构负责人、会计主管人员签名或者盖章

    C. 接受凭证单位名称

    D. 所附原始凭证张数

9. 下列人员中，应在记账凭证上签章的有（　　　）。

    A. 单位负责人　　　B. 会计主管　　　C. 记账人员　　　D. 制单人员

10. 收款凭证的借方科目可能有（　　　）。

　　A. 应收账款　　　B. 库存现金　　　　　C. 银行存款　　　　　D. 应付账款

四、判断题

1. 所有的记账凭证都需附有原始凭证，并注明原始凭证的张数。（　　）

2. 在实际工作中，是通过编制记账凭证来确定会计分录的。（　　）

3. 记账凭证是记录经济发生或完成情况的书面证明，也是登记账簿的凭据。（　　）

4. 收、付款凭证的日期应按照货币收、付的日期填写，转账凭证的日期应按照原始凭证记录的日期填写。（　　）

5. 填制记账凭证若发生错误，应重新填制。如发现以前年度记账凭证有误的，应用红字填制一张更正的记账凭证。（　　）

6. 银行存款付款凭证是根据银行存款付款业务的原始凭证编制的付款凭证，如现金支票、银行进账通知单。（　　）

7. 转账凭证是指用于记录不涉及现金和银行存款业务的会计凭证。（　　）

8. 一般来讲，复印的原始凭证也可以作为记账凭证的依据。（　　）

9. 通用记账凭证是指用来反映所有经济业务的记账凭证，为各类经济业务所共同使用，其格式与转账凭证基本相同。（　　）

10. 对于只涉及库存现金和银行存款之间的业务，只填收款凭证。（　　）

11. 为了简化工作手续，可以将不同内容和类别的原始凭证汇总，填制在一张记账凭证上。（　　）

12. 因为原始凭证已经审核通过，所以记账凭证不需要再审核。（　　）

五、实训题

1. WXR 有限责任公司在 2017 年 12 月发生以下经济业务：

（1）1 日，购入新机器一台价款 30 000 元（不考虑税费），以银行存款支付。

（2）1 日，向华东厂购入甲材料 500 千克，货款 40 000 元，增值税额为 6 800 元，款项以银行存款支付，材料已入库。

（3）2 日，为生产 A 产品领用甲材料 1 200 千克，计 96 000 元；生产 B 产品领用乙材料 700 千克，计 35 000 元；生产车间领用丙材料 200 元用于设备维修。

（4）3 日，车间技术员张化出差预支库存现金 500 元。

（5）4 日，以银行存款支付上月应交税费 22 245 元。

（6）5 日，以银行存款支付法律咨询费 400 元。

（7）6 日，以银行存款支付广告费 2 600 元、产品展览费 2 000 元。

（8）7 日，售给兴达厂 B 产品 300 件，每件售价 300 元，货款计 90 000 元，增值税额为 15 300 元，款项尚未收到。

（9）9 日，向四明公司购入乙材料 800 千克，货款 40 000 元，增值税额 6 800 元，款未付。

（10）10 日，从银行提取现金 92 800 元，以发放本月工资。

（11）10 日，以库存现金 92 800 元发放本月工资。

（12）11 日，售给华夏公司 A 产品 200 件，每件售价 500 元，货款计 100 000 元，增值税额为 17 000 元，合计 117 000 元，收到为期 3 个月商业汇票一张。

（13）12 日，车间技术员张化出差回公司报销差旅费 480 元，归还余额 20 元。

（14）13 日，行政管理部门领用丙材料 800 元，供维修设备用。

（15）14 日，向友谊公司出售 A 产品 100 件，货款为 50 000 元，增值税额为 8 500 元，款已收讫。

（16）15 日，向银行借入短期借款 10 000 元，存入公司银行户头。

（17）16 日，以银行存款支付生产车间办公用品购置费 480 元、公司行政管理部门办公用品费 120 元。

（18）19 日，以库存现金 200 元支付违约罚款。

（19）20 日，收回库存现金 1 000 元，是职工王影因出差取消退回预借的差旅费。

（20）20 日，将现金 1 000 元送存银行。

（21）21 日，以银行存款捐赠支付技工学校 1 000 元。

（22）22 日，收到联营厂分来的投资利润 20 000 元，存入银行。

（23）25 日，用银行存款归还已到期的短期借款 8 000 元。

（24）27 日，以银行存款 80 000 元偿还上月所欠光明厂货款 50 000 元和光大厂货款 30 000 元。

（25）28 日，以银行存款支付电费 8 600 元，其中 A 产品耗电 3 500 元，B 产品耗电 2 800 元，车间照明用电 800 元，公司管理部门耗电 1 500 元。

（26）31 日，分配本月职工工资 92 800 元，其中 A 产品职工工资 42 000 元，B 产品职工工资 20 000 元，车间管理人员工资 10 800 元，公司管理人员工资 20 000 元。

（27）31 日，计提本月生产部门固定资产折旧费 4 800 元，行政管理部门固定资产折旧费 1 400 元。

（28）31 日，生产车间发生设备修理费 800 元，已用现金支付。

（29）31 日，以银行存款支付本季短期借款利息 1 000 元，前两月已预提 600 元。

（30）31 日，将本月发生的制造费用 18 360 元计入产品生产成本，其中 A 产品负担 12 000元，B 产品负担 6 360 元。

（31）31 日，结转本月完工入库产成品成本：A 产品 500 件全部完工验收入库，实际生产成本为 153 500 元；B 产品则尚未完工。

（32）31 日，计算本月应交城市维护建设税 1 904 元、教育费附加 816 元。

（33）31 日，结转本月已销产品成本：A 产品 400 件，单位成本 307 元，计 122 800 元；B 产品 300 件，单位成本 200 元，计 60 000 元。

（34）31 日，将本月损益类账户的本期发生额转入"本年利润"账户，确定本月利润。

（35）31 日，全年实现利润总额 561 960 元，按 25% 的税率计算应交所得税，并结出净利润。

（36）31 日，按全年净利润的 10% 提取法定盈余公积金。

（37）31 日，按一定比例计算出应付投资者利润为 100 000 元，但尚未支付。

（38）31 日，结转有关利润分配明细账户，确定未分配利润的金额。

要求：根据以上资料填制收款凭证、付款凭证和转账凭证。

认识和使用会计账簿

认识会计账簿的概念、种类；

理解会计账簿的基本内容、设置；

掌握会计账簿的启用、各类会计账簿的登记、会计错账查找与错误更正。

引 例

会计老杨的秘密账簿

会计老杨有一个秘密账簿，每当上班的时候，总会第一时间拿出来，并在上面写一阵子，然后再锁起来；下班的时候，再拿出来写一阵子，然后再锁起来。时间一天天过去，会计老杨依旧重复着同样的行为。你想知道里面写着什么吗？你知道会计的秘密账簿吗？好好学习会计吧！当你入行了，也会有一本秘密会计账簿的！

任务一 认识会计账簿

一、会计账簿的概念

会计账簿，是指由具有一定格式的账页组成的，以经过审核无误的会计凭证为依据，全面、系统、连续地记录一个单位交易或事项的簿籍。会计账簿是会计信息储存的载体，在会计核算体系中具有重要的作用，企业应当按照相关规定设置会计账簿。在实际工作中，企业发生的每一笔交易或事项，都应当有相应的会计凭证，证明交易或事项的发生或完成，而会计凭证记录的会计信息过于分散，不便于查找和核对，不利于信息使用者及时获取相关会计信息。因此，取得和审核会计凭证后，还需要根据审核无误的会计凭证登记账簿，分类汇总和序时记录企业的会计信息，为信息使用者提供对决策有用的信息。

二、会计账簿的作用

会计账簿是由具有一定格式的账页组成，以会计凭证为依据，序时、分类地记录和反映一个单位交易或事项的簿籍。会计账簿连接着会计凭证和会计报表，是会计凭证和会计报表的桥梁，具有承上启下的作用。一方面，会计账簿将会计凭证分散的、凌乱的、不完整的会计信息按照一定的标准进行分类汇总或进行序时登记，有效地集中会计信息，是会计信息的集中和分类环节；另一方面，会计账簿储存的会计信息，为企业编制会计报表提供了资料和数据，促进了会计核算工作的有序开展。

因此，合理设置会计账簿和正确使用账簿，对完成会计核算工作有十分重要的作用，具体表现为以下三个方面：

1. 为信息使用者提供全面、系统、连续的会计信息

通过设置和登记账簿，可以对经济业务进行针对性的核算，将大量的、分散的数据加以归类整理，逐步加工为有用的会计信息。全面、系统地提供有关企业成本费用、财务状况和经营成果的总括和明细的核算资料，为经营管理提供系统、完整的会计信息。

2. 为编制会计报表提供数据

会计凭证资料通过账簿进行归类整理以后，就能提供一个单位在一定时期内的资产、负债、所有者权益的增减变化和结存情况，以及收入、费用、利润及其分配等的经营情况。若将这些日常的账簿核算资料进一步地汇总、整理，就可以编制出会计报表。因此，及时、完整、正确的账簿记录为定期编制会计报表提供了必不可少的依据。

3. 为评价经营业绩提供分析数据

会计账簿提供的核算资料比会计凭证提供的资料更集中、更有针对性，信息更加具体、丰富，因此，利用会计账簿资料能全面了解企业的财务状况。通过计算费用、收入，能够正确地确定企业的经营成果，并通过与预算的数据比较，考核各种预算的执行与完成情况，为加强经济管理提供原始数据资料。

三、会计账簿的种类

会计账簿是企业记录交易或事项的重要载体，根据不同的标准有不同的分类，如按照账簿的用途、外形特征、账页格式分类。合理地对账簿进行分类，有助于开展登账工作和信息的分类。

（一）按用途对会计账簿进行分类

按用途对会计账簿进行分类，是指根据账簿的用途不同进行分类，具体包括序时账簿、分类账簿和备查账簿。

1. 序时账簿

序时账簿也称日记账簿，是指按照企业发生的各项交易或事项的先后顺序，逐日逐笔进行明细登记的账簿。序时账簿的主要功能是按照时间的先后顺序记录企业发生的交易或事项，按照所记录交易或事项内容的不同，可以分为普通日记账簿和特种日记账簿。

其中，普通日记账簿是用来登记企业发生的全部交易或事项的账簿，即将企业每天发生的全部交易或事项，按其发生的先后顺序，逐笔登记到账簿中。特种日记账簿是用来登记企业发生的某一类型交易或事项的账簿，即将企业发生的某一类型的交易或事项按先后顺序计

入账簿中，如现金日记账、银行存款日记账。

2. 分类账簿

分类账簿，是指按照企业发生的各项交易或事项按照其所涉及的账户进行分类登记的账簿，简称分类账。分类账簿的功能是分类反映企业发生的各项交易或事项，便于汇总会计信息，其提供的数据是编制报表数据的主要来源，是编制报表的主要依据。分类账簿根据反映交易或事项的详细程度的不同，可分为总分类账簿和明细分类账簿。

总分类账簿，简称总账，是按照总分类科目设置的，用来反映企业发生的各项交易或事项的总括内容的账簿。明细分类账簿，简称明细账，是根据总账科目所管辖的明细分类科目设置的，用来反映企业发生的各项交易或事项明细内容的账簿，它对总分类账具有补充和说明的作用。

3. 备查账簿

备查账簿，是指对某些在序时账簿和分类账簿等主要账簿中未能记载的交易或事项以及记载不详细的交易或事项进行补充和说明的账簿。备查账簿对企业来说，可以设置也可以不设置，采用什么样的登记方法、利用什么样的格式、何时登记等都没有明确的要求。因此，企业可以根据自身的情况考虑是否设置备查账簿。

（二）按外形特征对账簿进行分类

按外形特征对账簿进行分类，是指根据企业使用会计账簿的外在形式和特征进行分类，具体包括订本式账簿、活页式账簿和卡片式账簿。

1. 订本式账簿

订本式账簿也称订本账，是指企业启用之前就将若干账页按顺序编号并装订成册的账簿。采用订本式账簿的优点包括：可以避免账页散失和人为地抽换，保障账簿资料的完整、安全，防止舞弊行为。采用订本式账簿的缺点包括：账页启用前是固定的，并且是连续编号的，不能根据需要随时进行增减；应当预留账页，如果预留账页过少，账页不够，会影响账簿记录的连续性，如果预留账页过多，又会造成账页使用不完，形成浪费；订本式账簿在同一时间内只能由一个人登记，所以不便于会计分工协作。反映重要会计信息的账簿应当采用订本式账簿，如现金日记账、银行存款日记账和总分类账。

2. 活页式账簿

活页式账簿也称活页账，是指企业启用之前将分散的账页装在活页账夹内，账页不编号，根据使用的需要可以随时增减账页的账簿。活页式账簿的优点包括：账页使用前不编号，账页可以随时增减，使用起来灵活方便，不需要预留账页，便于会计分工，提高工作效率。活页式账簿的缺点包括：账页容易散失，账页容易被抽换，容易出现舞弊行为。因此，使用活页式账簿时，必须要求按账页顺序编号，装置在账页中保管使用，应由有关人员在账页上盖章，以防散失和抽换。使用完毕，不登记时，将其装订成册，以便保管。活页式账簿一般用于各种明细账的登记。

3. 卡片式账簿

卡片式账簿也称卡片账，是指企业将具有一定格式的账页印制在卡片上，并存放在专设的卡片箱的账簿上。卡片式账簿严格来说也属于一种明细账簿，只不过账页存放的地方不一样。卡片式账簿的优点包括：每一张账页是独立的，账页可以随时增减，使用起来灵活方便，不需要预留账页，便于会计分工，提高工作效率。卡片式账簿的缺点包括：账页容易散失，账页容易被抽换，容易出现舞弊行为。使用卡片式账簿时必须将卡片顺序编号，并存放在卡片箱内，由专人保管，不需要每年更换，可跨年度使用。卡片式账簿适用于记载内容比较复杂的财产物资明细账，如固定资产登记卡、低值易耗品登记卡等。

（三）按账页的格式对账簿进行分类

按账页的格式对账簿进行分类，是指按照账簿的账页格式不同进行分类，具体包括两栏式账簿、三栏式账簿、数量金额式账簿和多栏式账簿。

1. 两栏式账簿

两栏式账簿，是指账簿的账页金额栏只有借方、贷方两个主要栏目。两栏式账簿一般用于简单的交易或事项的登记，如普通日记账、转账日记账。由于现代企业发生的交易或事项是复杂的，两栏式账簿已经不能满足企业提供信息的需要，因此，两栏式账簿基本上不再使用。两栏式账簿账页如表 7−1 所示。

表 7−1　两栏式账簿账页

账户名称：

年		凭证字号	摘要	借方										贷方									
月	日			千	百	十	万	千	百	十	元	角	分	千	百	十	万	千	百	十	元	角	分

2. 三栏式账簿

三栏式账簿，是指账簿的账页金额栏主要包括借方、贷方和余额三个主要栏目。三栏式账簿一般适用于总分类账、日记账、债权债务明细分类账，如"应收账款""应付账款""其他应收款""其他应收款""其他应付款""应交税金"等。三栏式账簿账页如表 7−2 所示。

表 7−2　三栏式账簿账页

账户名称：

年		凭证号数	摘要	借方										贷方										余额									
月	日			千	百	十	万	千	百	十	元	角	分	千	百	十	万	千	百	十	元	角	分	千	百	十	万	千	百	十	元	角	分

3. 数量金额式账簿

数量金额式账簿，是指账簿的账页金额栏有"借方""贷方""余额"三个主要栏目，在每个主要栏目下又分别有"数量""单价""金额"专栏。数量金额式账簿适用于既要进行金额核算，又能进行实物数量核算的各种存货明细账，如原材料、库存商品等。数量金额式账簿账页如表 7-3 所示。

表 7-3 数量金额式账簿账页

账户名称：　　　　　　　　　　　　规格　　　　　　　　　　计量单位

年		凭证		摘要	借方													贷方													余额												
月	日	字	号		数量	单价	金额											数量	单价	金额											数量	单价	金额										
							千	百	十	万	千	百	十	元	角	分			千	百	十	万	千	百	十	元	角	分			千	百	十	万	千	百	十	元	角	分

4. 多栏式账簿

多栏式账簿，是指账簿的账页金额栏有超过三栏的主要栏目，根据企业的核算需要，可以是借方多栏，也可以是贷方多栏。多栏式账簿一般用于收入、成本、费用明细账，如"生产成本""制造费用""管理费用"等。多栏式账簿账页如表 7-4 所示。

表 7-4 多栏式账簿账页

账户名称：

年		凭证号数	摘要	合计								项目																					
												生产成本								制造费用								管理费用					
月	日			十	万	千	百	十	元	角	分	十	万	千	百	十	元	角	分	十	万	千	百	十	元	角	分	十	万	千	百	十	元	角	分

任务二　会计账簿的内容、启用与登记要求

一、会计账簿的基本内容

不同用途的会计账簿，其格式、使用方法有所区别，但是，会计账簿的基本内容是相同

的，主要包括以下三个方面：

1. 封面

会计账簿的封面主要写明账簿的名称，如总分类账、明细分类账、现金日记账、银行存款日记账。

2. 扉页

会计账簿封面下一页就是扉页，扉页主要填列账簿启用及经营人员一览表、会计科目索引表。其格式如表 7 – 5、表 7 – 6 所示。

表 7 – 5　账簿启用及经管人员一览表

单位名称						公　章			
账簿名称									
账簿编号									
账簿页数		本账簿共　　页							
启用日期		年　　月　　日							
经管人员	负责人		会计主管		复　核		记　账		
	姓名	签章	姓名	签章	姓名	签章	姓名	签章	
交接记录	经管人员		接管人员			监交人员			
	姓名	职别	年	月	日	签章	年	月	日	签章
印花税票粘贴处						备注			

表 7 – 6　会计科目索引表

编号	科　目	页数	编号	科　目	页数

3. 账页

账页是记载经济业务的载体，由于经济业务的性质不同，所使用的账页格式也有所区别。但是，账页都应当包含以下基本内容：账户的名称，亦称会计科目（包括一级科目和明细科目）；登账日期栏，即记账凭证上的日期；凭证种类和编号栏，即登记账簿所依据的记账凭证种类和编号；摘要栏，即登记经济业务内容的简要说明；金额栏，即登记经济业务的金额的增减变动；账页的编号，即总页次和分户页次。

二、会计账簿的启用要求

会计账簿是记录经济业务的载体，是编制报表数据的直接来源，为了保证会计账簿记录的合法性、真实性、完整性，启用会计账簿应满足下列两个要求：

1. 启用账簿填列

启用账簿时，应在账簿封面上写明账簿名称，并填写账簿扉页上的"账簿启用和经管人员一览表"，基本内容包括单位名称、启用日期、账簿编号、账簿页数、记账人员、主管人员等，并加盖公章。

2. 账页连续编号

启用订本式账簿，应当从第一页到最后一页按先后顺序编号，使用过程中不得跳页、缺号（如果所启用的订本式账簿起始页码已经印好，不需要再填）。启用活页式账簿，其账页应当按账户顺序编号，并定期装订成册，装订后再按实际使用的账页顺序编写页码，另加目录，记明每个账户的名称和页码，可于装订成册时填写起止页码。卡片式账簿在启用前应当登记卡片登记簿。

三、会计账簿登记要求

为了保障会计账簿的质量，会计人员登记账簿信息时，应当满足下列要求：

1. 准确完整性

为了保障会计账簿记录的准确完整，企业应当根据审核无误的会计凭证登记账簿。

在登记会计账簿时，应当将会计凭证上的日期、凭证号、业务内容摘要、金额和其他有关资料逐项计入账页内，做到数字准确、内容完整、登记及时、字迹工整。

2. 标记性

为了避免记账出现重复或漏记，登记会计账簿完成时，应在记账凭证上盖章或标记"√"符号，表示已经记账，并便于核对。

3. 永久性

为了保证会计账簿数据的永久性，登记会计账簿时，要用蓝黑墨水笔或碳素墨水笔书写，不得使用铅笔或圆珠笔（银行的复写账除外）。但下列情况下，可以用红色墨水笔记账：按照红字冲账的记账凭证，冲销错误记录；在不设借贷等栏的多栏式账页中，登记减少数；在三栏式账户的余额栏前，如未印明余额方向的，在余额栏内登记负数余额；根据国家统一会计制度的规定可以用红字登记的其他会计记录。

4. 记录连续性

为了保证会计记录的连续性，在登记会计账簿时，应当按先后顺序连续登记，不得跳行或隔页。如果发生跳行、隔页，应当将空行、空页画线注销，或者注明"此行空白""此页空白"字样，并由责任人签字或者盖章。

5. 书写规范性

在登记会计账簿时，书写的文字和数字应紧靠账格下线书写，占全格高度的1/2，上面要留有适当空距，以便更正错账时书写正确的文字或数字。

6. 数据衔接性

为了账簿数据的有效衔接，每一张账页登记完毕，结转下页时，应当结出本页合计数和余额，写在本页最后一行和下页第一行有关栏内，并在摘要栏注明"过次页"或"承前页"字样。

对需要结计本月发生额的账户，结计"过此页"时的本页合计数，应当是月初至本页末的发生额合计；对需要结计本年累计发生额的账户，结计"过此页"时的本页合计数，应当是年初至本页末的发生额合计；对不需要结计本月发生额，也不要结计本年累计发生额的账户，只需将每页最后一笔业务的余额结转此页。

7. 余额方向性

凡需结出余额的账户，结出余额后，应在"借或贷"栏内写明"借"或"贷"字样；没有余额的账户，应在"借或贷"栏内写"平"字，并在余额栏"元"位上用"0"表示。现金日记账和银行存款日记账必须逐日结出余额。

8. 数据累计性

各种账簿期末时都应对每个账户的本期发生额和期末余额进行结账，并将余额转入下一会计期间。在摘要栏分别注明"本月合计""月初余额"等字样。年初开始启用新账簿时，也应将上年末各账户余额转入账户余额栏内，并在摘要栏注明"上年结转"或"年初余额"字样。

任务三　会计账簿的格式与登账

一、日记账的格式与登记

（一）普通日记账的格式和登记

普通日记账又称分录账簿，是逐日逐笔地登记企业的全部经济业务的簿籍。普通日记账是根据原始凭证逐日逐笔顺序登记的，把每一笔经济业务转化为会计分录登记在日记账上，然后再转记列入分类账中。普通日记账金额栏只有借方金额和贷方金额两栏。

普通日记账的格式如表7-7所示。

表7-7　普通日记账

年		凭证字号	摘要	借方										贷方									
月	日			千	百	十	万	千	百	十	元	角	分	千	百	十	万	千	百	十	元	角	分

（二）特种日记账的格式和登记

特种日记账，是指用来登记某一类经济业务的日记账，常用的特种日记账有库存现金日记账和银行存款日记账。

1. 库存现金日记账的格式和登记

现金日记账，是指用来记录库存现金增减变动业务的一种特种日记账。现金日记账有三栏式，也有多栏式，企业一般采用三栏式。使用现金日记账，一定要使用订本式。

其中，三栏式库存现金日记账是指在同一张账页上分设"收入""支出"和"余额"三栏。为清晰反映现金收付业务的具体内容，在"摘要"栏后，也可以设置"对应账户"栏，登记对方账户名称（也可以没有）。其格式如表7－8所示。

表7－8　现金日记账（三栏式）

年	凭证号数	摘要	收入										支出										余额									
月 日			千	百	十	万	千	百	十	元	角	分	千	百	十	万	千	百	十	元	角	分	千	百	十	万	千	百	十	元	角	分

现金日记账各栏目的登记方法如下：

（1）"日期"栏登记现金实际收付的日期，如果记账凭证的日期与实际收付款日期有差异，按照记账凭证的日期填写。

（2）"凭证号数"栏应填写登记账簿所依据的收款凭证、付款凭证的号数，以便日后查对。

（3）"摘要"栏简要说明入账的经济业务的内容，文字既要简练，又要能说明问题。

（4）"收入""支出"栏应填写登记现金实际收付的金额。

（5）"余额"栏于每日终了后，结出账面余额，并将现金日记账的账面余额与库存现金实际额进行核对。

三栏式库存现金日记账不仅序时地反映了每笔现金的收入、支出及余额情况，而且清晰地反映了每笔现金收入、支出的来龙去脉。由于其登记方法简单，三栏式现金日记账被广泛采用。

2. 银行存款日记账的格式和登记

银行存款日记账，是指记录银行存款收付业务增减变动的一种特种日记账，一般是由出纳人员根据各种银行存款的收款、付款凭证按时间顺序逐日逐笔地登记。

银行存款日记账的登记方法与现金日记账的登记方法基本相同，每日终了，结出本日银行存款的收入、支出和余额，以便定期与银行转来的银行存款对账单逐笔核对。其账页格式如表7－9所示。

表7-9   银行存款日记账（三栏式）

年		凭证号数	摘要	收入										支出										余额									
月	日			千	百	十	万	千	百	十	元	角	分	千	百	十	万	千	百	十	元	角	分	千	百	十	万	千	百	十	元	角	分

三栏式银行存款日记账与三栏式现金日记账的登记方法基本相同。另外，对于现金存入银行的收入数，应根据现金付款凭证进行登记。每月终了和月终要进行"日清月结"工作，与银行的对账单进行核对，编制出"银行存款余额调节表"。

二、分类账的格式与登记

（一）总分类账的格式和登记

总分类账簿来概括性登记企业全部经济业务增减变动情况的簿籍。总分类账簿通过货币计量提供概括性的信息，有三栏式账簿，也有多栏式账簿，企业一般采用三栏式账簿。在登记时，一定要使用订本式账簿。

由于订本式账簿页次固定，不能随意增添，也不能随意抽取账页，因而在启用时应根据各科目发生业务的多少预留页数。三栏式总分类账的格式如表7-10所示。

表7-10   三栏式总分类账

年		凭证号数	摘要	借方										贷方										借或贷	余额									
月	日			千	百	十	万	千	百	十	元	角	分	千	百	十	万	千	百	十	元	角	分		千	百	十	万	千	百	十	元	角	分

总分类账可以直接根据各种记账凭证逐笔登记，也可以通过一定的汇总方法，把各种记账凭证进行汇总，编制汇总记账凭证或科目汇总表，再据以登记总分类账。企业如何登记总分类账，由企业所采用的会计核算形式决定。不管采用哪一种核算形式，总分类账都要反映出本期发生额和期末余额，为对账、编制财务报表提供数据。

总分类账的具体登记方法如下：

1. "日期"栏填写

"日期"栏，应填写记账凭证的日期（包括记账凭证、汇总记账凭证、科目汇总表），在记账凭证核算形式下是记账凭证的日期，在汇总记账凭证核算形式下是汇总记账凭证的日期，在科目汇总表核算形式下是科目汇总表的日期。

2. "凭证号数"栏填写

"凭证号数"栏，应填写记账凭证的字号，在记账凭证核算形式下是记账凭证的编号（包括收、付、转三种），在汇总记账凭证核算形式下是汇总记账凭证的字号（包括汇收、汇付、汇转三种）。

3. "摘要"栏填写

"摘要"栏，应填写所依据的记账凭证的摘要。

4. "发生额"栏填写

"借方"或"贷方"栏，应填写计入总分类账的发生金额。

5. "余额方向"栏填写

"借或贷"栏，应填写余额的方向，借方余额写"借"字，贷方余额写"贷"字，没有余额写"平"字。

6. "余额"栏填写

"余额"栏，应填写账户的期初、期末余额。

（二）明细分类账的格式和登记

为了提供有关经济活动的详细资料，以满足经营管理的需要，在设置总分类账的同时，还必须设置必要的明细分类账。

明细分类账简称明细账，它是按照明细科目设置，用以分类、连续记录和反映各会计要素的详细信息的账簿。通过明细分类账，可以记录有关资产、负债、所有者权益、收入、费用、利润方面的明细资料，为编制报表提供依据。明细分类账可以根据记账凭证、原始凭证或汇总原始凭证进行登记，可以逐笔登记，也可以定期汇总登记。在实务中，原材料、库存商品收发明细账以及收入、成本、费用明细账可以逐笔登记，也可以定期汇总登记；资本、债权、债务、固定资产等明细账应逐笔登记。

明细分类账一般采用活页式账簿，其格式主要有三栏式、数量金额式和多栏式三种。

1. 三栏式明细账

三栏式明细账的格式与三栏式总账格式基本相同，账页金额栏有借方、贷方和余额三个金额栏。它一般适用于只能或只需采用金额进行明细核算的账户，如"应收账款""应付账款"等债权债务方面的明细核算。三栏式明细账登记方法与总分类账基本相同。

三栏式明细账的具体格式如表7-11所示。

2. 数量金额式明细账

数量金额式明细账的账页在借方、贷方和余额三个基本栏目内分别设置"数量""单价""金额"栏目。数量金额式明细账适用于既要进行金额核算又要进行数量核算的明细账，如"原材料""库存商品"等。数量金额式明细账是由会计人员根据审核无误的记账凭证或原始凭证，按照经济业务发生的时间先后顺序逐日逐笔进行登记的。其具体表格如表7-12所示。

表 7 – 11　三栏式明细账

账户名称：

年		凭证号数	摘要	借方									贷方									借或贷	余额								
月	日			千	百	十	万	千	百	十	元	角	分	千	百	十	万	千	百	十	元	角	分		千	百	十	万	千	百	十	元	角	分

表 7 – 12　数量金额式明细账

账户名称：　　　　　　　　　　　　　规格　　　　　　　　　　计量单位

年		凭证号数	摘要	借方											贷方											余额										
月	日			数量	单价	金额										数量	单价	金额									数量	单价	金额							
						千	百	十	万	千	百	十	元	角	分			千	百	十	万	千	百	十	元	角	分			千	百	十	万	千	百	十	元	角	分

3. 多栏式明细账

多栏式明细账，是指将属于同一个总账科目的所有明细科目反映在同一张账页的账簿。多栏式明细账是在账页的借方或贷方设置若干专栏进行明细分类核算的账簿。多栏式明细账的格式可以根据管理需要灵活设计，可以设置借方多栏，可以设置贷方多栏，甚至可以同时设置借方多栏和贷方多栏。多栏式明细账一般适用于只需要进行金额核算而不需要进行数量核算，如费用、成本、收入，"制造费用""管理费用""销售费用""主营业务收入"等账户的明细核算。多栏式明细账如表 7 – 13 至表 7 – 15 所示。

各种明细账的登记方法，应依据各个单位业务量的大小、经营管理上的需要以及所记录的经济业务内容加以确定。明细分类账登记的主要依据为原始凭证、汇总原始凭证或记账凭证。一般来说，债权、债务、固定资产等明细账应逐笔登记，其他明细账可以逐笔、逐日或定期汇总登记。

三、备查账的格式与登记

备查账没有固定格式，各单位可根据实际工作的需要自行设计。备查账的记录不列入本单位的财务会计报告。

表 7-13 生产成本明细账

年		凭证号数	摘要	合计									生产成本																															
													直接材料									直接人工									制造费用							
月	日			十	万	千	百	十	元	角	分	十	万	千	百	十	元	角	分	十	万	千	百	十	元	角	分	十	万	千	百	十	元	角	分

表 7-14 管理费用明细分类账

年		凭证号数	摘要	合计									管理费用																								
													办公费									差旅费									……							
月	日			十	万	千	百	十	元	角	分	十	万	千	百	十	元	角	分	十	万	千	百	十	元	角	分	十	万	千	百	十	元	角	分

表 7-15 主营业务收入明细分类账

账户名称：

年		凭证号数	摘要	合计									主营业务收入																								
													甲产品									乙产品									……							
月	日			十	万	千	百	十	元	角	分	十	万	千	百	十	元	角	分	十	万	千	百	十	元	角	分	十	万	千	百	十	元	角	分

任务四　掌握错账查找与更正的方法

在手工做账的环节下，登录账簿难免会发生错误（如漏记、重记、错记等），导致账簿记录数据不准，影响会计信息质量。

《会计法》规定："会计账簿记录发生错误或者隔页、缺号、跳行的，应当按照国家统一的会计制度规定的方法更正，并由会计人员和会计机构负责人（会计主管人员）在更正处盖章。"

一、错账查找方法

常用的错账查找方法包括以下几种：

（一）除2法

错账的一个特定的规律就是错账差数一定是偶数，将差数用2除得的商就是错账数，所以称这种查账方法为除2法，这是一种最常见的简便的查错账方法。

例如，某月资产负债表借贷的两方余额不平衡，其错账差数是 3 750.64 元，这个差数是偶数，它就存在"反向"的可能，那么我们可以计算，3 750.64/2 = 1 875.32（元），这样，只要去查找 1 875.32 元这笔账是否记账反向就可以了。

如错误差数是奇数，那就没有记账反向的可能，就不适合用除2法来查。

（二）差数法

差数法，是指按照错账的差数查找错账的方法。其表现形式是：借方金额遗漏，会使该金额在贷方超出；贷方金额遗漏，会使该金额在借方超出；借方金额重记，会使该金额在借方超出；贷方重记，会使该金额在贷方超出。对于这样的差错，可由会计人员通过回忆、与相关金额的记账核对来查找。

（三）尾数法

尾数法，是指根据所有账户的借方发生额合计数和贷方发生额的合计数的差额，看其尾数，乃至小数点以后的角或分的数字来查找错账的方法。对于发生的角、分的差错可以只查找小数部分，以提高查错的效率。

（四）除9法

除9法，是指以差数除以9来查找错数的方法。主要用于以下两种情况：

一是将数字写大，如将30写成300，错误数字是正确数字的9倍。查找的方法是：以差数除以9得出的商为正确的数字，商乘以10后所得的积为错误数字。上例差数270（300 - 30）除以9以后，所得的商30为正确数字，30乘以10（300）为错误数字。

二是将数字写小，如将500写成50，错误数字是正确数字的1/9。查找的方法是：以差数除以9得出的商即为写错的数字，商乘以10即为正确的数字。上例差数450（500 - 50）除以9，商50即为错数，扩大10倍后即可得出正确的数字500。

二、错账更正的方法

账簿错误常用的更正方法有下列三种：

（一）画线更正法

画线更正法，又称红线更正法，是指通过画红线注销账簿上的文字或数字错误的一种专门方法。画线更正法的适用范围：在结账之前发现账簿的文字或数字记录有错误，而记账凭证本身没有错误。

更正的方法是：先将错误的文字或数字画一条红线表示注销，并在画红线上方用蓝色字体写上正确的文字或数字，并由记账人员在更正处盖章，明确责任。画线的时候要注意，对于文字错误，错一个画掉一个；对于数字错误，应当全部画掉。

【例 7 –1】 记账人员把 19 890 误记为 19 390。

解析： 应将错误数字"19 390"用红线居中全部画掉表示注销，然后在错误数字"19 390"的上方写上正确的数字"19 890"，并在更正处盖章。

（二）红字更正法

红字更正法又称红字冲销法，是在会计核算中用红字冲销或更正原有错误记录的一种方法。红字更正法一般适用于以下两种情况：

1. 科目记录有错

记账后的当年内发现记账凭证的会计科目有错误，应当采用红字更正法。更正的方法是：先用红字金额填制一张与原理错误分录一样的记账凭证并登记入账，表示冲销原来错误的记录；然后再用蓝字填制一张正确记账凭证，并登记入账，表示更正。

【例 7 –2】 企业销售产品收到商业汇票一张 50 000 元，填制的记账凭证为：

借：银行存款　　　　　　　　　　　　　　　　　　　50 000
　　贷：主营业务收入　　　　　　　　　　　　　　　　　　50 000

解析： 更正时，先用红字金额填制一张与错误记账凭证一样的凭证，并登记入账，表示冲销错误记录。

借：银行存款　　　　　　　　　　　　　　　　　　　50 000

　　贷：主营业务收入　　　　　　　　　　　　　　　　　50 000

冲销后，再用蓝字编制一张正确的记账凭证，并据以登记入账。

借：应收票据　　　　　　　　　　　　　　　　　　　50 000
　　贷：主营业务收入　　　　　　　　　　　　　　　　　50 000

2. 所记金额大于应记金额

记账后的当年之内发现记账凭证上的会计科目没有错误，只是所记金额大于应记金额，应当采用红字更正法。更正的方法是将多记的金额（即正确数与错误数之间的差数）用红字填写一张记账凭证，用以冲销多记金额，并据以登记入账。

【例 7 –3】 企业销售产品收到款项存入银行，金额为 50 000 元，填制的记账凭证为：

借：银行存款　　　　　　　　　　　　　　　　　　　80 000
　　贷：主营业务收入　　　　　　　　　　　　　　　　　80 000

解析： 更正时，将多记金额"30 000"元用红字金额填制一张与错误记账凭证科目相同的凭证，并据以登记入账。

借：银行存款　　　　　　　　　　　　　　　　　　　30 000

　　贷：主营业务收入　　　　　　　　　　　　　　　　　30 000

（三）补充更正法

在记账后的当年内，如果发现记账凭证上的会计科目正确，只是所记金额小于应记金额，应当采用补充登记法（蓝字更正法）进行更正。更正的方法是将少记金额用蓝字补填一张会计科目与原记账凭证一样的记账凭证，并登记入账。

【例 7 - 4】 企业管理部门领用原材料 2 000 元，填制的记账凭证为

借：管理费用   1 000

  贷：原材料   1 000

解析： 更正时将少记金额 1 000 元用蓝字填制一张与原记账凭证科目相同的记账凭证，并登记入账，表示补充少记部分。

借：管理费用   1 000

  贷：原材料   1 000

项目小结

会计账簿，是指由具有一定格式的账页组成的，以经过审核无误的会计凭证为依据，全面、系统、连续地记录一个单位交易或事项的簿籍。会计账簿是会计信息储存的载体，在会计核算体系中具有重要的作用，具体包括以下三个方面：为信息使用者提供全面、系统、连续的会计信息；为编制会计报表提供数据；为评价经营业绩提供分析数据。

会计账簿按用途可以分为序时账簿、分类账簿和备查账簿；按外形特征可以分为订本式账簿、活页式账簿和卡片式账簿；按账页的格式可以分为两栏式账簿、三栏式账簿、数量金额式账簿和多栏式账簿。会计账簿的基本内容包括封面、扉页和账页。

序时账簿是按经济业务发生的先后顺序逐日逐笔登记的账簿；总分类账是概括性地反映企业会计信息的账簿，可以根据记账凭证逐笔逐日登记，也可以根据汇总记账凭证或科目汇总表登记，具体登记方法因会计核算形式不同而不同；明细分类账可以逐笔、逐日登记，也可以定期汇总登记。登记账簿是会计核算中的一项重要工作，为了保证登记及时、内容完整、数字正确、账面整洁，必须遵守一定的记账规则和错账更正规则。

记账规则包括账簿启用规划和登记规则；错账更正规则要求发生账簿记录错误时按规定的方法加以更正。账簿错误的更正方法主要有画线更正法、红字更正法和补充更正法。

习题与实训

一、思考题

1. 什么是会计账簿？会计账簿有哪些内容？

2. 会计账簿是如何分类的？

3. 登记会计账簿有哪些要求？

4. 查找错账有哪些技巧？

5. 错账更正有哪几种方法？使用条件是什么？

二、单项选择题

1. 库存现金日记账、银行存款日记账应该采用的是（ ）账簿。

  A. 活页式   B. 卡片式   C. 订本式   D. 备查式

2. 商业票据贴现登记账簿按用途分类属于（　　　）。

    A. 分类账簿　　　　B. 序时账簿　　　　C. 备查账簿　　　　D. 特种日记账

3. 下列账簿中，可采用卡片式账簿的是（　　　）。

    A. 原材料明细账　　　　　　　　　B. 应收账款明细账

    C. 银行存款日记账　　　　　　　　D. 固定资产明细账

4. 企业在记录财务费用时，通常所采用的明细账账页格式是（　　　）。

    A. 多栏式账页　　　　　　　　　　B. 借方多栏式账页

    C. 贷方多栏式账页　　　　　　　　D. 三栏式账页

5. 下列应该使用数量金额式账页的是（　　　）。

    A. 原材料明细账　　　　　　　　　B. 生产成本明细账

    C. 应收账款明细账　　　　　　　　D. 固定资产明细账

6. 主营业务收入明细账一般采用的账页格式是（　　　）。

    A. 三栏式账页　　　　　　　　　　B. 借方多栏式账页

    C. 贷方多栏式账页　　　　　　　　D. 借贷方均多栏式账页

7. 下列关于账簿的说法中，不正确的是（　　　）。

    A. 不同的账务处理程序下，登记总分类账的依据和方法不同

    B. 现金日记账由出纳人员根据审核后的现金的收、付款凭证和与现金有关的银行存款付款凭证，逐日逐笔顺序登记

    C. 账簿按用途分为序时账簿、分类账簿和备查账簿

    D. 账簿按外形分为两栏式、三栏式、多栏式和数量金额式

8. 不需要在会计账簿扉页上的启用表中填列的内容是（　　　）。

    A. 账簿页数　　　　B. 记账人员　　　　C. 科目名称　　　　D. 启用日期

9. 收回货款1 500元存入银行，记账凭证误填为15 000元，并已入账。正确的更正方法是（　　　）。

    A. 采用画线更正法

    B. 用蓝字借记"银行存款"，贷记"应收账款"

    C. 用蓝字借记"应收账款"，贷记"银行存款"

    D. 用红字借记"银行存款"，贷记"应收账款"

10. 凡结账前发现记账凭证正确而登记账簿时发生的错误，可用（　　　）更正。

    A. 画线更正法　　　B. 补充登记法　　　C. 红字更正法　　　D. 涂改法

11. 在登记账簿过程中，每一账页的最后一行及下一页第一行都要办理转页手续，是为了（　　　）。

    A. 便于查账　　　　　　　　　　　B. 防止遗漏

    C. 防止隔页　　　　　　　　　　　D. 保持记录的衔接和连续性

12. 对总分类账格式和登记方法的错误要求是（　　　）。

    A. 总分类账最常用的格式是三栏式

    B. 总分类账一般不采用订本账

    C. 总分类账应该按照总分类账户分类登记

    D. 总分类账的登记方法取决于单位、企业采用的账务处理程序

三、多项选择题

1. 下列各种工作的错误，应当用红字更正法予以更正的有（　　）。

A. 在账簿中将 2 500 元误记为 2 550 元，记账凭证正确无误

B. 在填制记账凭证时，误将"应收账款"科目填为"其他应收款"，并已登记入账

C. 在填制记账凭证时，误将 3 000 元填作 300 元，尚未入账

D. 记账凭证中的借贷方向用错，并已入账

2. 下列不符合登记账簿要求的有（　　）。

A. 如果发生隔页直接撕毁

B. 按照红字冲账的记账凭证，冲销错误记录可以用红色墨水记账

C. 数字书写一般要占格距的 2/3

D. 各种账簿应按页次顺序连续登记，不得跳行、隔页

3. 下列说法中正确的有（　　）。

A. 三栏式明细分类账适用于收入、费用类科目的明细核算

B. 总账最常用的格式为三栏式

C. 日记账必须采用多栏式

D. 银行存款日记账应按企业在银行开立的账户和币种分别设置，每个银行账户设置一本日记账

4. 下列属于特种日记账的是（　　）。

A. 库存现金日记账簿　　　　　　　　B. 普通日记账簿

C. 银行存款日记账簿　　　　　　　　D. 备查账簿

5. 下列账簿中，一般采用多栏式的有（　　）。

A. 资本明细账　　　　　　　　　　　B. 收入明细账

C. 债务明细账　　　　　　　　　　　D. 费用明细账

6. 会计账簿按用途不同，可以分为（　　）。

A. 备查账　　　　B. 卡片式账簿　　　C. 序时账　　　　D. 分类账

7. 登记总分类账的依据有（　　）。

A. 银行存款日记账　　　　　　　　　B. 记账凭证或汇总记账凭证

C. 科目汇总表　　　　　　　　　　　D. 总账所属的明细账

8. 某会计人员发现误将 1 000 元写成 10 000 元，已登记入账，不能（　　）更正。

A. 采用画线更正法　　　　　　　　　B. 采用红字更正法

C. 采用补充登记法　　　　　　　　　D. 重新填制记账凭证

9. 数量金额式账簿的收入、发出和结存三大栏内，都分设（　　）三个小栏。

A. 数量　　　　　B. 种类　　　　　　C. 单价　　　　　D. 金额

10. 明细分类账可以根据（　　）编制。

A. 原始凭证　　　　　　　　　　　　B. 汇总原始凭证

C. 记账凭证　　　　　　　　　　　　D. 汇总记账凭证

11. 订本式账簿主要适用于（　　）。

A. 固定资产明细账　　　　　　　　　B. 总分类账

C. 销售收入明细账　　　　　　　　　D. 银行存款日记账

12. 下列登记银行存款日记账的方法中正确的有（　　　）。

　　A. 逐日逐笔登记并逐日结出余额

　　B. 根据企业在银行开立的账户和币种分别设置日记账

　　C. 使用订本账

　　D. 业务量少的单位用银行对账单代替日记账

四、判断题

1. 企业的序时账簿和分类账簿必须采用订本式账簿。　　　　　　（　　　）

2. 固定资产、债权、债务、库存商品、原材料、产成品等明细账应逐日逐笔登记。

（　　　）

3. 发现以前年度记账凭证有错误导致的账簿记录错误，应先用红字冲销，然后用蓝字填制一张更正的记账凭证。　　　　　　　　　　　　　　　　（　　　）

4. 现金日记账的日期栏，应填写记账凭证上的日期，也就是编制该记账凭证的日期。

（　　　）

5. 每一账页登记完毕结转下页时，应当结出本页合计数及余额，写在本页最后一行和下页第一行有关栏内，并在摘要栏内注明"过次页"和"承前页"字样。　（　　　）

6. 登记账簿时一般用蓝黑或碳素墨水顶格书写，不得使用圆珠笔或铅笔，也不得用红色墨水记账。　　　　　　　　　　　　　　　　　　　　　　（　　　）

7. 年度终了结账时，有余额的账户，要将其余额结转下年。　　　（　　　）

8. 登记账簿时发生的空行、空页一定要补充书写。　　　　　　　（　　　）

9. 总分类账应该采用订本式账簿，且账页格式根据需要可采用三栏式、多栏式或数量金额式。　　　　　　　　　　　　　　　　　　　　　　　　　（　　　）

10. 明细分类账除了采用货币单位进行登记外，有的还需要用实物计量单位进行登记。

（　　　）

五、实训题

1. WXR 有限责任公司 2017 年 9 月份业务资料如下：

（1）9 月 15 日银行存款余额为 21 000 元，库存现金余额为 1 000 元；

（2）16 日，开出现金支票，从银行提取现金 100 元；

（3）16 日，厂部管理人员市内参加业务会议，报销交通费 27 元；

（4）17 日，销售产品 2 只，每只售价 200 元，增值税税率 17%，价税合计 468 元，收到现金，当日存入银行；

（5）19 日，开出转账支票，付给大兴厂修理用材料价款 600 元，增值税 102 元，合计702 元，材料已验收入库；

（6）19 日，向五金商店购入辅助材料一批共计 260 元，取得普通发票一张，以转账支票付款，材料已验收入库；

（7）20 日，总务科报销购买办公用品 25 元，付现金；

（8）22 日，银行转来委托收款结算收款通知，收到山东某厂承付货款 23 400 元；

（9）23 日，销售产品一批，计价款 6 000 元，增值税 1 020 元，价税合计 7 020 元，款项已收存银行；

（10）29 日，企业以银行存款支付电话费 80 元；

（11）30 日，开出转账支票购置机器一台，计 3 000 元，机器已交付车间。

要求：根据上面经济业务编制会计分录；登记三栏式库存现金日记账和银行存款日记账。

2. FX 有限责任公司 2017 年 10 月份在会计核算中发生如下错误：

（1）购进包装物一批，计价款 500 元，增值税 85 元，货已验收入库，货款以银行存款支付。编制如下记账凭证，并已计入账簿：

借：固定资产 500

　　应交税费——应交增值税（进项税额） 85

　　贷：银行存款 585

（2）购进机器一台 8 700 元，货款以银行存款支付。编制如下记账凭证，并已计入账簿：

借：固定资产 7 800

　　贷：银行存款 7 800

（3）生产车间生产产品领用材料 6 800 元。编制如下记账凭证，并已计入账簿：

借：生产成本 8 600

　　贷：原材料 8 600

（4）计提本月应负担的借款利息 1 000 元。编制如下记账凭证，并已计入账簿：

借：财务费用 10 000

　　贷：应付利息 10 000

（5）以现金暂付采购人员差旅费 2 000 元。编制如下记账凭证，并已计入账簿：

借：其他应付款 2 000

　　贷：库存现金 2 000

（6）计提本月管理部门固定资产折旧费 4 000 元。编制如下记账凭证，并已计入账簿：

借：制造费用 4 000

　　贷：累计折旧 4 000

（7）假定月底结账前发现 10 月 20 日记账凭证汇总表中"应付账款"科目的贷方发生额为 4 800 元，而登记总账时误记为 48 000 元。

总账

会计科目：应付账款　　　　　　　　　　　　　　　　　　　　　　　　　　　　元

2017 年		凭证号数	摘要	借方	贷方	借或贷	余额
月	日						
			承前页			贷	49 750
10	10	汇 4 – 1		90 000	167 000	贷	126 750
10	20	汇 4 – 2		55 000	48 000	贷	119 750
10	30	汇 4 – 3		60 000	20 000	贷	79 750

要求：分析以上错误，说明采用哪一种改错方法，并编制修正的会计分录。

3. FX 有限责任公司 2017 年 8 月 1 日"应付账款"总分类账的期初余额为贷方 80 000 元，其中华胜厂 70 000 元，中翔厂 10 000 元。该厂 8 月份发生下列有关应付账款的结算业务。

（1）2 日购买东吴厂甲材料 10 000 千克，货款 50 000 元，增值税 8 500 元，尚未支付；

（2）3 日以银行存款归还上月欠华胜厂的货款 70 000 元；

（3）6 日以银行存款归还上月欠中翔厂的货款 10 000 元；

（4）11 日购买华胜厂乙材料 20 000 千克，货款 40 000 元，增值税 6 800 元，尚未支付；

（5）12 日以银行存款归还所欠东吴厂 8 月 2 日的货款 58 500 元；

（6）18 日购买东吴厂丙材料 60 000 千克，货款 60 000 元，增值税 10 200 元，尚未支付；

（7）20 日购买中翔厂乙材料 10 000 千克，货款 20 000 元，增值税 3 400 元，尚未支付；

（8）22 日以银行存款归还所欠华胜厂 8 月 11 日的货款 46 800 元；

（9）26 日，以银行存款归还所欠中翔厂 8 月 20 日的货款 23 400 元；

（10）30 日，以银行存款预付华胜厂货款 20 000 元。

要求：根据上述经济业务编制有关记账凭证；根据有关记账凭证登记三栏式的"应付账款"总账及明细账。

项目八

期末会计处理

学习目标

认识对账的内容，财产清查的概念、分类、作用，期末结账的内容和基本要求，账簿的更换和保管；

熟悉财产清查一般程序、财产清查前的准备工作、会计期末结账的程序、会计档案的保管期限；

掌握对账的方法、财产清查的方法、财产清查结果的账务处理、期末结账的方法。

引 例

FX 有限责任公司的"财产管理"规定

FX 有限责任公司制定了严格的财产管理制度，明确规定以下内容：出纳必须在下班前对库存现金进行核查，对票据进行核对；财务部领导定期不定期地对出纳经管的现金、票据、有价证券进行核查，每月至少两次。每月至少和银行核对一次银行存款情况，每周至少核对一次往来款项，每周至少核对一次库存……以上的规定合理吗？你认为需要这么严格的财产管理要求吗？

任务一 对 账

一、对账的概述

对账，是指企业核对账目，即企业登记账簿之后进行的账账核对、账证核对和账实核对工作。对账是保证会计账簿记录准确、完整的重要手段，是保障会计信息质量的重要程序。在实务中，因为多种因素的影响，难免会发生记账错误、计算错误、收发计量错误等；因为管理等方面的因素，难免会出现账实不符的情况。为了保证各账簿记录的准确、完整，为编制会计报表提供真实、正确和完整的数据，各单位应当做好对账工作。

二、对账的内容

账簿记录的准确与真实可靠，不仅取决于账簿本身，还涉及账簿与凭证的关系、账簿记录与实际情况是否相符的问题等。所以，对账应包括账簿与凭证的核对、账簿与账簿的核对、账簿与实物资产的核对。不同项目的对账要求是有区别的，但是对账工作应保证至少每年进行一次。

（一）账证核对

账证核对，是指企业将各种会计账簿记录与会计凭证（包括记账凭证和原始凭证）的内容进行核对的工作。根据记账的程序，企业编制会计凭证之后，根据审核无误的会计凭证登记账簿，因此，会计账簿与会计凭证之间存在钩稽关系。会计账簿与会计凭证的钩稽关系为企业进行账证核对提供了依据，通过账证核对，可以检查、验证会计账簿记录与会计凭证的内容是否正确无误，以保证账证相符。企业应当定期将会计账簿记录与其相应的会计凭证记录（包括时间、编号、内容、金额、记录方向等）逐项核对，检查是否一致。如有不相符的地方，应当及时查明原因，并及时更正。保证账证相符，是会计核算的基本要求之一，也是账账相符、账实相符和账表相符的基础。

（二）账账核对

账账核对，是指企业将各种会计账簿之间的记录进行核对的工作。企业登记账簿之后，需根据会计账簿之间存在的钩稽关系进行核对，确保会计账簿记录的准确完整。通过账账核对，可以检查、验证会计账簿记录的正确性，以便及时发现错账，予以更正，保证账账相符。账账核对的内容主要包括：

（1）总分类账各账户借方余额合计数与贷方余额合计数核对相符。

（2）总分类账各账户余额与其所属明细分类账各账户余额之和核对相符。

（3）现金日记账和银行存款日记账的余额与总分类账中"现金"和"银行存款"账户余额核对相符。

（4）会计部门有关财产物资的明细分类账余额与财产物资保管或使用部门登记的明细账核对相符。

（三）账实核对

账实核对，是指企业在账账核对的基础上，将各种财产物资的账面余额与实存数额进行核对的工作。由于实物的增减变化、款项的收付都要在有关账簿中如实反映，因此，通过会计账簿记录与实物、款项的实有数进行核对，可以检查、验证款项、实物会计账簿记录的正确性，以便及时发现财产物资和货币资金管理中存在的问题，查明原因，分清责任，改善管理，保证账实相符。账实核对的主要内容包括：

（1）现金日记账账面余额与现金实际库存数核对相符。

（2）银行存款日记账账面余额与开户银行对账单核对相符。

（3）各种材料、物资明细分类账账面余额与实存数核对相符。

（4）各种债权债务明细账账面余额与有关债权、债务单位或个人的账面记录核对相符。

对账是企业做账的必要环节，是确保账簿记录真实、准确、完整的重要保障。在实际工作中，账实核对一般要结合财产清查进行。

任务二　财 产 清 查

一、财产清查的概述

（一）财产清查的概念

财产清查，是指通过对企业的货币资金、实物资产和往来款项进行盘点或核对，确定其实存数量与价值，查明账面记录与实存数量、金额是否相符的一种专门方法。财产清查是会计核算的方法之一，是构成完整的会计核算体系不可缺少的部分。

《会计法》规定，企业提供的会计资料应当真实可靠，每一个企业发生的交易或事项都应当通过填制和审核会计凭证、登记账簿、对账和财产清查等一系列专门的方法，保障会计信息的真实可靠。

（二）财产清查的原因与作用

1. 财产清查的原因

企业采用一系列专门的方法进行账务处理，确保会计信息的真实、完整。然而，在实际工作中，由于各种因素的影响，财产物资的变动和结存的实际数额与账簿记录往往会出现差异，从而导致账实不符，影响企业提供的会计信息的真实性。在实际工作中，造成账实不符的原因主要包括以下几个方面：

（1）在收发财产物资时，由于计量、检验不准确而发生的品种、数量或质量上的差错。

（2）在记账过程中出现漏记、重记、错记或计算错误。

（3）财产物资在保管过程中发生自然损耗。

（4）未达账项。

（5）管理不善、工作人员失职，以及不法分子的营私舞弊、贪污失职。

（6）发生自然灾害和意外事项，导致财产物资毁损。

2. 财产清查的作用

运用专门的财产清查方法，通过定期不定期的清查，对保证账实相符，提供内容完整、数据准确、资料可靠的会计信息，改善企业经营管理，提高管理水平等具有重要的作用。主要包括以下四个方面：

（1）有助于保证账实相符，提高会计信息的质量。通过财产清查活动，可以查明各项财产物资的实有数量，并与账面记录核对，找出实存数与账面记录之间的差异，查明差异的原因并找出责任人，明确责任人的责任，消除差异，改进工作，保证账实相符，提高会计信息的质量。

（2）有助于提升管理水平，保障财产物资的完整。通过财产清查活动，可以查明各项财产物资的实际保管情况，如霉烂、变质、非正常损失、资源浪费、非法挪用、贪污盗窃等情况，根据清查的结果，采取有效措施，提升管理水平，保障财产物资的完整。

（3）有助于加快财产物资的周转，提高资金使用效率。通过财产清查活动，可以查明各项财产物资的实际库存数额以及领用情况，结合企业的生产经营计划和管理的需求，充分利用各项财产物资，减少不必要的库存，减少不必要的资金占用，提高财产物资的周转速度，提高资金使用效率。

（4）有助于执行财经纪律和结算制度。通过财产清查活动，可以查明各项债权债务是否遵循了相应的财经纪律，有没有非法活动，如洗钱、代转移资产、隐藏债权或债务等，是否执行企业的往来款项结算制度，如应收款项是否如期收回、应付款项是否如期偿还等；采取有效的措施，杜绝违反财经纪律和结算制度的行为，规范企业财务活动。

（三）财产清查的分类

企业的财产清查可以按照清查的范围、清查的时间、清查的执行机构等进行分类。

1. 按照清查的范围分类

财产清查按照清查的范围可分为全面清查和局部清查。

（1）全面清查。全面清查是指对企业所有财产物资、货币资金和各项债权债务进行全面的盘点和核对，并确定实际实存数额的清查。全面清查主要包括库存现金、银行存款、其他货币资金、存货、固定资产、应收及预付款项、应付及预收款项、对外投资等。全面清查涉及的范围广、内容多、工作量大，不宜经常进行。一般地，需要进行全面清查的情况主要包括以下四种：

①年终决算之前。

②单位撤并或者改变其隶属关系时，中外合资、国内合资前。

③开展资产评估，清产核资等专项经济活动前。

④单位主要负责人变动等事项发生时。

（2）局部清查。局部清查是指根据企业经营管理需要对部分财产物资进行盘点和核对，并确定实际实存数额的清查。和全面清查相比，局部清查涉及范围小、内容少、工作量较低，可以根据经营管理的需要多次进行。一般地，需要进行局部清查的情况主要包括以下几种：

①对于库存现金，每日业务终了应由出纳人员当日清点核对，以保持实存数和现金日记账结存额相符。

②对于银行存款，出纳人员至少每月要同银行核对一次。

③对于贵重物资，每月都应清点盘查一次。

④对于各种往来款项，每年至少同对方企业核对一两次。

以上所列举的清查内容，都是正常情况下进行的，目的是保证账实相符。当遭受自然灾害，发生盗窃事件以及更换相关工作人员时，也应对财产物资或资金进行局部的清查和盘点。

2. 按照清查的时间分类

财产清查按照清查的时间可以分为定期清查和不定期清查。

（1）定期清查。定期清查是指企业根据事先计划或管理制度规定的时间安排对财产进行的清查，定期清查一般在年度、季度、月份终了及每日结账时进行。定期清查可以是全面清查，也可以是局部清查。一般情况下，年终决算前进行全面清查，季末和月末进行局部清查，期末清查的范围一般要比月末的大一些。

（2）不定期清查。不定期清查是指企业事先没有安排清查计划，而是根据需要对财产物资所进行的临时性清查。不定期清查可以是全面清查，也可以是局部清查。

需要进行不定期清查的情况主要包括以下四种：

①在单位更换出纳和财产物资保管人员时。

②当单位发生意外损失和非常灾害时。

③当单位撤销、合并或改变隶属关系时。

④经济管理部门如财政、税务、银行以及审计部门对企业进行检查时。

3. 按照清查的执行机构分类

按照清查的执行机构可以分为内部清查和外部清查。

（1）内部清查。内部清查是指由本企业组织有关人员对其自身的财产进行的清查，也称为自查。内部清查可以是全面清查，也可以是局部清查；可以是定期清查，也可以是不定期清查。内部清查是根据企业经营管理的需要进行的，具有较大的弹性。

（2）外部清查。外部清查是指由企业以外的有关部门和人员根据国家的法律法规对本企业进行的清查。外部清查可以是全面清查，也可以是局部清查。

（四）财产清查的一般程序与准备工作

1. 财产清查的一般程序

企业应该按照一定的流程组织安排财产清查工作，因此需要规定财产清查的一般程序，企业的财产清查工作应严格按照以下程序进行：

（1）建立财产清查小组。一般由会计部门、财产保管部门及使用部门等人员组成。

（2）组织清查人员学习有关政策规定，掌握有关法律、法规和相关业务知识，以提高财产清查工作的质量。

（3）确定清查对象、范围，明确清查任务。

（4）制定清查方案，具体安排清查内容、时间、步骤、方法以及必要的清查前准备。

（5）清查时本着先清查数量、核对有关账簿记录等，后确定质量的原则进行。

（6）填制盘存清单。

（7）根据盘存清单，填制实物、往来账项清查结果报告表。

注意：现代意义上的财产清查，不仅包括资产实存数量和质量的检查，还应包括资产价值量的测定，并应关注资产是否发生减值。

2. 财产清查的准备工作

财产清查是一项非常复杂细致的工作，它不仅是会计部门的重要任务，而且是各个财产物资经营部门的一项重要职责。财产清查的准备工作包括组织准备和账务准备两个部分。

（1）组织准备。组织准备是指通过组建专门的清查小组来执行清查任务的准备。财产清查是一项复杂的工作，尤其是全面清查，工作量大，内容多，应当成立专门的清查小组负责组织财产清查工作。清查小组是财产清查的执行组织，主要任务是：制订清查计划，明确清查范围，安排清查工作的步骤和进度，检测和督查会计清查工作，及时发现并处理清查中遇到的问题，清查结束后填写清查报告，总结经验教训，提出会计处理的意见。

（2）账务准备。财产清查前的账务准备工作具体包括以下三方面：①会计部门应在财产清查之前，将有关账簿登记齐全，结出余额，做好账簿准备，为账实核对提供正确的账簿资料。会计人员要做好账簿的登记工作，做到账账相符、账证相符。②财产物资的保管使用等相关业务部门，应登记好所经管的全部财产物资明细账，并结出余额。将所保管以及所用的各种财产物资归位整理好，贴上标签，表明品种、规格和结存数量，以便盘点核对。③准备好各种计量器具和清查登记用的清单、表格等。通常有"实存账存对照表""未达账项登记表""财产物资盘存单""财产物资清查盈亏明细表""库存现金盘点报告表""银行存款余额调节表""往来款项调查报告单"，以便将盘点好的结果填入准备好的各种表格中，作为调整账面记录的原始凭证和对账记录。

在完成以上各项准备工作以后，清查人员应根据清查对象的特点、预先确定的清查目的，采用合适的清查方法实施财产清查和盘点。

（五）财产物资的盘存制度

对于财产物资的清查主要是确定各项资产物资的账面结存数量、账面结存金额与各项财产物资的实存数量、实存金额，以确定其账存和实存是否相符，所以对各项财产物资都必须在数量和质量上进行清查。

企业常用的财产物资盘存制度有实地盘存制和永续盘存制两种。

1. 实地盘存制

实地盘存制也称"以存计销制"，是指通过对期末财产物资的实地盘点来确定期末财产物资数量的一种制度。在实地盘存制下，企业只在账簿中登记各项财产物资的增加数量，不登记减少数量，月末根据实地盘点的结存数量来倒推财产物资的减少数额，再据以登记账簿项目。

实地盘存制下的计算公式如下：

本期减少数量 = 期初结存数量 + 本期增加数量 – 期末盘点结存数量

实地盘存制下账簿登记情况如表 8 – 1 所示。

表 8 – 1　实地盘存制下账簿登记

元

2017 年		摘要	收入			发出			结存		
月	日		数量	单价	金额	数量	单价	金额	数量	单价	金额
7	1	上月结余							800	10	8 000
	2	购入	500	11	5 500						
	10	发出									
	20	购入	900	10	9 000						
	25	发出									
	31	合计	1 400		14 500	1 600			600		

采用实地盘存制，期初数量就是上月月末盘点数量，通过账面显示出来，期末数量靠盘点得出，发出数量倒推得出。实地盘存制无须通过账面连续记录得出期末财产物资数量，并假定除期末库存以外的财产物资均已出售，从而计算本月减少的财产物资数量。实地盘存制的优点是：核算方法比较简单、内容简单，不必逐笔登记存货减少的业务，节约登账的工作量。实地盘存制的缺点是：平时无法通过账面反映存货的余额，不能及时了解和掌握日常财产物资的账面结存额和财产物资的溢缺情况，且手续不严密，不利于对存货进行有效管理。

2. 永续盘存制

永续盘存制也称"账面盘存制"，是对各项财产物资的增加或减少，都必须根据会计凭证逐笔在有关账簿中进行连续登记，并随时结算出该项物资结存数的一种制度。

永续盘存制的计算公式如下：

期末数量 = 期初结存数量 + 本期增加数量 – 本期减少数量

永续盘存制下账簿登记情况如表 8 – 2 所示。

表 8-2　永续盘存制下账簿登记情况

| 2017 年 | | 摘要 | 收入 | | | 发出 | | | 结存 | | |
月	日		数量	单价	金额	数量	单价	金额	数量	单价	金额
7	1	上月结余							800	10	8 000
	2	购入	500	11	5 500				1 300		
	10	发出				400			900		
	20	购入	900	10	9 000				1 800		
	25	发出				700			1 100		
	31	合计	1 400		14 500	1 100			1 900		

采用永续盘存制，对各项财产物资在账簿中既登记增加数又登记减少数，并随时结出财产物资的结存数量，因此，可随时反映出财产物资的收入、发出和结存情况。永续盘存制的优点是：从数量上和金额上进行双重控制，加强对财产物资的管理，在实际工作中广泛运用该方法。永续盘存制的缺点是：在财产品种复杂、繁多的企业，其明细分类账核算工作量较大。

采用永续盘存制，也可能发生账实不符的情况，如变质、损坏、丢失等，所以仍需对各种财产物资进行清点盘查，以查明账实是否相符和账实不符的原因。

在实际工作中，开展财产清查，应当结合实地盘存制和永续盘存制的优点，既要从账面上连续、系统、全面地反映企业的财产物资，又要定期不定期地对财产物资进行实地盘点，做到账实相符，确保财产物资的安全完整。

二、财产清查的方法

（一）货币资金的清查方法

1. 库存现金的清查

库存现金的清查，是指对企业的库存现金采用实地盘点的方法确定其实存数额，再与现金日记账的账面余额进行核对，确定账存数额与实存数额是否相符的清查。库存现金是企业流动性最强的资产，应当加强对库存现金的管理与清查，确保库存现金的安全完整。库存现金的盘点应该由清查人员与出纳人员同时在场，共同负责。

对库存现金清查可以是常规性清查和非常规性清查。

（1）常规性清查。常规性清查，是指出纳人员每天下班前认真清点核对，确定库存现金的实有数额，并与现金日记账的账面余额核对，确保账实相符。常规性的清查是出纳人员日常工作的一部分，是衡量出纳日常工作水平的考核依据之一。

（2）非常规性清查。非常规性清查，是指在出纳人员对库存现金清查的基础上，由企业成立清查小组定期或不定期地对库存现金进行清查，确保库存现金账实相符，确保现金管理依法执行。为了强化对现金的监督和管理，及时发现库存现金差错，防止贪污、盗窃、挪用公款等不法行为的发生，确保库存现金安全完整，各单位应完善库存现金清查制度。非常规性清查的重点是检查账款是否相符、有无白条抵库、有无私借公款、有无挪用公款、有无账外资金等。

在库存现金清查时，清查小组和出纳人员必须同时在场，由出纳人员负责盘点，清查小组负责监督，清查小组还应认真审核库存现金收付凭证和有关账簿，检查会计处理是否真实、合法、合理。

清查过程中，根据现场清查情况，如实地填制"库存现金盘点表"，如壹佰元多少张、共多少元，伍拾元多少张、共多少元，贰拾元多少张、共多少元，拾元多少张、共多少元……如表8-3所示。

表8-3　库存现金盘点表

单位：　　　　　　　　　　　　　　时间：

面值	张数	金额
壹佰元		
伍拾元		
贰拾元		
拾元		
……		
合计		

盘点人：　　　　　　监督人：　　　　　　出纳：

库存现金盘点结束后，根据"库存现金盘存表"和现金日记账资料填制"库存现金盘点报告表"，由清查小组人员、出纳人员及其相关负责人签名盖章，并据以调整现金日记账的账面记录。库存现金盘点报告表的一般格式如表8-4所示。

表8-4　库存现金盘点报告表

单位名称：　　　　　　　　年　　月　　日

实存金额	账存金额	实存账存对比结果		备注
		盘盈	盘亏	
…	…	…	…	……

2. 银行存款的清查

银行存款的清查，是指企业财务人员通过银行存款日记账与开户银行的对账单进行核对，查明银行存款的实有数额与银行存款日记账记录是否相符的清查。银行存款日记账的余额与开户银行的对账单的余额一般是相同的，如果出现银行存款日记账与开户银行的对账单余额不相同，那么原因就有两个方面：一是企业与开户银行之间双方或一方存在记账错误；二是企业与开户银行之间存在未达账项。

对银行存款清查时，要将企业的银行存款日记账与开户银行的对账单逐笔核对，以查明账实是否相符。如果在核对中发现属于企业方面的记账错误，应当按照程序办理更正；属于开户银行的记账错误，应当通知开户银行更正。如果不存在错账，企业的银行存款日记账余额与开户银行对账单余额不相同，一般是由未达账项引起的。

所谓未达账项，是指企业与银行之间由于凭证传递上的时间差，导致一方已登记入账，另一方尚未登记入账的款项。

未达账项由两个方面形成：一是企业已登记入账，银行尚未登记入账；二是银行已经登记入账，企业尚未登记入账。具体说，未达账项包括以下四种：

（1）企业已收，银行未收，即企业已收款入账，银行尚未收款入账。

（2）企业已付，银行未付，即企业已付款入账，银行尚未付款入账。

（3）银行已收，企业未收，即银行以收款入账，企业尚未收款入账。

（4）银行已付，企业未付，即银行已付款入账，企业尚未付款入账。

在银行存款清查过程中，如果存在未达账项，应当编制银行存款余额调节表进行调整。编制的原理是：在企业银行存款日记账余额与开户银行对账单余额的基础上，各自加上对方已收自己未收的款项，减去对方已付本单位自己未付的款项。经过银行存款余额调节表调节后，调节后的余额表示企业银行存款的实际数额。

调整公式如下：

银行日记账余额＋银行已收企业未收款项－银行已付企业未付的款项＝对账单余额＋企业已收银行未收的款项－企业已付银行未付的款项

【例 8 - 1】2017 年 6 月 30 日，FX 有限责任公司的银行存款日记账与开户银行对账单记录如下：

FX 有限责任公司银行存款日记账的记录如表 8 - 5 所示。

表 8 - 5　银行存款日记账

日期	摘要	金额/元
6 月 1 日	期初余额	40 000
6 月 15 日	收到 A 公司货款存入银行转账支票尾号 111	50 000
6 月 18 日	支付购买 C 材料款转账支票尾号 668	20 000
6 月 20 日	支付材料运输费转账支票尾号 669	2 000
6 月 28 日	收到 A 公司货款存入银行转账支票尾号 888	30 000
	月末余额	98 000

开户银行对账单的记录如表 8 - 6 所示。

表 8 - 6　开户银行对账单

日期	摘要	金额/元
6 月 1 日	期初余额	40 000
6 月 15 日	存入转账支票尾号 111	50 000
6 月 18 日	支付货款转账支票尾号 668	20 000
6 月 25 日	代支付短期借款利息	8 000
6 月 29 日	代收 L 公司支付的货款	35 000
	月末余额	97 000

要求：根据上述资料完成银行存款余额调节表的编制，如表 8 - 7 所示。

表8-7 银行存款余额调节表

编制企业：FX 有限责任公司　　　　　　　　　2017 年 6 月 30 日

项目	金额/元	项目	金额/元
企业银行存款日记账余额	98 000	银行对账单余额	97 000
加：银行已收企业未收	35 000	加：企业已收银行未收	30 000
减：银行已付企业未付	8 000	减：企业已付银行未付	2 000
调节后余额	125 000	调节后余额	125 000

需要注意的是，银行存款余额调节表的编制只是为了检查账簿记录的正确性，而不是要更改账簿记录，所以不得按照银行存款余额调节表调整账面金额，另外，待收到银行转来的有关收、付款凭证时，才能进行账务处理。

【例8-2】月末某工业企业银行存款日记账余额为 280 000 元，银行对账单余额为 190 000 元，经过未达账项调节后余额为 170 000 元。企业期末可以动用的银行存款余额为（　　）元。

A. 170 000　　　　B. 280 000　　　　C. 190 000　　　　D. 180 000

（二）实物资产的清查方法

实物资产的清查，是指通过实地盘点或技术推算等方法确认实物的实存数额，再与实物资产的账面记录进行核对，检查账面记录与实物实存数额是否相符的清查。实物资产的清查主要包括原材料、在产品、库存商品、半成品、低值易耗品和固定资产。实物资产的清查涉及的范围较广，内容较多，在清查时应当结合实际情况，合理选择清查范围，针对不同的清查对象，选用不同的清查方法。

1. 实地盘点法

实地盘点法，是指清查人员通过到实物资产的存放现场逐一清点或用专门计量仪器测量，查明实物资产实存数量的一种方法。实地盘点法具有适用范围广、盘点准确等优势，但清查工作量较大。实地盘点法一般用于单位价值比较高、数量比较小的实物资产的清查。

在实地盘点过程中，清查小组应当做好盘点明细记录，填写"实物资产盘存单"，将各种实物资产分类填列完整，并由清查小组、财产物资保管人员及相关责任人签名盖章。清查结束后根据"实物资产盘存单"的资料以及相关账簿资料填制"实存账存对比表"，并据以检查账面数额与实际数额是否相符，同时根据对比结果调整账簿记录，分析差异原因，做出相应处理。

2. 技术推算法

技术推算法，是指通过采用一定的原理、经验等推算实物资产实存数量的一种方法。与实地盘点法相比，技术推算法不需要对实物资产进行逐一清点和核对，而是通过目测、经验判断等技术手段推算实物资产的结存数量。技术推算法工作内容简单、涉及人员少，节约了清查的时间和成本，但是，清查的数据不够准确，一般适用于数量大而价值低的实物资产，如露天堆放的沙石、煤炭等。

为了明确经济责任，在进行实物资产清查盘点时，实物保管人员和盘点人员必须在场。对于盘点结果，应如实登记盘存单，并由盘点人和实物保管人签字盖章。

　　盘存单既是记录盘点结果的书面证明，也是反映财产物资实存数的原始凭证。为了查明实存数与账存数是否一致，确定盘盈和盘亏情况，还应根据盘存单和有关账簿的记录，编制"实存账存对比表"。该表是用以调整账簿记录的重要原始凭证，也是分析差异产生、明确经济责任的重要依据。

　　财产物资盘存单和实存账存对比表的常用格式如表8-8、表8-9所示。

表8-8 财产物资盘存单

单位名称：　　　　　　　　　盘点时间：　　　　　　　　　编号：
财产类别：　　　　　　　　　存放地点：　　　　　　　　　金额单位：

编号	名称	计量单位	数量	单价	金额	备注

表8-9 实存账存对比表

使用部门：　　　　　　　　　年　　月　　日　　　　　　　编号：
财产类别：　　　　　　　　　存放地点：　　　　　　　　　金额单位：

编号	类别及名称	计量单位	单价	实存		账存		对比结果				备注
				数量	金额	数量	金额	盘盈		盘亏		
								数量	金额	数量	金额	

实物保管人：　　　　　　　　会计：　　　　　　　　　　　制表：

（三）往来款项的清查方法

　　往来款项的清查，是指通过采用一定的方法和手段对各项债权债务进行核对，确定各项债权债务的实存数额，再与账面记录核对，检查账面记录与各项债权债务实存数额是否相符的清查。往来款项主要包括应收及预付款项、应付及预收款项等。往来款项的清查一般用发函询证的方法进行核对，也可以派人前往或利用QQ、微信等通信工具，向结算往来单位核实账目。

　　往来款项的清查程序是：

1. 核对本单位账目

　　首先确定本单位的往来款项记录准确无误，总分类账与明细分类账的余额相等，各明细分类账的余额相符。

2. 与对方单位对账

　　在保证本单位账簿记录正确的情况下，编制"往来结算款项对账单"，通过信函、电函、面询等多种方式，请对方企业核对，确定各种应收、应付款的实际情况。

　　对账单位应按明细账户逐笔摘抄，一式两联，其中一联是回单，对方单位核对后将回单盖章退回本单位；如果发现双方账面不相符，应在回单上注明，以便进一步查对。其格式如表 8 – 10 所示。

表 8 – 10　往来款项对账单

×××单位：

　　贵单位于××年××月××日从我单位购入乙产品 500 件，已付款 40 000 元，尚有 80 000 元货款尚未支付，请核对后将回联单寄回。

清查单位：（盖章）
年　　月　　日

　　如核对相符，请在数据无误处盖章确认（沿此虚线剪下，将以下回联单寄回）；如数据存在差异，请注明贵单位记载的金额。

– 往来款项对账单（回联）

×××清查单位：

　　贵单位寄来的"往来款项对账单"已收到，经核对相符无误。

×××单位：（盖章）
年　　月　　日

3. 编制往来款项清查表

收到回单后，要据以编制"往来款项清查表"，由清查人员和记账人共同签名盖章，注明核对相符与不相符的款项，对不相符的款项按有争议、未达账项、无法收回等情况归类，并针对具体情况及时采取措施予以解决。往来款项清查表如表 8 – 11 所示。

表 8 – 11　往来款项清查表

总分类账名称：　　　　　　　年　　月　　日

明细分类账户		清查结果		核对不符原因分析				备注
名称	账面余额	核对相符金额	核对不符金额	未达账项金额	有争议款项金额	无法收回（或偿还）款项	其他	

三、财产清查结果的处理

（一）财产清查结果的处理要求

财产清查是会计核算工作的重要环节，也是会计的核算方法之一，企业应当严格执行财产清查的相关制度和要求，如果存在账实不符的情况，应当认真对待，找出原因，并按相关法律法规进行处理。财产物资清查结果的处理应包括以下四个方面的要求：

1. 分析账实不符的原因和性质，提出科学合理的建议

企业对于各种实物资产的盘亏盘盈，必须通过调查，分析账实不符的原因，分清相关责任人的责任，按照相关法律法规的规定进行处理。一般地，因为个人的原因造成的损失，应当由个人赔偿，计入其他应收款；因为管理不善的原因造成的损失，应当计入企业管理费用；因为自然灾害等非正常原因造成的损失，应当计入企业的营业外支出，如相关实物资产已经向保险公司投保，还应向保险公司索取赔偿，计入其他应收款。

2. 积极处理多余积压财产，清理往来款项

企业对于各种实物资产，在清查过程中，发现积压的、快到期的产品应当积极处理，通过降价促销等手段及时清理；对于定额储备的实物资产，在财产清查后，还应当全面地检查该实物资产的储备情况，储备不足的，应当及时通知有关部门进货；对于多余、积压的，应当查明原因，分别处理；对于往来款项，发现长期未收回来的应收款项，应当分析其原因，派出专人负责处理，及时回笼资金；对于应付款项，到期未支付的，应当分析其原因，在合法合理的情况下及时办理付款手续。

在处理多余、积压物资时，对于利用率不高或闲置不用的固定资产也必须查明原因，积极处理，使所有固定资产都能充分加以利用，从而提高固定资产的使用效率。

3. 总结经验教训，建立健全各项管理制度

企业在财产清查后，针对存在的经营管理不善导致的霉烂、变质、偷盗、贪污、挪用、积压等问题，应当高度重视，分析存在问题的根源和性质，反思现有的管理制度与管理方法，总结经验教训，采取必要的措施，建立健全财产管理制度，进一步提高财产管理水平。

4. 及时调整账簿记录，保证账实相符

企业对于财产清查中发现的盘盈或盘亏，应及时调整账面记录，以保证账实相符。要根据清查中取得的原始凭证编制记账凭证，登记有关账簿，使各种财产物资的账存数与实存数相一致，同时反映待处理财产损溢的发生。

（二）财产清查结果的处理步骤

企业对于财产清查中发现的盘盈、盘亏，一般分两步进行会计处理。

1. 审批前的处理

财产清查后，清查小组应向企业有关领导汇报清查结果，并对盘盈、盘亏的财产提出合理的处理建议，由股东大会或董事会、经理（厂长）会议或类似机构根据管理权限批准后执行。

在处理建议得到批准之前，会计人员和财产管理人员应根据"清查结果报告表""盘点报告表"等资料，编制记账凭证，调整有关财产的账面价值，确保账实相符。

2. 审批后的处理

经批准后根据差异发生的原因和批准处理意见，进行差异处理，调整账项，并据以登记有关账簿。

（三）应设置的账户

为了反映财产清查中发生的盘盈、盘亏和毁损情况，企业应设置"待处理财产损溢"账户，核算清查中发生的盘盈、盘亏及其转销处理，该账户借方登记各项财产物资发生的盘亏、毁损和经批准处理的财产物资盘盈转销数，贷方登记各项财产物资发生的盘盈数和经批准处理的盘亏、毁损财产物资的转销数，期末余额如果在借方，表示尚待处理的净损失，期末余额如果在贷方，表示尚待处理的净溢余。对于等待批准处理的财产盘盈、盘亏，会计年终前应处理完毕。会计期末，该账户无余额。"待处理财产损溢"账户应设置"待处理非流动资产损溢"和"待处理流动资产损溢"两个明细账户,分别核算非流动资产和流动资产的待处理财产损溢。

"待处理财产损溢"账户的基本结构如图8-1所示。

借方	待处理财产损溢	贷方
财产物资发生的盘亏、毁损和经批准转销的盘盈数		财产物资盘盈数和经批准转销的盘亏毁损
余额:尚待处理的财产物资净损失数		余额:尚待处理的财产物资净溢余数

图 8-1 "待处理财产损溢"账户的结构

(四)清查结果的账务处理

1. 库存现金的账务处理

对于企业每日终了结算库存现金收支以及财产清查中发现的有待查明原因的库存现金短缺或溢余,除了设法查明原因以外,还应及时根据"库存现金盘点报告表"通过"待处理财产损溢"科目核算。

盘亏现金审批前,企业编制如下会计分录:

借:待处理财产损溢

　　贷:库存现金

审批后,企业编制如下会计分录:

借:其他应收款(由责任人和保险公司赔偿的部分)

　　管理费用(无法查明原因的库存现金短缺)

　　贷:待处理财产损溢

盘盈现金审批前,企业编制如下会计分录:

借:库存现金

　　贷:待处理财产损溢

审批后,企业编制如下会计分录:

借:待处理财产损溢

　　贷:其他应付款(支付给有关人员或单位的部分)

　　　　营业外收入(无法查明原因的部分)

【例8-3】2017年5月,FX有限责任公司在财产清查过程中盘盈现金1 000元,经查明,其中800元属于应支付给韦老师的差旅费,剩余200元无法查明原因。

审批之前,FX有限责任公司编制如下会计分录:

借:库存现金　　　　　　　　　　　　　　　　　　　　　1 000

　　贷:待处理财产损溢　　　　　　　　　　　　　　　　　　　1 000

审批之后,FX有限责任公司编制如下会计分录:

借:待处理财产损溢　　　　　　　　　　　　　　　　　　1 000

　　贷:其他应付款　　　　　　　　　　　　　　　　　　　　　800

　　　　营业外收入　　　　　　　　　　　　　　　　　　　　　200

【例8-4】2017年6月,FX有限责任公司在财产清查中发现库存现金盘亏2 000元,其中出纳人员应赔偿 1 500 元，剩余部分无法查明原因。

审批之前，FX 有限责任公司编制如下会计分录：

借：待处理财产损溢　　　　　　　　　　　　　　　　　　　2 000
　　贷：库存现金　　　　　　　　　　　　　　　　　　　　　　　　2 000

审批之后，FX 有限责任公司编制如下会计分录：

借：其他应收款　　　　　　　　　　　　　　　　　　　　　1 500
　　管理费用　　　　　　　　　　　　　　　　　　　　　　　500
　　贷：待处理财产损溢　　　　　　　　　　　　　　　　　　　　2 000

2. 存货的账务处理

盘亏存货审批前，企业编制如下会计分录：

借：待处理财产损溢
　　贷：原材料
　　　　库存商品等

审批后，企业编制如下会计分录：

借：原材料（收回残料的部分）
　　其他应收款（责任人和保险公司赔偿的部分）
　　管理费用（经营管理不善的部分）
　　营业外支出（非正常损失的部分）
　　贷：待处理财产损溢

盘盈存货审批前，企业编制如下会计分录：

借：原材料
　　库存商品等
　　贷：待处理财产损溢

审批后，企业编制如下会计分录：

借：待处理财产损溢
　　贷：管理费用（盘盈存货经批准后全部冲减管理费用）

【例 8 - 5】2017 年 6 月，FX 有限责任公司财产清查中盘盈 A 商品 20 件，每件单价 50 元，经查盘盈 A 商品属于收发计量错误导致的。

审批前，FX 有限责任公司编制如下会计分录：

借：库存商品　　　　　　　　　　　　　　　　　　　　　1 000
　　贷：待处理财产损溢　　　　　　　　　　　　　　　　　　　1 000

审批后，FX 有限责任公司编制如下会计分录：

借：待处理财产损溢　　　　　　　　　　　　　　　　　　　1 000
　　贷：管理费用　　　　　　　　　　　　　　　　　　　　　　1000

【例 8 - 6】2017 年 6 月，FX 有限责任公司财产清查中盘亏 B 商品 100 件，每件 30 元，经检查发现，盘亏的 B 商品为管理不善所致，其中收回残料 1 000 元，仓库保管人员赔偿 500 元（款项尚未收到），已批准进行处理，编制以下会计分录：

审批前，FX 有限责任公司编制如下会计分录：

借：待处理财产损溢　　　　　　　　　　　　　　　　　　　3 000

　　贷：库存商品　　　　　　　　　　　　　　　　　　　　　　　　　　　　　3 000

审批后，FX 有限责任公司编制如下会计分录：

借：原材料　　　　　　　　　　　　　　　　　　　　　　　　　　1 000

　　其他应收款　　　　　　　　　　　　　　　　　　　　　　　　500

　　管理费用　　　　　　　　　　　　　　　　　　　　　　　　　1 500

　　　贷：待处理财产损溢　　　　　　　　　　　　　　　　　　　　　　　3 000

　　【例 8 - 7】 2017 年 6 月，FX 有限责任公司财产清查中盘亏 C 商品 10 件，每件 2 000 元，经检查发现，盘亏的 C 商品是由火灾导致的，保险公司应赔偿 8 000 元，款项尚未收到。

　　审批前，FX 有限责任公司编制如下会计分录：

借：待处理财产损溢　　　　　　　　　　　　　　　　　　　　　20 000

　　　贷：库存商品　　　　　　　　　　　　　　　　　　　　　　　　　20 000

审批后，FX 有限责任公司编制如下会计分录：

借：其他应收款　　　　　　　　　　　　　　　　　　　　　　　8 000

　　营业外支出　　　　　　　　　　　　　　　　　　　　　　　　12 000

　　　贷：待处理财产损溢　　　　　　　　　　　　　　　　　　　　　　20 000

3. 固定资产的账务处理

盘亏、毁损固定资产审批前，企业编制如下会计分录：

借：待处理财产损溢（盘亏、毁损固定资产的价值）

　　累计折旧（固定资产累计计提的折旧）

　　固定资产减值准备（固定资产累计计提的减值准备）

　　　贷：固定资产

审批后，企业编制如下会计分录：

借：其他应收款（责任人或保险公司赔偿的部分）

　　原材料（收回残料的价值）

　　营业外支出（净损失的部分）

　　　贷：待处理财产损溢

　　【例 8 - 8】 2017 年 6 月，FX 有限责任公司财产清查中，盘亏设备一台，原值为 100 000 元，已提折旧 60 000 元。经查明，过失人赔偿 10 000 元。

　　审批前，FX 有限责任公司编制如下会计分录：

借：待处理财产损溢　　　　　　　　　　　　　　　　　　　　　40 000

　　累计折旧　　　　　　　　　　　　　　　　　　　　　　　　　60 000

　　　贷：固定资产　　　　　　　　　　　　　　　　　　　　　　　　100 000

审批后，FX 有限责任公司编制如下会计分录：

借：其他应收款　　　　　　　　　　　　　　　　　　　　　　　10 000

　　营业外支出　　　　　　　　　　　　　　　　　　　　　　　　30 000

　　　贷：待处理财产损溢　　　　　　　　　　　　　　　　　　　　　　40 000

盘盈固定资产审批前，企业编制如下会计分录：

借：固定资产（按重置成本确认）

　　　贷：以前年度损益调整

审批后，企业编制如下会计分录：

借：以前年度损益调整

　　贷：盈余公积——法定盈余公积

　　　　利润分配——未分配利润

【例8-9】2017年6月，FX有限责任公司财产清查中，发现一台未入账的设备，重置成本为30 000元（假定不考虑相关税费）。

审批前，FX有限责任公司编制如下会计分录：

借：固定资产　　　　　　　　　　　　　　　　　　　　　　　　　30 000

　　贷：以前年度损益调整　　　　　　　　　　　　　　　　　　　　　　30 000

审批后，FX有限责任公司编制如下会计分录：

借：以前年度损益调整　　　　　　　　　　　　　　　　　　　　　30 000

　　贷：盈余公积——法定盈余公积　　　　　　　　　　　　　　　　　3 000

　　　　利润分配——未分配利润　　　　　　　　　　　　　　　　　27000

任务三　结账、会计账簿的更换与保管

一、结账的概述

（一）结账的概念

结账，是指企业将一定会计期间内发生的全部经济业务登记入账的基础上，按一定的原理和方法将各种账簿的记录进行小结，计算并记录本期发生额和期末余额的工作。为了正确反映一定会计期间内账簿记录的经济业务，总结相关经济业务和财务状况，为编制会计报表提供数据，企业应在会计期末进行结账工作。在实务中，会计期间一般分为年度、季度、月度，结账于各会计期末进行，所以分为月结、季结、年结。

（二）结账的基本程序

结账是一项程序性的工作，要按照既定的程序进行。结账前，必须将属于本期内发生的各项经济业务全部登记入账，并保证业务的准确性。在结账过程中，要求不得提前，也不得延后，即企业不得把将要发生的经济业务提前入账，也不得把已经在本期发生的经济业务延至下期入账。结账的基本程序具体表现为：

（1）将本期发生的经济业务事项全部登记入账，并保证其正确性。

（2）根据权责发生制的要求，调整有关账项，合理确定本期应记的收入和应记的费用。

① 应记收入和应记费用的调整。应记收入，是指企业发生的那些已在本期实现、因款项尚未收到而未登记入账的收入。企业发生的应记收入，主要是本期已经发生且符合收入确认标准，但尚未收到的相应款项。对于这类调整事项，企业应确认为本期的收入。

涉及该类调整事项时，企业编制如下会计分录：

借：应收账款等

　　贷：主营业务收入等

以后收到款项时，企业编制如下会计分录：

借：库存现金

银行存款

　　贷：应收账款等

② 收入分摊和成本分摊的调整。收入分摊，是指企业已经收取有关款项，但尚未实现或尚未全部实现的收入，需在期末按本期已完成的比例，分摊确认本期已实现收入的金额，并调整以前预收款项时形成的负债的工作。成本分摊，是指企业的支出已经发生，能使若干个会计期间受益，为正确计算各个会计期间的盈亏，将这些支出在其受益期间进行分配的工作。如企业已经支出，但应由本期或以后各期负担的待摊费用，购建固定资产和无形资产的支出等。

（3）将损益类账户转入"本年利润"账户，结平所有损益类账户。

（4）结算出资产、负债和所有者权益账户的本期发生额和余额，并结转下期。

（三）结账的基本方法

企业在结账时，应当结出每个账户的期末余额。需要结出当月（季、年）发生额的账户，如各项收入、费用账户等，应单列一行登记发生额，在摘要栏内注明"本月（季）合计"或"本年累计"。结出余额后，应在余额前的"借或贷"栏内写"借"或"贷"字样，没有余额的账户，应在余额栏前的"借或贷"栏内写"平"字，并在余额栏内用"0"表示。为了突出本期发生额及期末余额，表示本会计期间的会计记录已经截止，结账时一般都画通栏红线代表结账线。画线时，月结、季结用通栏单红线，年结用通栏双红线。

结账时应根据不同的账户记录，分别采用不同的结账方法。

1. 总账户的结账方法

总账户平时只需结出月末余额，不需要结计本月发生额。每月结账时，应计算出月末余额并写在本月最后一笔经济业务栏内，并在下面画通栏单红线；年终结账时，要将所有总账账户结计全年发生额和年末余额，在摘要栏内注明"本年合计"字样，并在"本年合计"行下画通栏双红线。

2. 日记账和需要按月结计发生额的收入、费用等明细账的结账方法

现金日记账、银行存款日记账和需要按月结计发生额的各种明细账，每月结账时，需要在每月的最后一笔经济业务下面通栏画通栏单红线，结出本月发生额和月末余额写在红线下面一行，并在摘要栏内注明"本月合计"字样，再在下面画通栏单红线。

3. 不需要按月结计发生额的债权、债务和财产物资等明细分类账的结账方法

对不需要按月结计发生额的债权、债务和财产物资等明细分类账，每次记账后，都要在该行余额栏内随时结出余额，每月最后一笔余额即为月末余额。也就是说月末余额就是本月最后一笔经济业务记录的同一行内的余额。月末结账时只需在最后一笔经济业务记录之下画通栏单红线。

4. 需要结计本年累计发生额的收入、成本等明细账的结账方法

对需要结计本年累计发生额的收入、成本等明细账，先按照需按月结计发生额的明细账的月结方法进行月结，再在"本月合计"行下的摘要栏内注明"本年累计"字样，并结出自年初起至本月末止的累计发生额，再在"本年累计"行下画通栏单红线。12 月末的"本年累计"就是全年累计发生额，全年累计发生额行下画通栏双红线。

5. 年终结账的方法

年度终了结账时，有余额的账户要将其余额结转到下一会计年度，并在摘要栏内注明

"结转下年"字样；在下一会计年度新建有关会计账簿的第一行余额栏内填写上年结转的余额，并在摘要栏内注明"上年结转"或"年初数"字样。结转下年时，既不需要编制记账凭证，也不必将余额再计入本年账户的借方或贷方，使本年有余额的账户的余额变为零，而需要有余额的账户的余额如实反映在账户中，以免混淆有余额账户和无余额的账户。

二、会计账簿的更换

会计账簿是记录和反映经济业务的重要历史资料和证据，为了使每个会计年度的账簿资料明晰和便于保管，一般来说，总账、日记账和多数明细账要每年更换一次，在每年年终按规定办理完毕结账手续后，这些账簿就应更换，启用新的账簿，并将余额结转计入新账簿中。但有些财产物资明细账和债权、债务明细账，由于原材料等财产物资的品种、规格繁多，债权、债务单位也较多，如果更换新账，重抄一遍的工作量相当大，因此，可以跨年度使用，不必每年更换一次，如固定资产明细账、各种备查账簿可以连续使用。

三、会计账簿的保管

会计账簿同会计凭证和会计报表一样，都属于会计档案，是重要的经济档案，各单位必须按规定妥善保管，确保其安全与完整，并充分加以利用。

（一）会计账簿的装订整理

在年度终了更换新账簿后，应将使用过的各种账簿（跨年度使用的账簿除外）按时装订整理立卷。

1. 装订前的准备工作

装订前，首先要按账簿启用和经管人员一览表的使用页数核对各个账户是否相符，账页数是否齐全，序号排列是否连续；然后按会计账簿封面、账簿启用表、账户目录、该账簿按页数顺序排列的账页、装订封底的顺序装订。

2. 活页账簿的装订

对活页账簿，要保留已使用过的账页，将账页数填写齐全，除去空白页并撤掉账夹，用质地好的牛皮纸做封面和封底，装订成册。多栏式、三栏式、数量金额式等活页账不得混装，同类业务、同类账页装订在一起。装订好后，应在封面上填明账目的种类、编号、卷号，并由会计主管人员和装订人员签章。

3. 账簿装订的要求

装订后会计账簿的封口要严密，封口处要加盖有关印章。封面要齐全、平整，并注明所属年度和账簿名称和编号，不得有折角、缺角、错页、掉页、加空白纸的现象。会计账簿要按保管期限分别编制卷号。

（二）按期移交档案部门进行保管

在年度终了后，旧账簿可暂由企业财务部门保管一年，期满后由财务部门移交档案部门保管。移交时需要编制移交清册，填写交接清单，交接人员按移交清册和交接清单项目核查无误后签章，并在账簿使用日期栏内填写移交日期。

已归档的会计账簿作为会计档案严格管理，原件不得出借，如有特殊需要，须经企业领导批准，可以提供查阅或者复制，并要办理登记手续。

会计账簿是重要的会计档案之一，必须严格按《会计档案管理办法》规定的保管年限妥善保管，期满前不得丢失和任意销毁。通常总账和明细账保管期限为15年，现金和银行存款日记账保管期限为25年，固定资产卡片账在固定资产报废清理后保管5年。

项目小结

期末处理包括期末对账、财产清查、结账与会计档案保管三部分内容。

对账，是指企业核对账目，即企业登记账簿之后进行的账账核对、账证核对和账实核对工作。对账是保证会计账簿记录准确、完整的重要手段，是保障会计信息质量的重要程序。对账包括账证核对、账账核对、账实核对。

财产清查，是指通过对企业的货币资金、实物资产和往来款项进行盘点或核对，确定其实存数量与价值，查明账面记录与实存数量、金额是否相符的一种专门方法。财产清查是会计核算的方法之一，是构成完整的会计核算体系不可缺少的部分。财产清查包括库存现金、银行存款、实物资产、往来款项等项目，不同项目采用的清查方法是不同的，有实地盘点法和技术推算法。

结账，是指企业将一定会计期间内发生的全部经济业务登记入账的基础上，按一定的原理和方法将各种账簿的记录进行小结，计算并记录本期发生额和期末余额的工作。

会计账簿属于重要的档案资料，应当按照规定的要求进行管理，在年度终了，应当把账簿交由专人保管，在保管期限满之前，不得随意销毁。

习题与实训

一、思考题

1. 期末结账工作的内容有哪些？
2. 什么是对账？对账的内容有哪些？
3. 什么是财产清查？如何进行财产清查？
4. 什么是结账？结账的方法有哪些？
5. 如何进行会计账簿的更换与保管？

二、单项选择题

1. 对往来款项进行清查，应该采用的方法是（　　）。
   A. 技术推算法　　　　　　　　　B. 与银行核对账目法
   C. 实地盘存法　　　　　　　　　D. 发函询证法
2. 下列说法不正确的是（　　）。
   A. 不需要根据"银行存款余额调节表"作任何账务处理
   B. 对于未达账项，等以后有关原始凭证到达后再作账务处理
   C. 如果调整之后双方的余额不相等，则说明银行或企业记账有误
   D. 对于未达账项，需要根据"银行存款余额调节表"作账务处理
3. 某企业盘点中发现盘亏一台设备，原始价值50 000元，已计提折旧10 000元。根据事先签订的保险合同，保险公司应赔偿30 000元，则扣除保险公司赔偿后剩余的净损失10 000元应计入（　　）。

  A. 累计折旧 B. 营业外支出 C. 管理费用 D. 资本公积

4. 企业存货盘亏，属于一般经营损失，应该在批准处理后（ ）。

  A. 计入管理费用   B. 计入营业外支出

  C. 计入销售费用   D. 计入生产成本

5. 机器设备等固定资产采用的清查方法一般是（ ）。

  A. 技术推算法   B. 测量计算法

  C. 逐一盘点法   D. 抽样盘点法

6. 关于"银行存款余额调节表"，下列说法正确的是（ ）。

  A. 企业可根据"银行存款余额调节表"调整账簿

  B. "银行存款余额调节表"是重要的原始凭证

  C. "银行存款余额调节表"调节后的余额一般是企业可以动用的实际存款数

  D. "银行存款余额调节表"调节平衡后，说明企业与银行双方记账绝对无错误

7. 某企业出现现金短缺，经查是由出纳保管不善造成的，则经批准后应计入（ ）科目。

  A. 管理费用 B. 其他应收款 C. 其他应付款 D. 营业外支出

8. 期末，企业将有关债权债务明细账账面余额与对方单位的账面记录进行核对，这种对账属于（ ）的内容。

  A. 账证核对 B. 账账核对 C. 账实核对 D. 账表核对

9. 年终结账时，要在总账摘要栏内注明"本年合计"字样，结出全年发生额和年末余额，并在合计数（ ）。

  A. 上方通栏画单红线   B. 下方通栏画单红线

  C. 上方通栏画双红线   D. 下方通栏画双红线

10. 原始凭证和记账凭证的保管期限为（ ）年。

  A. 5   B. 10   C. 15   D. 25

11. 各单位形成的会计档案，都应由（ ）按照归档的要求，负责整理立卷，装订成册，编制会计档案保管清册。

  A. 会计机构   B. 会计主管部门

  C. 档案管理部门   D. 总会计师

12. 下列关于会计账簿启用与保管不正确的做法是（ ）。

  A. 启用账簿时，要填写"账簿启用登记表"

  B. 为明确会计人员责任，登记某种账簿的人员，不必对该账簿的保管负责，应由保管会计档案的人员负责

  C. 每日登记账簿，注意书写整齐清洁，不得涂污，避免账页破损，保持账本完整

  D. 按有关规定使用账簿，账簿不得外借

三、多项选择题

1. 下列情况下，企业需要进行财产全面清查的有（ ）。

  A. 公司总经理调离工作之前 B. 企业合并前

  C. 企业股份制改制前   D. 出纳人员调离工作前

2. 造成账实不符的原因主要有（ ）。

A. 财产物资的自然损耗　　　　　　B. 财产物资收发计量错误

C. 财产物资的毁损、被盗　　　　　D. 会计账簿漏记、重记、错记

3. 局部清查是对一个单位的部分财产物资进行清查，其主要对象包括（　　）。

　A. 在产品　　　B. 贵重物资　　　C. 现金　　　　D. 债权债务

4. 财产清查按清查范围可分为（　　）。

　A. 定期清查　　　B. 不定期清查　　　C. 全面清查　　　D. 局部清查

5. 财产清查的种类有许多分类方法，主要包括（　　）。

　A. 按财产清查的方法，分为实地盘存法和技术推算法

　B. 按财产清查的时间，分为定期清查和不定期清查

　C. 按财产清查的内容，分为重点项目清查和一般项目清查

　D. 按财产清查的范围，分为全面清查和局部清查

6. 下列清查事项中，属于不定期清查的有（　　）。

　A. 单位更换财产保管人员时对其所管财物的清查

　B. 发生非常损失时对受损资产进行的清查

　C. 编制年度财务会计报告前对全部资产进行的清查

　D. 出纳人员对库存现金进行的清查

7. 下列各项中，会导致企业银行存款日记账账面余额小于银行对账单余额的未达账项有（　　）。

　A. 企业已收，银行未收款　　　　　B. 企业已付，银行未付款

　C. 银行已收，企业未收款　　　　　D. 银行已付，企业未付款

8. 下列各项中需要通过"待处理财产损溢"账户核算的有（　　）。

　A. 库存现金短缺　　　　　　　　　B. 原材料盘亏

　C. 发现账外固定资产　　　　　　　D. 应收账款无法收回

9. 属于会计期末对账的内容有（　　）。

　A. 账证核对　　　B. 账账核对　　　C. 账实核对　　　D. 证证核对

10. 产生未达账项的情况有（　　）。

　A. 企业已收款入账，而银行尚未收款入账

　B. 企业已付款入账，而银行尚未付款入账

　C. 银行已收款入账，而企业尚未收款入账

　D. 银行已付款入账，而企业尚未付款入账

11. 库存现金盘亏的账务处理中可能涉及的科目有（　　）。

　A. 库存现金　　　B. 管理费用　　　C. 其他应收款　　　D. 营业外支出

12. 关于银行存款的清查，下列说法正确的是（　　）。

　A. 不需要根据"银行存款余额调节表"作任何账务处理

　B. 对于未达账项，等以后有关原始凭证到达后再作账务处理

　C. 如果调整之后双方的余额不相等，则说明银行或企业记账有误

　D. 对于未达账项，需要根据"银行存款余额调节表"作账务处理

四、判断题

1. 一般来说，总账、日记账和多数明细账应每年更换一次，但是有些财产物资明细账

和债权债务明细账可以不必每年更换一次。各种备查账簿也可以连续使用。　　（　　）

2. 新旧账簿有关账户之间的结转余额，无须编制记账凭证。　　（　　）

3. 年度终了结账时，有余额的账户，要将其余额结转下年。　　（　　）

4. 账实不符是财产管理不善或会计人员水平不高的结果。　　（　　）

5. 对于各种未达账项，会计人员应根据银行存款余额调节表登记入账。　　（　　）

6. 存货清查过程中，发现的超定额损耗应计入"营业外支出"。　　（　　）

7. 存货盘亏、毁损的净损失一律计入"管理费用"。　　（　　）

8. 银行存款余额调节表是调整账簿记录，使账实相符的原始凭证。　　（　　）

9. 在进行库存现金和存货清查时，出纳人员和实物保管人员不得在场。　　（　　）

10. 存货发生盘亏时，应根据不同的原因做出不同的处理，若属于一般经营性损失或定额内损失，计入"管理费用"科目。　　（　　）

五、实训题

1. WXR 有限责任公司 2017 年 12 月 31 日银行存款日记账余额为 191 000 元，而银行送来的对账单余额为 230 000 元，经逐笔核对，发现有以下未达账项：

（1）企业委托银行代收甲公司的货款 54 000 元，月末银行已收讫入账，但企业尚未取得收款通知。

（2）企业有一笔购货款 25 000 元，承付期已到，且未表示拒付，银行已于承付期满后从企业存款户中付出，但企业尚未入账。

（3）企业月末存入银行转账支票一张，金额 36 000 元，银行尚未转账。

（4）企业已于月末开出转账支票一张，金额 46 000 元，企业已经付账，银行尚未入账。

要求：根据上述资料编制银行存款余额调节表。

2. WXR 有限责任公司 2017 年 12 月 31 日进行财产清查，发现下列事项：

（1）盘亏机器一台，原价 25 000 元，已提折旧 10 000 元，经批准转入营业外支出。

（2）甲产品盘盈 800 元，经查明属于平时收发计量不准造成，按规定冲减管理费用。

（3）发现乙材料盘亏 1 500 元，经查明属于定额内自然损耗的为 500 元，遭受台风袭击的损失为 170 元，由于保管人员失职，应由其赔偿 830 元。

（4）水灾导致乙产品发生毁损，总价值 120 000 元。经清理，收回残料，估计 8 000 元，已入库；保险公司同意赔偿 100 000 元；其余损失经批准列作营业外支出。

要求：根据上述数据进行审批前、审批后的账务处理。

认识和使用会计报表

引 例

韦老板的困惑

韦老板投资了一个制造企业，在国际环境不稳定的情况下，市场持续低迷，如何走出困境呢？韦老板召开了管理层会议，大家积极发言，其中资深会计认为，根据财务报表数据显示，亏损非常严重，临近资不抵债了，应当立即停止产品生产，处置固定资产，降低损失。资深市场顾问认为，财务报表显示的数据是过去的，具有局限性，应当关注国家的行业政策、外部环境等，根据市场最新反馈的信息，只要把产品升级，提高产品附加值，企业就会走出困境，再创辉煌。你认为呢？

任务一 认识会计报表

一、会计报表的概述

（一）会计报表的概念

会计报表，是指反映企业某一特定日期财务状况、某一会计期间经营成果、现金流量等会计信息的报表，是财务报告的重要组成部分。

（二）会计报表的编制目标

企业提供会计报表的目标包括两个方面：一是向会计报表信息使用者提供企业特定日期财务状况、一定会计期间经营成果和现金流量等会计信息；二是反映企业管理层受托责任的履行情况，有助于会计报表信息使用者做出科学合理的决策。会计报表使用者通常包括投资者、债权人、政府监管部门、社会公众、企业内部管理层等。其中，企业投资者是企业会计报表的首要使用者，应当首先满足投资者对信息的需求。因此，会计报表提供的信息应当真实可靠，如实反映企业所拥有或者控制的经济资源，如实反映企业的各项收入、费用、利润、利得和损失的金额及其变动情况，如实反映企业各项经营活动、投资活动、筹资活动和利润分配活动所形成的现金及现金等价物流入和流出的情况等。另外，会计报表的使用者还有债权人、政府监管部门、社会公众等，企业会计报表提供的信息也应当满足他们对信息的需求，保护他们的合法权益。

二、会计报表的内容

根据《企业会计准则》的规定，一套完整的会计报告至少应当包括资产负债表、利润表、现金流量表、所有者权益（或股东权益）变动表以及附注。企业对外提供会计报表的种类、格式、内容及应当披露的信息等应当符合企业会计准则的规定；企业不得以任何形式提供虚假会计报表或者隐瞒重要会计交易或事项。

1. 资产负债表

资产负债表是反映企业在某一特定日期财务状况的报表，体现企业在某一特定日期拥有或控制的经济资源状况、承担的债务的状况和所有者权益的状况。

2. 利润表

利润表是反映企业在一定会计期间经营成果的报表，体现企业在一段时间内日常活动和非日常活动形成的经济利益收入、发生的经济利益流出和实际的盈利或亏损状况。

3. 现金流量表

现金流量表是反映企业在一定会计期间现金和现金等价物流入和流出情况的报表，体现一段时间内企业经营活动、投资活动和筹资活动形成的现金流入量、流出量及净现金流量的状况。

4. 所有者权益变动表

所有者权益变动表是反映组成所有者权益的各组成部分当期的增减变动情况的报表，体现企业所有者权益的各个组成部分的增加、减少和期末实际数额的状况。

5. 会计报表附注

会计报表附注是会计报告不可缺少的重要组成部分，是对在资产负债表、利润表、现金流量表和所有者权益变动表等报表中列示的文字描述或明细资料，以及对未能在这些报表中列示项目的说明等。

三、会计报表的分类

会计报表按照不同的标准和管理要求可以分为以下四类：

（一）按编制范围分为个别报表和合并报表

个别报表是由编制企业根据自身的账簿及有关资料编制而成，单独反映企业在某一特定日期的财务状况、某一会计期间经营成果和现金流量等信息的报表；合并报表是指由母公司编制的，综合反映以母公司为首的具有控股关系的由多个公司组成的集团在某一特定日期的财务状况、某一会计期间经营成果和现金流量等信息的报表。

（二）按会计报表报送的时间可以分为年度报表和中期报表

年度报表简称年报，是企业按年度数据编制的报表，以每年的 1 月 1 日至 12 月 31 日的数据为基础编制。年报应当包括资产负债表、利润表、现金流量表、所有者权益变动表以及附注。中期报表是短于一个完整会计年度的会计报表，包括月报、季报和半年报。中期财务报表至少应当包括资产负债表、利润表、现金流量表和附注，披露的信息与年度会计报表相比，可适当简略。

（三）按会计报表反映财务活动方式可以分为静态报表和动态报表

静态报表是反映企业在某一特定日期财务状况的财务报表，如资产负债表；动态报表是反映企业一定会计期间经营成果、现金流量的报表，如利润表、现金流量表和所有者权益变动表。

（四）按会计报表的报送对象可以分为对外报表和对内报表

对外报表是指企业为满足外部会计信息使用者对会计信息的需求，根据企业会计准则的要求编制，定期对外提供的财务报表，具有统一的格式和编制要求；对内报表是为了满足单位内部经营管理的需求而编制的报表。对内报表没有统一的格式和编制要求。

四、会计报表的作用

会计报表是企业向会计信息使用者提供决策有用信息，有助于会计信息使用者做出科学合理的经济决策。主要有以下几方面作用：

1. 对投资者的作用

投资者可以利用会计报表反映的信息，掌握企业某一特定日期的财务状况、一定会计期间的经营成果和现金流量等信息，分析企业的获利能力、发展能力等。有助于投资者把握投入资本的保值增值情况，为是否投资提供决策依据。

2. 对债权人的作用

债权人可以利用会计报表反映的信息，分析企业的短期偿债能力、长期偿债能力等，有助于其把握债权安全程度，为是否提供贷款提供决策依据。

3. 对企业内部管理层的作用

企业内部管理层可以利用会计报表反映的信息，全面把握企业某一特定日期的财务状况、一定会计期间的经营成果和现金流量等信息，分析企业的资本结构、资本成本、收入、费用利润等，及时发现问题，分析问题，总结经验教训，加强企业管理，提高经济效益。

4. 对政府监管部门的作用

政府监管部门可以利用会计报表反映的信息，监督企业是否存在违法乱纪的行为，保障经济有序的发展；分析各行业、各地区的经济发展情况，为国家制定、执行宏观调控政策提供依据，促进整个国民经济的稳定、持续发展。

五、会计报表的编制要求

会计报表是企业信息使用者决策的重要依据，信息是否真实、完整、及时、相关，会直接影响到信息使用者做决策。因此，编制会计报表应当满足以下四方面的要求：

1. 真实可靠

真实可靠，是指会计报表所提供的信息必须如实反映实际发生的交易或事项，做到业务真实，数据准确。会计报表是根据日常会计核算资料按一定的标准体系进行加工、整理、编制而成的，在各个环节中环环相扣，数据前后具有钩稽关系，不能人为篡改，伪造变造数据，以防信息使用者做出错误的判断，损害信息使用者的利益。

2. 全面完整

全面完整，是指会计报表所提供的信息必须是全面反映企业的交易或事项。不同种类的报表都是从某一侧面反映企业的交易或事项，会计报告由资产负债表、利润表、现金流量表、所有权权益变动表和报表附注组成，形成一个完整的会计信息披露体系。为了保证会计信息的全面完整，企业编制会计报表时，应当全面完整地披露企业的会计信息，不能只提供对企业有利的信息而忽略对企业不利的信息，更不能恶意隐瞒对企业不利的信息。

3. 及时编制

及时编制，是指会计报表应当在规定的期限内编制并对外报送。会计信息具有很强的实效性，过时的信息无法满足信息使用者的需要，不能为信息使用者提供有用信息。企业必须按照法律法规规定的时间定期提供。月报应当于月度终了后 6 天内对外提供，季报应当于季度终了后 15 天内对外提供，半年报应当于半年度终了后 60 天内对外提供，年报应当于年底终了后 4 个月内对外提供。

4. 容易理解

容易理解，是指会计报表提供的信息应当可以被会计信息使用者理解。企业应当采用系统的方法，为信息使用者提供企业财务状况、经营成果、现金流量等会计信息；对于复杂的交易或事项所产生的数据，应当做好补充和解释，让信息使用者容易理解，从而为决策提供依据。

任务二　资产负债表

一、资产负债表的概念

资产负债表，是指反映企业在某一特定日期财务状况的报表。资产负债表是根据"资产 = 负债 + 所有者权益"这一恒等式，把企业在某一特定日期的资产、负债、所有者权益项目按照流动性由强到弱排序而编制的。

二、资产负债表的作用

资产负债表反映企业某一特定日期财务状况的信息，可以为信息使用者提供企业在特定时点拥有或控制的经济资源，为信息使用者反映各种资源的分布及价值情况；可以为信息使用者提供企业在特定时点承担的债务，为信息使用者反映各项债务的分布及价值情况；可以为信息使用者提供企业所有者权益的总额，为信息使用者反映所有者权益的分布情况；可以为信息使用者提供企业偿债能力的分析数据，为信息使用者决策提供依据。

三、资产负债表的结构与内容

资产负债表的结构包括表头、报表主体和附注三个部分。其中，表头列示报表的名称、编制单位、编制日期、货币单位；报表主体包括资产、负债和所有者权益各项目的年初数和期末数，是资产负债表的主要部分，反映企业在一定日期的资产、负债和所有者权益的状况；附注是对报表项目进行补充和说明。

根据《企业会计准则》的规定，资产负债表中的资产应当按照流动资产和非流动资产列示，负债应当按照流动负债和非流动负债列示。

资产负债表中的资产类至少应当单独列示下列项目：货币资金、应收及预付款项、以公允价值计量且变动计入当期损益的金融资产、存货、持有至到期投资、长期股权投资、投资性房地产、固定资产、生物资产、递延所得税资产和无形资产。资产负债表中的资产类至少应当包括流动资产和非流动资产的合计项目。

资产负债表中的负债类至少应当单独列示下列项目：短期借款、以公允价值计量且变动计入当期损益的金融负债、应付及预收款项、应交税费、应付职工薪酬、预计负债、长期借款、长期应付款、应付债券、递延所得税负债。资产负债表中的负债类至少应当包括流动负债和非流动负债的合计项目。

资产负债表中的所有者权益类至少应当单独列示下列项目：实收资本（或股本）、资本公积、盈余公积、未分配利润。

资产负债表应当列示资产总计项目、负债和所有者权益总计项目。资产负债表中资产类项目金额总计与负债类和所有者权益类项目金额总计必须相等。

四、资产负债表的格式

资产负债表一般有两种格式：报告式和账户式。其中，账户式的资产负债表一般是在报表左方列示资产类项目，右方列示负债类和所有者权益类项目，从而使资产负债表左右两方平衡。我国企业应当采用账户式的资产负债表。

资产负债表格式如表9-1所示。

表9-1 资产负债表

编制单位：   ＿＿＿＿年＿＿月＿＿日   单位：元

资产	期末余额	年初余额	负债和所有者权益（或股东权益）	期末余额	年初余额
流动资产：			流动负债：		
货币资金			短期借款		
交易性金融资产			交易性金融负债		
应收票据			应付票据		
应收账款			应付账款		
预付款项			预收款项		
应收利息			应付职工薪酬		
应收股利			应交税费		
其他应收款			应付利息		

资产	期末余额	年初余额	负债和所有者权益（或股东权益）	期末余额	年初余额
存货			应付股利		
一年内到期的非流动资产			其他应付款		
其他流动资产			一年内到期的非流动负债		
流动资产合计			其他流动负债		
非流动资产			流动负债合计		
可供出售金融资产			非流动负债		
持有至到期投资			长期借款		
长期应收款			应付债券		
长期股权投资			长期应付款		
投资性房地产			专项应付款		
固定资产			预计负债		
在建工程			递延所得税负债		
工程物资			其他非流动负债		
固定资产清理			非流动负债合计		
生产性生物资产			负债合计		
油气资产			所有者权益（或股东权益）		
无形资产			实收资本（或股本）		
开发支出			资本公积		
商誉			减：库存股		
长期待摊费用			盈余公积		
递延所得税资产			未分配利润		
其他非流动资产			所有者权益（或股东权益）合计		
非流动资产合计					
资产总计			负债和所有者权益（或股东权益）总计		

五、资产负债表的编制方法

我国企业资产负债表中各项目的数据，分为年初余额和期末余额。

1. "年初余额"栏填列方法

资产负债表"年初余额"栏的各项数字应根据上年度年末资产负债表"期末余额"栏内所列数字填列。如果本年度资产负债表各项目的名称和内容与上年度资产负债表所列项目不一致，应对上年度年末资产负债表各项目的名称和数字按本年度的要求进行调整，填入本年"年初余额"栏。

2. "期末余额"栏填列方法

资产负债表"期末余额"栏具体项目填列方法如下：

（1）"货币资金"项目，应根据"库存现金""银行存款""其他货币资金"账户的期末借方余额合计数填列。

（2）"以公允价值计量且变动计入当期损益的金融资产"项目，应根据"交易性金融资产"账户的期末余额填列。

（3）"应收票据"项目，应根据"应收票据"账户的期末余额减去"坏账准备"账户中有关应收票据计提的坏账准备期末余额后的金额填列。

（4）"应收账款"项目，应根据"应收账款"和"预收账款"账户所属各明细账户的期末借方余额合计，减去"应收账款"计提的"坏账准备"账户的贷方余额后的差额填列。如果"应收账款"账户所属明细账户的期末余额为贷方余额，应在本表"预收账款"项目内填列。

（5）"预付账款"项目，应根据"预付账款"和"应付账款"账户所属各明细账户的期末借方余额合计，减去"坏账准备"账户中有关预付账款计提的坏账准备期末余额后的金额填列。如果"预付账款"账户所属细账户的期末余额为贷方余额，应在本表"应付账款"项目填列。

（6）"应收利息"项目，应根据"应收利息"账户的期末余额减去"坏账准备"科目中有关应收利息计提的坏账准备期末余额后的金额填列。

（7）"应收股利"项目，应根据"应收股利"账户期末余额减去"坏账准备"科目中有关应收股利计提的坏账准备期末余额后的金额填列。

（8）"其他应收款"项目，应根据"其他应收款"账户的期末余额，减去"坏账准备"账户中有关其他应收款计提的坏账准备期末余额后的金额填列。

（9）"存货"项目，应根据"在途物资（材料采购）""原材料""低值易耗品""库存商品""周转材料""委托加工物资""委托代销商品""生产成本"和"劳务成本"等账户的期末余额合计，减去"受托代销商品款""存货跌价准备"账户期末余额后的金额填列。材料采用计划成本核算以及库存商品采用计划成本或售价核算的小企业，应按加上或减去材料成本差异，减商品进销差价后的金额填列。

（10）"一年内到期的非流动资产"项目，应根据一年内到期的"持有至到期投资"、一年内摊销的"长期待摊费用"和一年内可收回的"长期应收款"账户余额之和分析计算后填列。

（11）"其他流动资产"项目，应根据除以上流动资产项目外的其他流动资产有关账户的期末余额填列。如果其他流动资产价值较大的，应在财务报表附注中披露其内容和金额。

（12）"流动资产合计"项目，应根据上述（1）～（11）项金额相加填列。

（13）"可供出售金融资产"项目，应根据"可供出售金融资产"账户期末借方余额减去"可供出售金融资产减值准备"账户期末贷方余额填列。

（14）"持有至到期投资"项目，应根据"持有至到期投资"账户期末借方余额减去一年内到期的投资部分和"持有至到期投资减值准备"账户期末贷方余额后的净额填列。

（15）"长期应收款"项目，应根据"长期应收款"期末余额，减去一年内到期的部分、"未确认融资收益"账户期末余额、"坏账准备"账户中按长期应收款计提的坏账损失后的金额填列。

（16）"长期股权投资"项目，应根据"长期股权投资"账户的期末借方余额减去"长期股权投资减值准备"账户期末贷方余额后填列。

（17）"投资性房地产"项目，应根据"投资性房地产"科目的期末余额，减去"投资性房地产累计折旧（摊销）"和"投资性房地产减值准备"科目余额后的金额填列；如果企业采用公允价值模式计量投资性房地产的，应根据"投资性房地产"科目的期末余额填列。

（18）"固定资产"项目，应根据"固定资产"账户期末借方余额，减去"累计折旧"和"固定资产减值准备"账户期末贷方余额后填列。融资租入固定资产的净值也包括在内。

（19）"在建工程"项目，应根据"在建工程"账户期末余额，减去"在建工程减值准备"账户期末余额后填列。

（20）"工程物资"项目，应根据"工程物资"账户期末余额，减去"工程物资减值准备"账户期末余额后填列。

（21）"固定资产清理"项目，应根据"固定资产清理"账户的期末借方余额填列；如"固定资产清理"账户期末为贷方余额，以"－"号填列。

（22）"生产性生物资产"项目，应根据"生产性生物资产"账户期末余额，减去"生产性生物资产累计折旧"和"生产性生物资产减值准备"账户期末贷方余额后填列。

（23）"油气资产"项目，应根据"油气资产"账户的期末余额减去"累计折耗"账户期末余额和相应减值准备后的金额填列。

（24）"无形资产"项目，应根据"无形资产"账户期末借方余额，减去"累计摊销"和"无形资产减值准备"账户的期末贷方余额填列。

（25）"开发支出"项目，应根据"研发支出"科目中所属的"资本化支出"明细科目期末余额填列。

（26）"商誉"项目，应根据"商誉"账户期末余额减去相应减值准备填列。

（27）"长期待摊费用"项目，应根据"长期待摊费用"账户的期末余额减去将于1年内（含1年）摊销的数额后的金额填列。

（28）"递延所得税资产"项目，应根据"递延所得税资产"账户期末余额填列。

（29）"其他非流动资产"项目，应根据除以上资产以外的其他非流动资产有关账户的期末余额填列。

（30）"非流动资产合计"项目，应根据上述（13）～（29）项金额相加填列。

（31）"资产总计"项目，应根据（12）（30）项目之和填列。

（32）"短期借款"项目，应根据"短期借款"账户的期末贷方余额填列。

（33）"以公允价值计量且变动计入当期损益的金融负债"项目，应根据"交易性金融负债"账户期末余额填列。

（34）"应付票据"项目，应根据"应付票据"账户的期末贷方余额填列。

（35）"应付账款"项目，应根据"应付账款"和"预付账款"账户所属各明细账户的期末贷方余额合计填列。

（36）"预收账款"项目，应根据"预收账款"和"应收账款"账户所属各明细账户的期末贷方余额合计填列。

（37）"应付职工薪酬"项目，应根据"应付职工薪酬"账户的期末贷方余额填列，如"应付职工薪酬"账户期末为借方余额，以"－"号填列。

（38）"应交税费"项目，应根据"应交税费"账户的期末贷方余额填列；如"应交税费"账户期末为借方余额，以"－"号填列。

（39）"应付利息"项目，应根据"应付利息"账户期末余额填列。

（40）"应付股利"项目，应根据"应付股利"账户的期末余额填列。不包括企业分派的股票股利。

（41）"其他应付款"项目，应根据"其他应付款"账户的期末余额填列。

（42）"一年内到期的非流动负债"项目，应根据一年内到期的长期借款、长期应付款和应付债券账户分析计算后填列。

（43）"其他流动负债"项目，应根据除以上流动负债以外的其他流动负债有关账户的期末余额填列。

（44）"流动负债合计"项目，应根据（32）～（43）项目之和填列。

（45）"长期借款"项目，应根据"长期借款"账户的期末余额减去一年内到期部分的金额填列。

（46）"应付债券"项目，应根据"应付债券"账户期末贷方余额减去一年内到期部分的金额填列。

（47）"长期应付款"项目，应根据"长期应付款"账户的期末余额，减去"未确认融资费用"账户期末余额和一年内到期部分的长期应付款后填列。

（48）"专项应付款"项目，应根据"专项应付款"科目的期末余额填列。

（49）"预计负债"项目，应根据"预计负债"账户期末贷方余额填列。

（50）"递延所得税负债"项目，应根据"递延所得税负债"账户期末贷方余额填列。

（51）"其他非流动负债"项目，应根据有关账户的期末余额填列。

（52）"非流动负债合计"项目，应根据（45）～（51）项填列。

（53）"负债合计"项目，应根据（44）～（52）项目之和填列。

（54）"实收资本（股本）"项目，应根据"股本（实收资本）"账户的期末贷方余额填列。

（55）"资本公积"项目，应根据"资本公积"账户期末贷方余额填列。

（56）"库存股"目，应根据"库存股"账户期末借方余额填列。

（57）"盈余公积"项目，应根据"盈余公积"账户的期末贷方余额填列。

（58）"未分配利润"项目，应根据"本年利润"账户和"利润分配"账户的期末余额计算填列，如为未弥补的亏损，在本项目内以"－"号填列。

（59）"所有者权益合计"项目，应根据（54）（55）（57）（58）项之和填列。

（60）"负债和所有者权益总计"项目，反映企业全部负债和所有者权益的总额。

【例 9－1】FX 有限责任公司 2017 年 6 月 30 日有关总账和明细账的余额如表 9－2 所示。

表 9－2　总账和明细账的余额表

资产账户	借或贷	余额/元	负债和所有者权益账户	借或贷	余额/元
库存现金	借	20 000	短期借款	贷	200 000
银行存款	借	200 000	应付票据	贷	10 000
其他货币资金	借	60 000	应付账款	贷	71 000
交易性金融资产	借	152 000	——丙企业	贷	91 000
应收票据	借	30 000	——丁企业	借	20 000
应收账款	借	75 000	预收账款	贷	14 700

续表

资产账户	借或贷	余额	负债和所有者权益账户	借或贷	余额
——甲公司	借	80 000	——C 公司	贷	14 700
——乙公司	贷	5 000	其他应付款	贷	
坏账准备	贷	2 000	应交税费	贷	13 000
预付账款	借	36 100	长期借款	贷	200 000
——A 公司	借	31 000	应付债券	贷	300 000
——B 公司	借	5 100	其中一年到期的应付债券	贷	100 000
其他应收款	借	9 000	实收资本	贷	4 000 000
原材料	借	70 000	盈余公积	贷	150 000
生产成本	借	280 000	利润分配	贷	1 900
库存商品	借	150 000	——未分配利润	贷	1 900
固定资产	借	3 500 000	本年利润	贷	19 500
累计折旧	贷	0			
在建工程	借	400 000			
资产合计	借	4 982 100	负债及所有者权益合计	贷	4 982 100

要求：根据以上材料编制 2017 年度 6 月 30 日的资产负债表（表 9 – 3）。

表 9 – 3　资产负债表

编制单位：FX 有限责任公司　　　　　2017 年 6 月 30 日　　　　　单位：元

资产	期末余额	年初余额	负债和所有者权益（或股东权益）	期末余额	年初余额
流动资产：		略	流动负债：		略
货币资金	280 000		短期借款	200 000	
交易性金融资产	152 000		交易性金融负债	0	
应收票据	30 000		应付票据	10 000	
应收账款	78 000		应付账款	91 000	
预付款项	56 100		预收款项	19 700	
应收利息	0		应付职工薪酬	0	
应收股利	0		应交税费	13 000	
其他应收款	9 000		应付利息	0	
存货	500 000		应付股利	0	
一年内到期的非流动资产			其他应付款		
其他流动资产			一年内到期的非流动负债	100 000	
流动资产合计	1 105 100		其他流动负债		
非流动资产：			流动负债合计	435 700	

资产	期末余额	年初余额	负债和所有者权益（或股东权益）	期末余额	年初余额
可供出售金融资产	0		非流动负债：		
持有至到期投资	0		长期借款	200 000	
长期应收款	0		应付债券	200 000	
长期股权投资	0		长期应付款	0	
投资性房地产	0		专项应付款	0	
固定资产	3 500 000		预计负债	0	
在建工程	400 000		递延所得税负债	0	
工程物资	0		其他非流动负债	0	
固定资产清理	0		非流动负债合计	400 000	
生产性生物资产	0		负债合计	835 700	
油气资产	0		所有者权益（或股东权益）		
无形资产	0		实收资本（或股本）	4 000 000	
开发支出	0		资本公积		
商誉	0		减：库存股		
长期待摊费用	0		盈余公积	150 000	
递延所得税资产	0		未分配利润	21 400	
其他非流动资产	0		所有者权益（或股东权益）合计	4 171 400	
非流动资产合计	3 900 000				
资产总计	5 005 100		负债和所有者权益（或股东权益）总计	5 005 100	

任务三　利　润　表

一、利润表的概念

利润表，是指反映企业在一定会计期间的经营成果的会计报表。利润表属于动态会计报表，即把一定会计期间的营业收入与同一会计期间的营业成本及相关费用进行分析，从而计算出企业的经营成果。

二、利润表的作用

利润表是反映一定会计期间经营成果的报表，通过利润表，可以为信息使用者提供企业在一定会计期间的盈利能力，为信息使用者决策提供依据；可以为信息使用者提供企业在一定会计期间的业绩水平，为信息使用者考核管理层管理能力提供依据；可以为信息使用者提供预测企业未来一定会计期间的盈利能力的数据，为信息使用者投资决策提供依据。

三、利润表的内容

根据《企业会计准则》的规定，利润表至少应当单独列示下列项目：营业收入、营业成本、营业税金及附加、管理费用、销售费用、财务费用、投资收益、公允价值变动损益、资产减值损失、所得税费用和净利润。

四、利润表的格式

利润表常见的格式有两种：单步式利润表和多步式利润表。我国企业应当采用多步式利润表。

多步式利润表中的当期净利润，是通过多步计算确定的，通常分为以下三步：

第一步，计算营业利润，从营业收入出发，减去营业成本、营业税金及附加、销售费用、管理费用、财务费用、资产减值损失，加上公允价值变动收益（减公允价值变动损失）和投资收益（减投资损失），分析计算出营业利润。

第二步，计算利润总额，在营业利润的基础上加上营业外收入，减去营业外支出，分析计算出利润总额，即税前的会计利润。

第三步，计算净利润，从税前会计利润中减去所得税费用，分析计算出本期的净利润（或净亏损）。

利润表格式如表 9 - 4 所示。

表 9 - 4　利润表

编制单位：　　　　　　　　　　　　　　　　　　　年　　月　　　　　　　　　　单位：元

项　　目	本期金额	上期金额
一、营业收入		
减：营业成本		
营业税金及附加		
销售费用		
管理费用		
财务费用		
资产减值损失		
加：公允价值变动收益（损失以 " - " 号填列）		
投资收益（损失以 " - " 号填列）		
其中：对联营企业和合营企业的投资收益		
二、营业利润（亏损以 " - " 号填列）		
加：营业外收入		
减：营业外支出		
其中：非流动资产处置损失		
三、利润总额（亏损总额以 " - " 号填列）		
减：所得税费用		

续表

项　目	本期金额	上期金额
四、净利润（净亏损以"－"号填列）		
五、每股收益		
（一）基本每股收益		
（二）稀释每股收益		

五、利润表的编制方法

利润表反映企业在一定会计期间实现利润（或亏损）的情况，利润表中"本期金额栏"内各项数据，除每股收益项目外，应当按照对应项目的发生额填列；利润表中"上期金额"栏内各项数据，在编报中期会计报表时，填列上年同期实际发生数，在编报年度会计报表时，填列上年全年实际发生数。如果上年度利润表的项目名称与内容和本年度利润表的不一致，应对上年度利润表项目按本年度的规定进行调整，并将调整后的数字填入利润表的"上期金额"栏。

利润表"本期金额"栏内具体项目的填列方法如下：

（1）营业收入项目，应根据"主营业务收入"和"其他业务收入"科目的发生额分析填列。

（2）营业成本项目，应根据"主营业务成本"和"其他业务成本"科目的发生额分析填列。

（3）营业税金及附加项目，应根据"营业税金及附加"科目的发生额分析填列。

（4）销售费用项目，应根据销售费用科目的发生额分析填列。

（5）管理费用项目，应根据"管理费用"的发生额分析填列。

（6）财务费用项目，应根据"财务费用"科目的发生额分析填列。

（7）资产减值损失项目，应根据"资产减值损失"科目的发生额分析填列。

（8）公允价值变动收益项目，应根据"公允价值变动损益"科目的发生额分析填列，如为净亏损在金额前加"－"。

（9）投资收益项目，应根据"投资收益"科目的发生额分析填列，如为投资损失，本项目以负号填列。

（10）营业利润项目，应根据（1）～（9）项目分析计算填列，如为亏损在金额前加"－"。

（11）营业外收入项目，应根据"营业外收入"科目的发生额分析填列。

（12）营业外支出项目，应根据"营业外支出"科目的发生额分析填列。

（13）利润总额项目，应根据（10）（11）（12）项目分析计算填列，如为亏损在金额前加"－"。

（14）所得税费用项目，应根据"所得税费用"科目的发生额分析填列。

（15）净利润项目，应根据（13）（14）项目计算填列，如为亏损在金额前加"－"。

【例9－2】FX有限责任公司所得税税率为25%，公司2017年1—11月份的利润数据如表9－5所示。

表 9 - 5 利润数据

项 目	累计金额/元	项 目	累计金额/元
营业收入	1 200 000	资产减值损失	3 000
营业成本	800 000	营业利润	略
营业税金及附加	20 400	营业外收入	5 000
销售费用	20 000	营业外支出	2 000
管理费用	40 000	利润总额	略
财务费用	1 000	所得税费用	略

FX 有限责任公司 2017 年 12 月份发生以下经济业务：

（1）对外销售甲商品 1 000 件，单价 135 元，增值税率 17%，收到对方开来的一张金额为 157 950 元的商业汇票；

（2）接受 A 公司捐赠现金 7 000 元存入银行；

（3）计算分配本月应付职工工资共计 45 000 元，其中管理部门 30 000 元，专设销售机构人员工资 15 000 元；

（4）计提本月办公用固定资产折旧 1 200 元；

（5）结转已销售的 1 000 件甲商品的销售成本 87 000 元；

（6）将本月实现的损益结转至"本年利润"账户。

要求：根据上述资料，完成会计分录并编制 2017 年的利润表。

FX 有限责任公司编制如下会计分录：

（1）借：应收票据　　　　　　　　　　　　　　　　157 950
　　　　贷：主营业务收入　　　　　　　　　　　　　　135 000
　　　　　　应交税费——应交增值税（销项税）　　　　22 950

（2）借：银行存款　　　　　　　　　　　　　　　　　7 000
　　　　贷：营业外收入　　　　　　　　　　　　　　　　7 000

（3）借：管理费用　　　　　　　　　　　　　　　　30 000
　　　　　销售费用　　　　　　　　　　　　　　　　15 000
　　　　贷：应付职工薪酬　　　　　　　　　　　　　　45 000

（4）借：管理费用　　　　　　　　　　　　　　　　　1 200
　　　　贷：累计折旧　　　　　　　　　　　　　　　　　1 200

（5）借：主营业务成本　　　　　　　　　　　　　　87 000
　　　　贷：库存商品　　　　　　　　　　　　　　　　87 000

（6）借：主营业务收入　　　　　　　　　　　　　　135 000
　　　　　营业外收入　　　　　　　　　　　　　　　　7 000
　　　　贷：本年利润　　　　　　　　　　　　　　　142 000
　　　借：本年利润　　　　　　　　　　　　　　　133 200
　　　　　贷：主营业务成本　　　　　　　　　　　　　　87 000
　　　　　　管理费用　　　　　　　　　　　　　　　　31 200
　　　　　　销售费用　　　　　　　　　　　　　　　　15 000

表 9 - 6 所示为 2017 年的利润表。

表 9 - 6　2017 年的利润表

编制单位：FX 有限责任公司　　　　　　　2017 年　　　　　　　　　　单位：元

项　目	本期金额	上期金额（略）
一、营业收入	1 335 000	
减：营业成本	887 000	
营业税金及附加	20 400	
销售费用	35 000	
管理费用	71 200	
财务费用	1 000	
资产减值损失	3 000	
加：公允价值变动收益（损失以"－"号填列）	0	
投资收益（损失以"－"号填列）		
其中：对联营企业和合营企业的投资收益		
二、营业利润（亏损以"－"号填列）	317 400	
加：营业外收入	12 000	
减：营业外支出	2 000	
其中：非流动资产处置损失		
三、利润总额（亏损总额以"－"号填列）	327 400	
减：所得税费用	81 850	
四、净利润（净亏损以"－"号填列）	245 550	
五、每股收益		
（一）基本每股收益		
（二）稀释每股收益		

任务四　现金流量表

一、现金流量表的概念

现金流量表是反映企业在一定会计期间现金和现金等价物流入和流出情况的报表。现金流量表反映企业在一定会计期间的现金和现金等价物流入企业、流出企业和期末净现金流量增加额，体现企业获取现金和现金等价物的能力。

二、现金流量表的作用

通过现金流量表可以为信息使用者提供企业中一定会计期间的现金和现金等价物流入、流出情况的信息，便于信息使用者了解和评价企业获取现金和现金等价物的能力，据以预测企业未来现金流量。具体体现为：编制现金流量表有利于会计信息使用者评价企业的支付能力、偿债能力和周转能力；有利于会计信息使用者预测企业未来产生的现金流量；有利于会计信息使用者评价企业受益的质量和分析现金流量差异的原因。

三、现金流量表的内容

（一）现金流量的概念

现金流量，是指企业一定会计期间发生现金和现金等价物流入和流出。但是，企业从银行提取现金、用现金购买短期国库券等现金和现金等价物之间的转换不影响现金流量。

这里的"现金"是指广义上的现金，即企业随时可以用于支付的存款，包括库存现金、银行存款和其他货币资金。不能随时用于支付的银行存款不属于现金流量表中所说的现金。

现金等价物，是指企业持有的期限短、流动性强、易于转换为已知金额现金、价值变动风险很小的债券投资。现金等价物通常包括3个月内到期的债券投资等。企业应根据具体情况确定现金等价物的范围，一经确定不得随意变更。

（二）现金流量的内容

现金流量的内容包括以下三个部分：

1. 经营活动产生的现金流量

经营活动，是指企业投资活动和筹资活动以外的所有交易和事项，主要包括销售商品或提供劳务、购买商品、接受劳务、支付工资和交纳税款等交易或事项。经营活动产生的现金流量是由于售商品或提供劳务、购买商品、接受劳务、支付工资和交纳税款等交易或事项产生的，包括现金流入和现金流出两部分。

2. 投资活动产生的现金流量

投资活动，是指企业长期资产的购建和不包括在现金等价物范围内的投资及其处置活动，主要包括购建固定资产、处置子公司及其他营业单位等。投资活动产生的现金流量是由于购建固定资产、处置子公司及其他营业单位等交易或事项产生的，包括现金流入和现金流出两部分。

3. 筹资活动产生的现金流量

筹资活动，是指导致企业资本及债务规模和构成发生变化的活动，主要包括吸收投资、发行股票、分配利润、发行债券、偿还债务等交易或事项。偿付应付账款、应付票据等商业应付款等属于经营活动，不属于筹资活动。筹资活动的现金流量是由于吸收投资、发行股票、分配利润、发行债券、偿还债务等交易或事项产生的，包括现金流入和现金流出两部分。

四、现金流量表的结构和内容

我国企业的现金流量表应采用报告式结构，分类反映经营活动产生的现金流量、投资活动产生的现金流量和筹资活动产生的现金流量，最后汇总反映企业某一期间现金及现金等价物的净增加额。

我国企业现金流量表的格式如表9-7所示。

表9-7　企业现金流量表

编制单位：　　　　　　　　　　　　　　　　　年　　　月　　　　　　　　　　　单位：元

项　目	本期金额	上期金额
一、经营活动产生的现金流量		
销售商品、提供劳务收到的现金		
收到的税费返还		
收到其他与经营活动有关的现金		
经营活动现金流入小计		
购买商品、接受劳务支付的现金		
支付给职工以及为职工支付的现金		
支付的各项税费		
支付其他与经营活动有关的现金		
经营活动现金流出小计		
经营活动产生的现金流量净额		
二、投资活动产生的现金流量		
收回投资收到的现金		
取得投资收益收到的现金		
处置固定资产、无形资产和其他长期资产收回的现金净额		
处置子公司及其他营业单位收到的现金净额		
收到其他与投资活动有关的现金		
投资活动现金流入小计		
购建固定资产、无形资产和其他长期资产支付的现金		
投资支付的现金		
取得子公司及其他营业单位支付的现金净额		
支付其他与投资活动有关的现金		
投资活动现金流出小计		
投资活动产生的现金流量净额		
三、筹资活动产生的现金流量		
吸收投资收到的现金		
取得借款收到的现金		
收到其他与筹资活动有关的现金		
筹资活动现金流入小计		
偿还债务支付的现金		
分配股利、利润或偿付利息支付的现金		
支付其他与筹资活动有关的现金		
筹资活动现金流出小计		

续表

项　目	本期金额	上期金额
筹资活动产生的现金流量净额		
四、汇率变动对现金及现金等价物的影响		
五、现金及现金等价物净增加额		
加：期初现金及现金等价物余额		
六、期末现金及现金等价物余额		

五、现金流量表的编制方法

企业应当采用直接法列示经营活动产生的现金流量。直接法，是指通过现金收入和现金支出的主要类别列示经营活动的现金流量。采用直接法编制经营活动的现金流量时，一般以利润表中的营业收入为起算点，调整与经营活动有关的项目的增减变动，然后计算出经营活动的现金流量。采用直接法具体编制现金流量表时，可以采用工作底稿法或 T 型账户法，也可以根据有关科目记录分析填列。

现金流量表各项目填列的方法如下：

（一）经营活动产出的现金流量的编制方法

1. "销售商品、提供劳务收到的现金"项目

本项目可根据"主营业务收入""其他业务收入""应收账款""应收票据""预收账款"及"库存现金""银行存款"等账户分析填列。

本项目的现金流入可通过下述公式计算求得：

销售商品、提供劳务收到的现金 = 本期营业收入净额 + 本期应收账款减少额（－应收账款增加额）+ 本期应收票据减少额（－应收票据增加额）+ 本期预收账款增加额（－预收账款减少额）

式中，如果本期有实际核销的坏账损失，也应减去（因核销坏账损失减少了应收账款，但没有收回现金）。如果有收回前期已核销的坏账金额，应加上（因收回已核销的坏账，并没有增加或减少应收账款，却收回了现金）。

2. "收到的税费返还"项目

该项目反映企业收到返还的各种税费。本项目可以根据"库存现金""银行存款""应交税费""营业税金及附加"等账户的记录分析填列。

3. "收到的其他与经营活动有关的现金"项目

本项目反映企业除了上述各项目以外收到的其他与经营活动有关的现金流入，如罚款收入、流动资产损失中由个人赔偿的现金收入等。本项目可根据"营业外收入""营业外支出""库存现金""银行存款""其他应收款"等账户的记录分析填列。

4. "购买商品、接受劳务支付的现金"项目

本项目可根据"应付账款""应付票据""预付账款""库存现金""银行存款""主营业务成本""其他业务成本""存货"等账户的记录分析填列。

本项目的现金流出可用以下公式计算求得：

购买商品、接受劳务支付的现金 = 营业成本 + 本期存货增加额（－本期存货减少额）+ 本期应付账款减少额（－本期应付账款增加额）+ 本期应付票据减少额（－本期应

付票据增加额） ＋本期预付账款增加额 （－本期预付账款减少额）

5. "支付给职工以及为职工支付的现金"项目

该项目反映企业实际支付给职工以及为职工支付的工资、奖金、各种津贴和补贴等（含为职工支付的养老、失业等各种保险和其他福利费用）。但不含为离退休人员支付的各种费用和固定资产购建人员的工资。

本项目可根据"库存现金""银行存款""应付职工薪酬""生产成本"等账户的记录分析填列。

6. "支付的各项税费"项目

本项目反映的是企业按规定支付的各项税费和有关费用。但不包括已计入固定资产原价而实际支付的耕地占用税和本期退回的所得税。

本项目应根据"应交税费""库存现金""银行存款"等账户的记录分析填列。

7. "支付的其他与经营活动有关的现金"项目

本项目反映企业除上述各项目外支付的其他与经营活动有关的现金，包括罚款支出、差旅费、业务招待费、保险费支出、支付的离退休人员的各项费用等。本项目应根据"管理费用""销售费用""营业外支出"等账户的记录分析填列。

（二）投资活动产生的现金流量的编制方法

投资活动现金流入和现金流出的各项目的内容和填列方法如下：

1. "收回投资所收到的现金"项目

本项目反映企业出售、转让和到期收回的除现金等价物以外的交易性金融资产、长期股权投资而收到的现金，以及收回持有至到期投资本金而收到的现金。不包括持有至到期投资收回的利息以及收回的非现金资产。本项目应根据"交易性金融资产""长期股权投资""库存现金""银行存款"等账户的记录分析填列。

2. "取得投资收益所收到的现金"项目

本项目反映企业因股权性投资而分得的现金股利和分回利润所收到的现金，以及债权性投资取得的现金利息收入。本项目应根据"投资收益""库存现金""银行存款"等账户的记录分析填列。

3. "处置固定资产、无形资产和其他长期资产所收回的现金净额"项目

该项目反映处置上述各项长期资产所取得的现金，减去为处置这些资产所支付的有关费用后的净额。本项目可根据"固定资产清理""库存现金""银行存款"等账户的记录分析填列。

如该项目所收回的现金净额为负数，应在"支付的其他与投资活动有关的现金"项目填列。

4. "收到的其他与投资活动有关的现金"项目

本项目反映除上述各项目以外，收到的其他与投资活动有关的现金流入。应根据"库存现金""银行存款"和其他有关账户的记录分析填列。

5. "购建固定资产、无形资产和其他长期资产所支付的现金"项目

本项目反映企业购买、建造固定资产，取得无形资产和其他长期资产所支付的现金。其中企业为购建固定资产支付的现金，包括购买固定资产支付的价款现金及增值税款、固定资产购建支付的现金，但不包括购建固定资产的借款利息支出和融资租入固定资产的租赁费。

本项目应根据"固定资产""无形资产""在建工程""库存现金""银行存款"等账户的记录分析填列。

6. "投资所支付的现金"项目

该项目反映企业在现金等价物以外进行交易性金融资产、长期股权投资、持有至到期投资所实际支付的现金，包括佣金手续费所支付的现金，但不包括企业购买股票和债券时，实际支付价款中包含的已宣告尚未领取的现金股利或已到付息期但尚未领取的债券利息。

本项目应根据"交易性金融资产""长期股权投资""持有至到期投资""库存现金""银行存款"等账户记录分析填列。

7. "支付的其他与投资活动有关的现金"项目

本项目反映企业除了上述各项以外，支付的与投资活动有关的现金流出。包括企业购买股票和债券时，实际支付价款中包含的已宣告尚未领取的现金股利或已到付息期但尚未领取的债券利息等。本项目应根据"库存现金""银行存款""应收股利""应收利息"等账户的记录分析填列。

（三）筹资活动产生的现金流量的编制方法

筹资活动产生的现金流入和现金流出包括的各项目的内容和填列方法如下：

1. "吸收投资所支付的现金"项目

本项目反映企业收到投资者投入的现金，包括以发行股票、债券等方式筹集资金实际收到的款项净额（即发行收入减去支付的佣金等发行费用后的净额）。本项目可根据"实收资本（或股本）""应付债券""库存现金""银行存款"等账户的记录分析填列。

2. "借款所得到的现金"项目

本项目反映企业举借各种短期借款、长期借款而收到的现金。本项目可根据"短期借款""长期借款""银行存款"等账户的记录分析填列。

3. "收到的其他与筹资活动有关的现金"项目

该项目反映企业除上述各项以外，收到的其他与筹资活动有关的现金流入。本项目应根据"库存现金""银行存款"和其他有关账户的记录分析填列。

4. "偿还债务所支付的现金"项目

本项目反映企业以现金偿还债务的本金，包括偿还金融机构的借款本金、偿还到期的债券本金等。本项目可根据"短期借款""长期借款""应付债券""库存现金""银行存款"等账户的记录分析填列。

5. "分配股利、利润或偿还利息所支付的现金"项目

本项目反映企业实际支付的现金股利、支付给投资人的利润或用现金支付的借款利息、债券利息等。本项目可根据"应付股利（或应付利润）""财务费用""长期借款""应付债券""库存现金""银行存款"等账户的记录分析填列。

6. "支付的其他与筹资活动有关的现金"项目

本项目反映除了上述各项目以外，支付的与筹资活动有关的现金流出，如发行股票债券所支付的审计、咨询等费用。该项目可根据"库存现金""银行存款"和其他有关账户的记录分析填列。

（四）汇率变动对现金的影响的编制方法

本项目反映企业的外币现金流量发生日所采用的汇率与期末汇率的差额对现金的影响数

额（编制方法略）。

（五）"现金及现金等价物的净增加额"的编制方法

"现金及现金等价物的净增加额"，是将本表中"经营活动产生的现金流量净额""投资活动产生的现金流量净额""筹资活动产生的现金流量净额"和"汇率变动对现金的影响"四个项目相加得出的。

（六）期末现金及现金等价物余额的填列

本项目是将计算出来的现金及现金等价物净增加额加上期初现金及现金等价物金额求得。它应该与企业期末的全部货币资金与现金等价物的合计余额相等。

六、工作底稿法和 T 型账法

（一）工作底稿法

采用工作底稿法编制现金流量表，就是以工作底稿为手段，以利润表和资产负债表数据为基础，对每一项目进行分析并编制调整分录，从而编制出现金流量表。

在直接法下，整个工作底稿纵向分成三段，第一段是资产负债表项目，其中又分为借方项目和贷方项目两部分；第二段是利润表项目；第三段是现金流量表项目。工作底稿横向分为五栏，在资产负债表部分，第一栏是项目栏，填列资产负债表各项目名称；第二栏是期初数，用来填列资产负债表项目的期初数；第三栏是调整分录的借方；第四栏是调整分录的贷方；第五栏是期末数，用来填列资产负债表项目的期末数。在利润表和现金流量表部分，第一栏也是项目栏，用来填列利润表和现金流量表项目名称；第二栏空置不填；第三、第四栏分别是调整分录的借方和贷方；第五栏是本期数，利润表部分这一栏数字应和本期利润表数字核对相符，现金流量表部分这一栏的数字可直接用来编制正式的现金流量表。

采用工作底稿法编制现金流量表的程序是：

第一步，将资产负债表的期初数和期末数录入工作底稿的期初数栏和期末数栏；

第二步，对当期业务进行分析并编制调整分录。调整分录大体有这样几类：

（1）涉及利润表中的收入、成本和费用项目以及资产负债表中的资产、负债及所有者权益项目，通过调整，将权责发生制下的收入费用转换为现金基础。

（2）涉及资产负债表和现金流量表中的投资、筹资项目，反映投资和筹资活动的现金流量。

（3）涉及利润表和现金流量表中的投资和筹资项目，目的是将利润表中有关投资和筹资方面的收入和费用列入现金流量表投资、筹资现金流量中去。此外，还有一些调整分录并不涉及现金收支，只是为了核对资产负债表项目的期末期初变动。

在调整分录中，有关现金和现金等价物的事项，并不直接借记或贷记现金，而是分别计入"经营活动产生的现金流量""投资活动产生的现金流量""筹资活动产生的现金流量"有关项目，借记表明现金流入，贷记表明现金流出。

第三步，将调整分录过入工作底稿中的相应部分。

第四步，核对调整分录，借贷合计应当相等，资产负债表项目期初数加减调整分录中的借贷金额以后，应当等于期末数。

第五步，根据工作底稿中的现金流量表项目部分编制正式的现金流量表。

(二) T 型账户法

采用 T 型账户法，就是以 T 型账户为手段，以利润表和资产负债表数据为基础，对每一项目进行分析并编制调整分录，从而编制出现金流量表。采用 T 型账户法编制现金流量表的程序如下：

第一步，为所有的非现金项目（包括资产负债表项目和利润表项目）分别开设 T 型账户，并将各自的期末期初变动数过入各账户。

第二步，开设一个大的 "现金及现金等价物" T 型账户，每边分为经营活动、投资活动和筹资活动三个部分，左边记现金流入，右边记现金流出。与其他账户一样，过入期末期初变动数。

第三步，以利润表项目为基础，结合资产负债表分析每一个非现金项目的增减变动，并据此编制调整分录。

第四步，将调整分录过入各 T 型账户，并进行核对，该账户借贷相抵后的余额与原先过入的期末期初变动数应当一致。

第五步，根据大的 "现金及现金等价物" T 型账户编制正式的现金流量表。

【例 9 - 3】FX 有限责任公司 2017 年有关资料如下：

本期产品销售收入 100 000 元；应收账款期初余额 20 000 元，期末余额 50 000 元；本期预收的货款 6 000 元；本期用银行存款支付购买原材料货款 50 000 元；用银行存款支付工程用物资货款 60 000 元；本期购买原材料预付货款 30 000 元；本期从银行提取现金 33 000 元，用于发放工资；本期实际支付工资 30 000 元，各种奖金 3 000 元，其中经管理员工资 20 000 元，奖金 1 000 元，在建工程人员工资 10 000 元，奖金 2 000 元；期初未交所得税为 2 000 元，本期发生的应交所得税 7 000 元，期末未交所得税为 1 000 元。

要求：根据上述资料，计算 FX 有限责任公司现金流量表中下列项目的金额，并列出计算过程（不考虑增值税）。要求计算出的项目为："销售商品、提供劳务收到的现金" 项目、"购买商品、接受劳务支付的现金" 项目、"支付给职工以及为职工支付的现金" 项目、"支付的各种税费" 项目、"购建固定资产、无形资产和其他长期资产所支付的现金" 项目。

计算如下：

"销售商品、提供劳务收到的现金" 项目 = 100 000 + （20 000 - 50 000）+ 6 000 = 76 000 （元）。

"购买商品、接受劳务支付的现金" 项目 = 50 000 + 30 000 = 80 000 （元）。

"支付给职工以及为职工支付的现金" 项目 = 20 000 + 1 000 = 21 000 （元）。

"支付的各种税费" 项目 = 2 000 + 7 000 - 1 000 = 8 000 （元）。

"购建固定资产、无形资产和其他长期资产所支付的现金" 项目 = 10 000 + 2 000 + 60 000 = 72 000 （元）。

任务五　所有者权益变动表

一、所有者权益变动表的概念

所有者权益变动表，是指反映构成所有者权益的各组成部分当期的增减变动情况的报表。所有者权益变动表可以全面地反映企业在一定会计期间所有者权益的增减变动情况，不仅包括总量的变动，还包括具体构成项目的变动。

二、所有者权益变动表的作用

所有者权益变动表反映一定会计期间所有者权益构成及其内部变动情况，属于动态会计报表。编制所有者权益变动表有助于信息使用者了解所有者权益增减变动情况，有助于反映企业的综合收益，有助于比较不同时期所有者权益的信息；为信息使用者提供企业所有者权益的内部变动及其变动的根源，为信息使用者决策提供依据。

三、所有者权益变动表的内容与结构

在所有者权益变动表上，企业至少应当单独列示反映下列内容：净利润、直接计入所有者权益的利得和损失项目及其总额、会计政策变更和差错更正的累积影响金额、所有者投入资本和向所有者分配利润等、提取的盈余公积、实收资本或资本公积、盈余公积、未分配利润的期初和期末余额及其调节情况。

所有者权益变动表以矩阵的形式列示：一方面，列示导致所有者权益变动的交易或事项，即所有者权益变动的来源对一定时期所有者权益的变动情况进行全面反映；另一方面，按照所有者权益各组成部分（即实收资本、资本公积、盈余公积、未分配利润和库存股）列示交易或事项对所有者权益各部分的影响。

所有者权益变动表如表9-8所示。

表9-8　所有者权益变动表

编制单位：　　　　　　　　　　　年度　　　　　　　　　　　　单位：元

项　　目	本年金额						上年金额					
	实收资本（或股本）	资本公积	减：库存股	盈余公积	未分配利润	所有者权益合计	实收资本（或股本）	资本公积	减：库存股	盈余公积	未分配利润	所有者权益合计
一、上年年末余额												
加：会计政策变更												
前期差错更正												
二、本年年初余额												
三、本年增减变动金额（减少以"-"号填列）												
（一）净利润												
（二）直接计入所有者权益的利得和损失												
1. 可供出售金融资产公允价值变动净额												
2. 权益法下被投资单位其他所有者权益变动的影响												

项　目	本年金额						上年金额					
	实收资本（或股本）	资本公积	减：库存股	盈余公积	未分配利润	所有者权益合计	实收资本（或股本）	资本公积	减：库存股	盈余公积	未分配利润	所有者权益合计
3. 与计入所有者权益项目相关的所得税影响												
4. 其他												
上述（一）和（二）小计												
（三）所有者投入和减少资本												
1. 所有者投入资本												
2. 股份支付计入所有者权益的金额												
3. 其他												
（四）分配利润												
1. 提取盈余公积												
2. 对所有者（或股东）的分配												
3. 其他												
（五）所有者权益内部结转												
1. 资本公积转增资本（或股本）												
2. 盈余公积转增资本（或股本）												
3. 盈余公积弥补亏损												
4. 其他												
四、本年年末余额												

四、所有者权益变动表的编制

所有者权益变动表各项目均需填列"本年金额"和"上年金额"两栏。

（一）所有者权益变动表上年金额的填列方法

所有者权益表变动表"上年金额"栏内各项数字，应根据上年度所有者权益变动表"本年金额"内所列数字填列。上年度所有者权益变动表规定的各个项目的名称和内容同本年度不一致的，应对上年度所有者权益变动表各项目的名称和数字按照本年度的规定进行调整，填入所有者权益变动表的"上年金额"栏内。

（二）所有者权益变动变本年金额的填列方法

所有者权益变动表"本年金额"栏内各项数字一般应根据"实收资本（或股本）""资本公积""盈余公积""利润分配""库存股""以前年度损益调整"科目的发生额分析填列。

各项目的具体填列方法如下：

1. 上年年末余额的填列

上年年末余额：应根据企业上年资产负债表中实收资本（或股本）、资本公积、盈余公积、利润分配等的年末余额填列。

（1）会计政策变更：应根据企业采用追溯调整法处理的会计政策变更的累积影响金额填列。

（2）前期差错更正：应根据企业采用追溯重述法处理的会计差错更正的累积影响金额填列。

2. 本年年初余额的填列

本年年初余额：应根据企业在上年年末所有者权益余额的基础上进行调整得出的本年年初所有者权益余额，即应根据"盈余公积""利润分配""以前年度损益调整"等科目的发生额分析填列。

3. 本年增减变动金额的填列

（1）净利润：应根据企业当年实现的净利润（或净亏损）金额对应列在"未分配利润"栏。

（2）直接计入所有者权益的利得和损失：应根据企业当年直接计入所有者权益的利得和损失金额填列。其中，可供出售金融资产公允价值变动净额：反映企业持有的可供出售金融资产当年公允价值变动的金额，对应列在"资本公积"栏；权益法下被投资单位其他所有者权益变动的影响：反映企业对按照权益法核算的长期股权投资，在被投资单位除当年实现的净损益以外其他所有者权益当年变动中应享有的份额，对应列在"资本公积"栏；与计入所有者权益项目有关的所得税影响：反映企业根据《企业会计准则第 18 号——所得税》规定应计入所有者权益项目的当年所得税影响金额，对应列在"资本公积"栏。

（3）所有者投入和减少资本：反映企业当年所有者投入的资本和减少的资本。其中，所有者投入资本：反映企业接受投资者投入形成的实收资本（或股本）和资本溢价或股本溢价，对应列在"实收资本"和"资本公积"栏；股份支付计入所有者权益的金额：反映企业处于等待期中的权益结算的股份支付当年计入资本公积的金额，对应列在"资本公积"。

（4）利润分配：反映按照规定提取的盈余公积金额和当年对所有者（或股东）分配的利润（或股利）金额，对应列在"盈余公积"和"未分配利润"栏。其中，提取盈余公积：反映企业按照规定提取的盈余公积、储备基金、企业发展基金项目、中外合作经营在合作期间归还投资者的投资等项目；对所有者（或股东）的分配：反映对所有者（或股东）分配的利润（或股利）金额。

（5）所有者权益内部结转：反映不影响当年所有者权益总额的所有者各组成部分之间当年的增减变动。其中，资本公积转增资本（或股本）：反映企业以资本公积转增资本或股本的金额；盈余公积转增资本（或股本）：反映企业以盈余公积转增资本或股本的金额；盈余公积弥补亏损：反映企业以盈余公积弥补亏损的金额。

任务六　附　　注

一、附注的概念

附注，是指对资产负债表、利润表、现金流量表和所有者权益变动表中列示项目的文字说明或明细资料，以及对未在这些报表中列示项目的解释等。会计报表中的数据具有很强的逻辑关系，数据是经过多次浓缩得来的，因此，有必要对会计报表相关项目的数据做补充和说明。另外，有些交易或事项是不能通过会计报表数据反映的，为了全面地反映企业的财务状况、经营成果、现金流量等会计信息，有必要通过报表附注来披露。

二、附注的作用

编制附注，有助于会计信息使用者全面、正确地使用会计报表，有助于信息使用者理解报表的内容，有助于信息使用者掌握企业的表外会计信息，有助于会计信息使用者做出正确的决策。

三、附注的主要内容

附注是财务报告的重要组成部分。企业在年度的会计报表附注中至少应披露以下内容，但法律法规另有规定的除外。

（1）不符合会计核算前提的说明。

（2）重要会计政策与会计估计的说明。

（3）重要会计政策和会计估计变更的说明，以及重大会计差错更正的说明。

（4）或有事项的说明。

（5）资产负债表日后事项的说明。

（6）关联方关系及其交易的说明。

（7）重要资产转让及其出售的说明。

（8）企业合并、分立的说明。

（9）会计报表重要项目的说明。

任务七　主要会计指标

会计指标，是指分析和评价企业财务状况、经营成果的指标，包括偿债能力指标、营运能力指标、盈利能力指标和发展能力指标。

一、偿债能力指标

企业偿债能力包括短期偿债能力和长期偿债能力两个方面。

（一）短期偿债能力指标

1. 流动比率

流动比率 = 流动资产总额 ÷ 流动负债总额

流动比率反映企业对短期负债的清偿能力，即每1元流动负债中有多少流动资产作为偿还的保障。一般认为流动比率处于2:1的比较安全。如果流动比率过低，说明企业偿还能力较差；如果流动比率过高，说明企业的部分资产处于闲置状态，会降低其获利能力。

2. 速动比率

速动比率＝（流动资产总额－存货）÷流动负债总额

在运用速动比率指标分析企业短期偿债能力时，应结合应收账款的规模及周转速度和其他应收款的变现能力进行具体分析。如果某企业速动比率很高，同时应收账款周转速度很慢，并且其他应收款的规模大、变现能力差，那么该企业真实的短期偿债能力要比该指标反映的弱。

一般认为速动比率为1:1比较安全。

3. 现金比率

现金比率＝（货币资金＋3个月到期的短期投资和应收票据）÷流动负债

现金比率表示每1元流动负债有多少现金及现金等价物作为偿还的保障，反映企业可用现金及变现方式清偿流动负债的能力。现金比率越高，说明企业的短期偿债能力越强。

（二）长期偿债能力指标

1. 资产负债率

资产负债比率＝负债总额÷资产总额

资产负债率是期末负债总额与资产总额的比例关系。资产负债率反映在总资产中有多大比例是通过举债筹集的，也可以衡量企业在清算时保护债权人利益的程度。资产负债率越低，意味着企业的长期偿债能力越强。一般认为资产比率在40%～60%是合理的。

2. 产权比率

产权比率＝负债总额÷股东权益×100%

一般来说，产权比率可反映所有者持有的股权比率是否合理等情况，从侧面表明企业举债经营的程度。产权比率是衡量企业长期偿债能力的重要指标之一，它是判断企业财务结构是否稳健的重要标志。产权比率越低，表明企业自有资本占总资产的比重越大，长期偿债能力越强。

二、营运能力指标

（一）应收账款周转率

应收账款周转率＝销售收入÷平均应收账款

其中：平均应收账款＝（期初应收账款＋期末应收账款）÷2

一般来说，应收账款周转率越高，平均收账时间越短，表明应收账款的收回速度越快。反之，企业的资金将更多地滞留在应收账款上，影响企业的资金周转，制约了企业的发展。

（二）存货周转率

存货周转率＝主营业务成本÷（期初存货净额＋期末存货净额）÷2

一般来说，存货周转率越高，表明存货的周转速度越快，企业的利润空间也就越大，存货占用的资金数额也就越小。一般认为存货周转率为9（次）较合适，但行业间的差别也较为明显，应具体问题具体分析。

（三）固定资产周转率

固定资产周转率＝销售收入÷平均固定资产净值

固定资产平均净值＝（期初净值＋期末净值）÷2

固定资产周转天数＝365÷固定资产周转率

固定资产与收入比＝平均固定资产净值÷销售收入

固定资产周转率主要用来分析企业对厂房、机器设备等固定资产的利用效率，该比率越高，表明固定资产的利用率越高，企业对固定资产的管理水平就越好。如果固定资产周转率与同行业平均水平相比偏低，则说明企业对固定资产的利用率较低，可能会影响企业的获利能力。

三、盈利能力指标

（一）销售净利率

销售净利率＝净利润÷主营业务收入净额

销售净利率与净利润成正比关系，与销售收入成反比关系，企业在增加销售收入额的同时，必须相应地获得更多的净利润，才能使销售净利率保持不变或有所提高。一般地，企业在扩大销售的同时，销售费用、财务费用、管理费用也跟着增加，企业净利润并不一定会同比例地增长，甚至出现负增长。在分析中，应关注企业每增加1元销售收入所带来净利润的增减程度，一般认为，销售净利率在5%以上是比较合理的。

（二）资产净利率

资产净利率＝净利润÷平均资产总额

其中：平均资产总额＝（年初资产总额＋年末资产总额）÷2

一般来说，资产净利率越高，表明企业利用全部资产的获利能力越强；资产净利率越低，表明企业利用全部资产的获利能力越弱。资产净利润率与净利润成正比，与资产平均总额成反比。资产净利率是影响所有者权益利润率的最重要指标，具有很强的综合性，而资产净利率又取决于销售净利润率和资产周转率的高低。

（三）净资产收益率

净资产收益率＝净利润÷平均净资产

其中：平均净资产＝（年初净资产＋年末净资产）÷2

一般地，净资产收益率越高，企业的获利能力越强，表明企业投资带来的收益越高。

四、发展能力指标分析

（一）营业收入增长率

营业收入增长率＝本年营业收入增长额÷上年营业收入总额×100%

其中：本年营业收入增长额＝本年营业收入总额－上年营业收入总额

营业收入增值率指标若大于0，表明企业本年营业收入有所增长，该指标越高，表明企业营业收入的增长速度越快，企业的市场前景就越好；若该指标小于0，表明产品或服务不适销对路、质次价高，或是在售后服务等方面存在问题，市场份额萎缩。

（二）资本保值增值率

资本保值增值率＝扣除客观因素后的本年末所有者权益总额÷年初所有者权益总额×100%

一般认为，资本保值增值率越高，表明企业的资本保全状况越好，所有者权益增长就越快，债权人的债务就越有保障。该指标通常大于100%比较好。

（三）总资产增长率

总资产增长率＝本年总资产增长额÷年初资产总额×100%

其中：本年总资产增长额＝资产总额年末数－资产总额年初数

总资产增长率是从企业资产总量扩张方面衡量企业的发展能力，表明企业规模增长水平对企业发展后劲的影响。该指标越高，表明企业一段时间内资产经营规模扩张的速度就越快。

（四）营业利润增长率

营业利润增长率＝本年营业利润增长额÷上年营业利润总额×100%

其中：本年营业利润增长额＝本年营业利润总额－上年营业利润总额

以上各量化指标分析，应针对不同企业情况，结合企业经营市场情况以及同类型企业的以上指标进行类比，区分和判断企业经营的效果及资金使用情况。

项目小结

会计报告是企业对外提供的反映企业在某一特定日期的财务状况、某一会计期间的经营成果和现金流量等会计信息的文件。

企业提供会计报表的目标包括两个方面：一是向会计报表使用者提供企业特定日期财务状况、一定会计期间经营成果和现金流量等会计信息；二是反映企业管理层受托责任履行情况，有助于会计报表使用者做出科学合理的决策。

会计报表可以按编制的范围、反映财务活动的方式、报送的时间、报送的对象进行分类。编制会计报表要求做到：真实可靠、全面完整、便于理解、编报及时。

会计报告包括会计报表及附注和其他应当在财务报告中披露的相关信息和资料。其中会计报表包括资产负债表、利润表、现金流量表、所有者权益变动表。

资产负债表反映企业在某一特定日期财务状况的报表，其编制的理论依据是"资产＝负债＋所有者权益"这一恒等式；利润表反映企业在某一会计期间经营成果的报表，其编制依据是"收入－费用＝利润"这一会计等式；现金流量表是反映企业某一会计期间现金及现金等价物流进、流出企业情况的报表；所有者权益变动表反映企业所有者权益的构成及其增减变动情况的报表；附注，是指对资产负债表、利润表、现金流量表和所有者权益变动表中列示项目的文字说明或明细资料，以及对未在这些报表中列示项目的解释等。

会计指标，是指分析和评价企业财务状况、经营成果的指标，包括偿债能力指标、营运能力指标、盈利能力指标和发展能力指标。

习题与实训

一、思考题

1. 什么是会计报表？它由哪些内容构成？
2. 什么是资产负债表？如何编制资产负债表？
3. 什么是利润表？如何编制利润表？
4. 什么是报表附注？报表附注应披露哪些内容？
5. 什么是会计指标？会计指标有哪些内容？

二、单项选择题

1. 在资产负债表中，资产是按照（   ）排列的。
    A. 清偿时间的先后顺序　　　　　B. 会计人员的填写习惯
    C. 金额大小　　　　　　　　　　D. 流动性大小

2. 下列报表中，不属于企业对外提供的动态报表的是（   ）。
    A. 利润表　　　　　　　　　　　B. 所有者权益变动表
    C. 现金流量表　　　　　　　　　D. 资产负债表

3. 会计报表中各项目数字的直接来源是（   ）。
    A. 原始凭证　　　B. 日记账　　　C. 记账凭证　　　D. 账簿记录

4. 多步式利润表中的利润总额是以（   ）为基础来计算的。
    A. 营业收入　　　B. 营业成本　　　C. 投资收益　　　D. 营业利润

5. 编制财务报表时，以"收入 – 费用 = 利润"这一会计等式作为编制依据的财务报表是（   ）。
    A. 利润表　　　　　　　　　　　B. 所有者权益变动表
    C. 资产负债表　　　　　　　　　D. 现金流量表

6. 关于企业利润构成，下列表述不正确的是（   ）。
    A. 企业的利润总额由营业利润、投资收益和营业外收入三部分组成
    B. 营业成本 = 主营业务成本 + 其他业务成本
    C. 利润总额 = 营业利润 + 营业外收入 – 营业外支出
    D. 净利润 = 利润总额 – 所得税费用

7. 资产负债表是根据（   ）这一会计等式编制的。
    A. 收入 – 费用 = 利润
    B. 现金流入 – 现金流出 = 现金净流量
    C. 资产 = 负债 + 所有者权益 + 收入 – 费用
    D. 资产 = 负债 + 所有者权益

8. 甲企业本期主营业务收入为 50 万元，主营业务成本为 30 万元，其他业务收入为 20 万元，其他业务成本为 10 万元，销售费用为 1.5 万元，资产减值损失为 4.5 万元，公允价值变动收益为 6 万元，投资收益为 2 万元，假定不考虑其他因素，该企业本期营业利润为（   ）万元。
    A. 30　　　　　　B. 32　　　　　　C. 36.5　　　　　　D. 38

9. 下列各项中不属于存货的是（   ）。
    A. 委托加工物资　　　　　　　　B. 周转材料

　　　　C. 原材料　　　　　　　　　　　　　D. 工程物资

10. 中期账务报告可以不提供的报表是（　　　）。

　　　　A. 资产负债表　　　　　　　　　　　B. 利润表

　　　　C. 所有者权益变动表　　　　　　　　D. 现金流量表

11. 下列各项中，关于资产负债表"预收账款"项目填列方法表述正确的是（　　　）。

　　　　A. 根据"预收账款"科目的期末余额填列

　　　　B. 根据"预收账款"和"应收账款"科目所属明细各科目的期末贷方余额合计数填列

　　　　C. 根据"预收账款"和"预付账款"科目所属各明细科目的期末借方余额合计数填列

　　　　D. 根据"预收账款"和"应付账款"科目所属各明细科目的期末贷方余额合计数填列

12. 下列资产负债表项目中，应根据多个总账科目余额计算填列的是（　　　）。

　　　　A. 实收资本　　　　　　　　　　　　B. 盈余公积

　　　　C. 货币资金　　　　　　　　　　　　D. 长期借款

三、多项选择题

1. 下列账户中，可能影响资产负债表中"预付款项"项目金额的有（　　　）。

　　　　A. 预收账款　　　B. 应收账款　　　　C. 应付账款　　　　D. 预付账款

2. 下列各项中，对企业营业利润产生影响的有（　　　）。

　　　　A. 资产减值损失　　　　　　　　　　B. 营业税金及附加

　　　　C. 营业外收入　　　　　　　　　　　D. 投资收益

3. 下列各项中，会影响企业利润总额的有（　　　）。

　　　　A. 营业外支出　　　　　　　　　　　B. 公允价值变动损益

　　　　C. 制造费用　　　　　　　　　　　　D. 所得税费用

4. 资产负债表的格式主要有（　　　）。

　　　　A. 单步式　　　　　　　　　　　　　B. 多步式

　　　　C. 账户式　　　　　　　　　　　　　D. 报告式

5. 下列式子中正确的有（　　　）。

　　　　A. 期间费用 = 销售费用 + 管理费用 + 财务费用

　　　　B. 营业利润 = 营业收入 – 营业成本 – 营业税金及附加 – 期间费用 + 投资收益（– 投资损失）+ 公允价值变动收益（– 公允价值变动损失）– 资产减值损失

　　　　C. 利润总额 = 营业利润 + 营业外收入 – 营业外支出

　　　　D. 净利润 = 利润总额 – 所得税费用

6. 多步式利润表可以反映企业的（　　　）等利润要素。

　　　　A. 所得税费用　　　　　　　　　　　B. 营业利润

　　　　C. 利润总额　　　　　　　　　　　　D. 净利润

7. 期末，下列（　　　）账户的余额应转入"本年利润"账户。

　　　　A. 主营业务成本　　　　　　　　　　B. 制造费用

　　　　C. 管理费用　　　　　　　　　　　　D. 投资收益

8. 中期财务报表至少应包括（　　　　）。

  A. 资产负债表　　　　　　　　　　B. 利润表

  C. 现金流量表　　　　　　　　　　D. 所有者权益变动表

9. 下列资产负债表项目中，根据总账余额直接填列的有（　　　　）。

  A. 实收资本　　B. 资本公积　　　C. 短期借款　　　　D. 应收账款

10. 下列资产中，属于流动资产的有（　　　　）。

  A. 工程物资　　　　　　　　　　　B. 一年内到期的非流动资产

  C. 应收利息　　　　　　　　　　　D. 商誉

11. 下列项目中，影响现金流量表中现金流量增减变动的有（　　　　）。

  A. 用银行存款购买两个月内到期的国债

  B. 收回应收账款存入银行

  C. 用银行存款购入股票作为长期股权投资

  D. 用银行存款偿还应付账款

12. 下列项目中，应在所有者权益变动表中反映的项目有（　　　　）。

  A. 净利润　　　　　　　　　　　　B. 直接计入所有者权益变动表的利得

  C. 提取盈余公积　　　　　　　　　D. 盈余公积转增股本

四、判断题

1. 资产负债表是总括反映企业特定日期资产、负债和所有者权益情况的静态报表，通过它可以了解企业的资产分布、资金的来源和承担的债务以及资金的流动性和偿债能力。
（　　　）

2. 损益类科目用于核算收入、费用、成本的发生和归集，提供一定期间与损益相关的会计信息的会计科目。（　　　）

3. 净利润是指营业利润减去所得税费用后的金额。（　　　）

4. 利润表是反映企业一定日期经营成果的财务报表。（　　　）

5. "制造费用"和"管理费用"都应当在期末转入"本年利润"账户。（　　　）

6. 资产负债表中"固定资产"项目应根据"固定资产"账户余额直接填列。（　　　）

7. 账户式资产负债表分左右两方，左方为资产项目，一般按照流动性大小排列；右方为负债及所有者权益项目，一般按要求偿还时间的先后顺序排列。（　　　）

8. 购买商品支付货款取得的现金折扣列入利润表"财务费用"项目。（　　　）

9. 利润表中"营业税金及附加"项目包括增值税。（　　　）

10. "应付职工薪酬"项目，反映企业根据有关规定应付给职工的工资、职工福利、社会保险费、住房公积金、工会经费、职工教育经费，但不包括非货币性福利、辞退福利等薪酬。
（　　　）

11. "利润分配"总账的年末余额不一定与相应的资产负债表中"未分配利润"项目的数额一致。（　　　）

12. 所有者权益变动表只是反映企业在一定期间未分配利润的增减变动情况的报表。
（　　　）

五、实训题

1. FX 有限责任公司 2017 年 6 月 30 日有关总账和明细账的余额如表 9 – 9 所示。

表 9-9 总账和明细账的余额

账户	借或贷	余额/元	负债和所有者权益账户	借或贷	余额/元
库存现金	借	3 150	短期借款	贷	25 000
银行存款	借	70 000	应付票据	贷	2 550
其他货币资金	借	19 000	应付账款	贷	7 100
交易性金融资产	借	11 000	——丙企业	贷	9 100
应收票据	借	3 000	——丁企业	借	2 000
应收账款	借	7 500	预收账款	贷	1 470
——甲公司	借	8 000	——C 公司	贷	1 470
——乙公司	贷	500	其他应付款	贷	1 200
坏账准备	贷	500	应交税费	贷	2 800
预付账款	借	3 610	长期借款	贷	50 600
——A 公司	借	3 100	应付债券	贷	56 370
——B 公司	借	510	其中一年到期的应付债券	贷	23 000
其他公司	借	850	实收资本	贷	404 000
原材料	借	77 880	盈余公积	贷	15 810
生产成本	借	26 540	利润分配	贷	190
库存商品	借	19 320	——未分配利润	贷	190
固定资产	借	288 800	本年利润	贷	7 310
累计折旧	借	490			
在建工程	贷	44 740			
资产合计	借	574 400	负债及所有者权益合计	贷	574 400

要求：请代 FX 有限责任公司编制 6 月 30 日资产负债表，如表 9-10 所示。

表 9-10 资产负债表（简表）

制表单位： 　　　　　　　　2017 年 6 月 30 日 　　　　　　　　单位：元

资产	年初数	年末数	负债所有者权益	年初数	年末数
流动资产	略		流动负债	略	
货币资金			短期借款		
交易性金融资产			应付票据		
应收票据			应付账款		
应收账款			预收账款		
预付款项			应交税费		
其他应收款			其他应付款		
存货			一年内到期的非流动负债		

资产	年初数	年末数	负债所有者权益	年初数	年末数
流动资产合计			流动负债合计		
非流动资产			非流动负债：		
固定资产			长期借款		
在建工程			应付债券		
非流动资产合计			非流动负债合计		
……			负债合计		
……			所有者权益		
……			实收资本		
……			盈余公积		
……			未分配利润		
……			所有者权益合计		
资产总计			负债及所有者权益合计		

2. FX 有限责任公司适用的所得税税率为 25%，该公司 2017 年 1—11 月的利润表相关数据如表 9 – 11 所示。

表 9 – 11 FX 有限责任公司 2017 年 1—11 月的利润表（简表）

编制单位：   单位：元

项　目	本期金额	本年累计金额
一、营业收入	略	4 500 000
减：营业成本		3 000 000
营业税金及附加		120 000
销售费用		300 000
管理费用		380 000
财务费用		6 000
二、营业利润（损失以"－"号填列）		694 000
加：营业外收入		6 000
减：营业外支出		4 000
三、利润总额（损失以"－"号填列）		696 000
减：所得税费用		174 000
四、净利润（亏损以"－"号填列）		522 000

FX 有限责任公司 12 月份发生以下经济业务：

（1）对外销售甲商品 3 000 件，单价 80 元，增值税率 17%，已办妥银行托收货款手续；

（2）经批准处理财产清查中的盘亏设备一台，估计原价 50 000 元，六成新；

（3）计算分配本月应付职工工资共计 50 000 元。其中管理部门 30 000 元，专设销售机构人员工资 20 000 元；

（4）结转已销售的 3 000 件甲商品的销售成本 180 000 元；

（5）根据销售收入的 3%，计算应交纳已销售的甲商品的消费税 7 200 元；

（6）将本月实现的损益结转至"本年利润"账户。

要求：根据上述资料，编制 FX 有限责任公司 2017 年年度利润表，如表 9 – 12 所示。

表 9 – 12　利润表

编制单位：　　　　　　　　　　　　　　　　　　　年　　　　　　　　　　　　　　　　　单位：元

项　目	本期金额	上期金额
一、营业收入		
减：营业成本		
营业税金及附加		
销售费用		
管理费用		
财务费用		
资产减值损失		
加：公允价值变动收益（损失以"－"号填列）		
投资收益（损失以"－"号填列）		
其中：对联营企业和合营企业的投资收益		
二、营业利润（亏损以"－"号填列）		
加：营业外收入		
减：营业外支出		
其中：非流动资产处置损失		
三、利润总额（亏损总额以"－"号填列）		
减：所得税费用		
四、净利润（净亏损以"－"号填列）		

3. WXR 有限责任公司所得税税率是 25%，该公司 2017 年 1—11 月各损益类专户的累计发生额和 12 月底转账前各损益类账户的发生额如表 9 – 13 所示。

表 9 – 13　各损益类专户的累计发生额和转账前各损益类账户的发生额

元

账户名称	12 月发生数		1—11 月累计发生数	
	借方	贷方	借方	贷方
主营业务收入		510 000		8 000 000
主营业务成本	450 000		7 000 000	
销售费用	6 000		200 000	
营业税金及附加	1 000		9 000	
其他业务成本	50 000		300 000	

续表

账户名称	12 月发生数		1—11 月累计发生数	
	借方	贷方	借方	贷方
营业外支出	3 000		20 000	
财务费用	2 000		30 000	
管理费用	9 000		100 000	
其他业务收入		100 000		650 000
营业外收入		5 000		
投资收益		20 000		

要求：替 WXR 有限责任公司编制 2017 年年度利润表，如表 9 – 14 所示。

表 9 – 14　利润表

编制单位：　　　　　　　　　　　　　　　年　　　　　　　　　　单位：元

项　目	本期金额	上期金额
一、营业收入		
减：营业成本		
营业税金及附加		
销售费用		
管理费用		
财务费用		
资产减值损失		
加：公允价值变动收益（损失以"－"号填列）		
投资收益（损失以"－"号填列）		
其中：对联营企业和合营企业的投资收益		
二、营业利润（亏损以"－"号填列）		
加：营业外收入		
减：营业外支出		
其中：非流动资产处置损失		
三、利润总额（亏损总额以"－"号填列）		
减：所得税费用		
四、净利润（净亏损以"－"号填列）		

认识会计核算形式

认识会计核算形式的概念、分类、作用；

理解记账凭证核算形式、汇总记账凭证核算形式、科目汇总表核算形式的步骤和优缺点；

掌握记账凭证核算形式、汇总记账凭证核算形式、科目汇总表核算形式的应用。

引 例

大学生小李的困惑

大学生小李就读的是会计专业，拿到会计从业资格证后，应邀到一家新公司从事会计工作。在日常工作中，小李按照相关规定填制和审核会计凭证，登记现金日记账、银行存款日记账和明细分类账，这些工作都顺利地完成了。然而，登记总分类账依据什么呢？询问了几个老会计，有的说是根据记账凭证登记总分类账，有的说根据汇总记账凭证登记总分类账，有的说是根据科目汇总表登记总分类账。怎么不同的老会计说法不一致呢？你知道原因吗？

任务一　会计核算形式概述

一、会计核算形式的概念

会计核算形式又称账务处理程序，是指在企业的会计核算中，把会计凭证组织、会计账簿组织、会计报表组织、记账程序与方法结合起来的技术组织形式。不同的企业，其发生的交易或事项的繁简是不一样的，因此，采用的会计核算程序也是不一致的。

二、会计核算形式的组织原则

组织会计核算形式遵循一定的原则，具体包括以下几方面：

1. 适应企业交易或事项的特点

企业组织会计核算形式要与其自身发生的交易或事项的性质、内容、繁简程度相适应，要与企业自身的规模相适应，应当有助于会计工作的分工与协作，以及会计岗位责任制的落实，并有助于企业内部监控制度的实施，促进会计核算形式与企业交易或事项特点的融合。

2. 满足信息使用者需要

企业组织的会计核算形式应当能正确、及时、全面、系统地提供其财务状况、经营成果和现金流量等会计信息，满足内部管理层以及外部相关利益者决策的需要。

3. 简化核算手续

企业组织的会计核算形式还应在保证会计工作质量的前提下，力求简化会计核算手续，节约人力、物力和财力，提高会计核算工作效率。

三、会计核算形式的作用

科学、合理地选择适合本企业的会计核算形式，对有效组织会计核算具有重要的作用。即通过确定凭证、账簿与报表之间合理的联系方式，促进会计工作程序的规范化，以保证会计信息加工过程的严密性，从而提高会计信息质量；凭证、账簿和报表之间的牵制作用，可增强会计信息的可靠性，有利于保证会计记录的完整性、正确性；通过减少不必要的会计核算环节，可提高会计工作效率，保证会计信息的及时性。因此，设计合理的会计账务处理程序可以使会计核算工作组织得更加科学化，可以充分发挥会计在经济管理中的作用。

四、会计核算形式的分类

会计核算形式的不同是由于会计凭证、会计账簿、会计报表的种类、格式以及记账程序的不同而导致的。企业常用的会计核算形式主要有三种：记账凭证核算形式、汇总记账凭证核算形式、科目汇总表核算形式。三种会计核算形式的根本区别是登记总分类账的依据和方法不同；共同点可以归纳为六个方面：①将同类交易或事项的原始凭证汇总编制成汇总原始凭证；②根据原始凭证或汇总原始凭证编制记账凭证；③根据记账凭证中的收款凭证和付款凭证登记现金日记账和银行存款日记账；④根据原始凭证、汇总原始凭证和记账凭证登记有关的明细分类账；⑤定期将日记账和明细分类账同总分类账进行核对；⑥定期根据总分类账和明细分类账编制会计报表。

任务二　记账凭证核算形式

一、记账凭证核算形式的概念

记账凭证核算形式，是指对企业发生的交易或事项，根据原始凭证或汇总原始凭证编制记账凭证，再直接根据记账凭证逐笔登记总分类账的一种会计核算形式，它是最基本的会计核算形式，其他会计会计核算形式都在此基础上演变和发展而来。

二、记账凭证、账簿的格式

采用记账凭证核算形式，企业一般设置现金日记账、银行存款日记账、总分类账和明细分类账。日记账和总账一般采用三栏式；明细账可根据实际需要，分别采用三栏式、数量金额式和多栏式。记账凭证一般采用通用记账凭证格式，也可采用收款凭证、付款凭证和转账凭证三种格式。

三、记账凭证核算形式的基本步骤

记账凭证核算形式的基本步骤如下：

（1）根据原始凭证编制汇总原始凭证。

（2）根据原始凭证和汇总原始凭证编制收款凭证、付款凭证和转账凭证。

（3）根据收款凭证、付款凭证逐笔登记现金日记账和银行存款日记账。

（4）根据原始凭证、汇总原始凭证和记账凭证，登记各种明细分类账（一般情况下，明细账的登记依据为记账凭证，但为了反映详细的核算资料，有时需要以一些原始凭证为依据，并且有些具备记账凭证各项目的原始凭证也能代替记账凭证）。

（5）根据记账凭证逐笔登记总分类账。

（6）期末，现金日记账、银行存款日记账和明细分类账的余额和有关总分类账的余额相符。

（7）期末，根据总分类账和明细分类账的记录，编制会计报表。

记账凭证核算形式的基本步骤如图 10－1 所示。

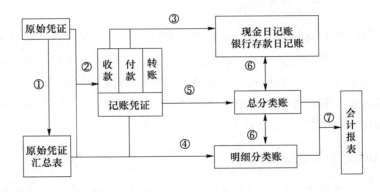

图 10－1　记账凭证核算形式的基本步骤

四、记账凭证核算形式的特点、优缺点及适用范围

（一）特点

在记账凭证核算形式下，企业的会计人员可以直接根据记账凭证逐笔登记总分类账，反映较详细的会计信息。

（二）优缺点和适用范围

1. 记账凭证核算形式的优点

形式简单明了，核算手续简便，层次清楚，便于查账，反映信息较详细。这是由于省去了编制记账凭证的汇总工作，而且对于一些不经常发生交易或事项的账户，可省去设置明细账，只需在总账的摘要栏中说明经济业务的主要内容，从而简化了记账工作。总分类账还能够较详细地反映交易或事项的内容，可以反映账户的对应关系和经济业务的来龙去脉，便于核对账目。

2. 记账凭证核算形式的缺点

登记总分类账的工作量较大，不便于对会计工作进行分工。这是由于直接根据记账凭证登记总分类账会导致登记总分类账工作量比较大，并且同一时间只能由同一个会计账登记，不利于分工。

3. 记账凭证核算形式的适用范围

一般适用于规模较小、经济业务较少、凭证不多的企业。

任务三　汇总记账凭证核算形式

一、汇总记账凭证核算形式的概念

汇总记账凭证核算形式，是企业根据原始凭证或原始凭证汇总表编制记账凭证，然后定期根据记账凭证编制汇总记账凭证，再根据汇总记账凭证逐项登记总分类账的一种会计核算形式。

二、凭证、账簿的格式及设置

采用汇总记账凭证核算形式，企业除设置收款凭证、付款凭证和转账凭证外，还应当设置汇总收款凭证、汇总付款凭证和汇总转账凭证，并在汇总凭证中反映账户的对应关系。由于汇总记账凭证反映了账户的对应关系，为使总分类账的内容与各种汇总记账凭证相一致，总分类账所采用的借、贷、余三栏式中的借、贷两栏应设有"对方科目"专栏的格式，以便清晰反映科目之间的对应关系。

三、汇总记账凭证的编制方法

汇总记账凭证是按每个科目的要求进行设置，并按科目的借方或贷方的对应科目进行汇总。汇总记账凭证分为汇总收款凭证、汇总付款凭证和汇总转账凭证。

（一）汇总收款凭证

汇总收款凭证是根据库存现金收款凭证、银行存款收款凭证定期汇总编制的汇总记账凭证。

汇总收款凭证按库存现金科目、银行存款科目的借方分别设置，定期（如 5 天或 10 天）将这一期间内的全部库存现金收款凭证、银行存款收款凭证，分别按与设置科目相对应的贷方科目加以归类、汇总，进行填制，每月编制一张。月终时，结算出汇总收款凭证的合计数，据以登记总分类账。

登记总分类账时，应根据汇总收款凭证上的合计数，计入"库存现金"或"银行存款"总分类账户的借方，根据汇总收款凭证上各贷方科目的合计数分别计入有关总分类账户的贷方。汇总收款凭证格式如表 10 – 1 所示。

表 10 – 1 汇总收款凭证

借方科目：库存现金　　　　　　　　　　　年　　月

贷方科目	金额			总账页数		
	1—10 日 凭证第　　号— 第　　号	11—20 日 凭证第　　号— 第　　号	21—30 日 凭证第　　号— 第　　号	合计	借方	贷方
……	…	…	…	…	…	…
合计						

（二）汇总付款凭证

汇总付款凭证是根据库存现金付款凭证、银行存款付款凭证定期汇总编制的汇总记账凭证。

汇总付款凭证按库存现金科目、银行存款科目的贷方分别设置，定期将这一期间内的全部库存现金付款凭证、银行存款付款凭证，分别按与设置科目相对应的借方科目加以归类、汇总，进行填制，每月编制一张。月终时，结算出汇总付款凭证的合计数，据以登记总分类账。

登记总分类账时，根据汇总付款凭证的合计数，计入"库存现金""银行存款"总分类账户的贷方；根据汇总付款凭证中各借方科目的合计数计入相应的总分类账户的借方。汇总付款凭证格式如表 10 – 2 所示。

表 10 – 2 汇总付款凭证

贷方科目：银行存款　　　　　　　　　　　年　　月

借方科目	金额			总账页数		
	1—10 日 凭证第　　号— 第　　号	11—20 日 凭证第　　号— 第　　号	21—30 日 凭证第　　号— 第　　号	合计	借方	贷方
……	…	…	…	…	…	…
合计						

（三）汇总转账凭证

汇总转账凭证是按转账凭证每一贷方科目分别设置的，用来汇总一定时期内转账业务的一种汇总记账凭证。

汇总转账凭证通常按每一科目的贷方分别设置，定期（5 天或 10 天）将这一期间的全部转账凭证，按与设置科目相对应的借方科目加以归类、汇总，进行填制，每月编制一张。月终时，结算出汇总转账凭证的合计数，据以登记总分类账。由于汇总转账凭证上的科目对应关系是一个贷方科目与一个或几个借方科目相对应的，因此，为了便于编制汇总转账凭证，要求所有的转账凭证也应按一个贷方科目与一个或几个借方科目的对应关系来填制，不应填制一个借方科目与几个贷方科目相对应的转账凭证。当在汇总期内，某一贷方科目的转账凭证较少时，也可不填制汇总转账凭证，而直接根据转账凭证记账。

登记总分类账时，应根据汇总转账凭证的合计数，计入汇总转账凭证所列贷方科目相对应的总分类账户的贷方，并分别计入汇总转账凭证中各借方科目的相应总分类账户的借方。汇总转账凭证格式如表10-3所示。

表10-3　汇总转账凭证

贷方科目：库存商品　　　　　　　　　　　年　　　月

借方科目	金额			总账页数		
	1—10日 凭证第　　号— 第　号	11—20日 凭证第　　号— 第　号	21—30日 凭证第　　号— 第　号	合计	借方	贷方
……	…	…	…	…	…	…
合计						

四、汇总记账凭证核算形式的基本步骤

汇总记账凭证核算形式的基本步骤（图10-2）如下：

（1）根据原始凭证编制汇总原始凭证；再根据原始凭证或汇总原始凭证，编制收款凭证、付款凭证和转账凭证。

（2）根据收款凭证、付款凭证逐笔登记现金日记账和银行存款日记账。

（3）根据原始凭证、汇总原始凭证和记账凭证，登记各种明细分类账。

（4）根据各种记账凭证编制有关汇总记账凭证。

（5）根据各种汇总记账凭证登记总分类账。

（6）期末，现金日记账、银行存款日记账和明细分类账的余额同有关总分类账的余额核对相符。

（7）期末，根据总分类账和明细分类账的记录，编制会计报表。

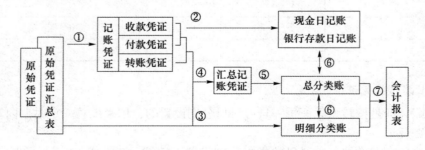

图10-2　汇总记账凭证核算形式的基本步骤

五、汇总记账凭证核算形式的特点、优缺点及适用范围

（一）特点

汇总记账凭证核算形式的特点是定期根据记账凭证分类编制汇总收款凭证、汇总付款凭证和汇总转账凭证，然后根据汇总记账凭证登记总分类账。

（二）优缺点及适用范围

1. 汇总记账凭证核算形式的优点

汇总记账凭证核算形式是根据汇总记账凭证月终一次登记总分类账的，从而大大减轻了登记总账的工作量；汇总记账凭证是按照会计科目的对应关系编制的，清晰地反映了经济业务的来龙去脉，总分类账也反映账户的对应关系，便于查账。

2. 汇总记账凭证核算形式的缺点

汇总记账凭证是按每一贷方科目而不是按交易或事项性质归类、汇总的，不利于日常核算工作的合理分工；转账凭证多的时候，编制汇总记账凭证工作量也较大。

3. 汇总记账凭证核算形式的适用范围

一般适用于规模较大、经济业务较多的企业。

任务四　科目汇总表核算形式

一、科目汇总表核算形式的概念

科目汇总表核算形式，是指企业根据记账凭证定期编制科目汇总表，然后根据科目汇总表登记总分类账的一种会计核算形式。

二、记账凭证、账簿的格式及设置

采用汇总记账凭证核算形式，企业一般设置现金日记账、银行存款日记账、总分类账和明细分类账。日记账和总账一般采用三栏式；明细账可根据实际需要，分别采用三栏式、数量金额式和多栏式。记账凭证一般采用通用记账凭证格式，也可采用收款凭证、付款凭证和转账凭证三种格式。

三、科目汇总表的编制方法

科目汇总表的编制方法是，根据一定时期内的全部记账凭证，按相同的会计科目进行归类，分借、贷方定期（如 5 天，10 天）汇总每一会计科目的本期发生额，填写在科目汇总表的借方发生额和贷方发生额栏内，并分别相加，以反映全部会计科目在一定期间的借、贷方发生额。科目汇总表可以每汇总一次编制一张，也可以按旬汇总一次，每月编制一张。任何格式的科目汇总表，都只反映各个会计科目的本期借方发生额和本期贷方发生额，不反映各个会计科目的对应关系。

在编制科目汇总表时，首先，将汇总期内各项经济业务所涉及的会计科目填在科目汇总表的"会计科目"栏内，为了便于登记总分类账，会计科目按总分类账上会计科目的先后顺序填写。其次，根据汇总期内所有的记账凭证，按会计科目分别加记借方发生额和贷方发生额，将其汇总数填在各相应会计科目的"借方"和"贷方"栏。按会计科目汇总后，应加总借、贷方发生额，进行发生额的试算平衡。科目汇总表的编制时间，应根据各企业、单位业务量而定。业务较多的可以每日汇总，业务较少的可以定期汇总，但一般不得超过一个月。科目汇总表上，还应注明据以编制的各种记账凭证的起讫字号，以备进行检查。科目汇总表的格式如表 10 - 4 所示。

表 10 – 4　科目汇总表

年　　月

会计科目	1—10 日		11—20 日		21—30 日		合计		总账页数
	借方	贷方	借方	贷方	借方	贷方	借方	贷方	
……	…	…	…	…	…	…	…	…	…
合计									

四、科目汇总表核算形式的基本步骤

科目汇总表核算形式的基本步骤（图 10 – 3）如下：

（1）根据原始凭证编制汇总原始凭证。

（2）根据原始凭证和汇总原始凭证，编制记账凭证。

（3）根据收款凭证、付款凭证逐笔登记现金日记账和银行存款日记账。

（4）根据原始凭证、汇总原始凭证和记账凭证登记各种明细分类账。

（5）根据各种记账凭证编制科目汇总表。

（6）根据科目汇总表登记总分类账。

（7）期末，现金日记账、银行存款日记账和明细分类账的余额同有关总分类账的余额核对相符。

（8）期末，根据总分类账和明细分类账的记录，编制会计报表。

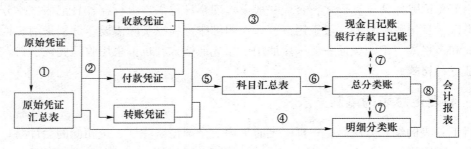

图 10 – 3　科目汇总表核算形式的基本步骤

五、科目汇总表核算形式的特点、优缺点及适用范围

（一）特点

科目汇总表核算形式的特点是：企业根据记账凭证定期编制科目汇总表，然后根据科目汇总表登记总分类账。

（二）优缺点及适用范围

1. 科目汇总表核算形式的优点

科目汇总表的编制和使用较为简便，易学易做；根据科目汇总表一次或分次登记总分类账，可以大大减少登记总分类账的工作量；而且通过科目汇总表的编制，可以根据各科目本期借、贷方发生额的合计数进行试算平衡，及时发现并纠正记账过程中的差错，从而保证记账工作的质量。

2. 科目汇总表核算形式的缺点

在科目汇总表和总分类账中，不反映各科目的对应关系，因而不便于根据账簿记录检查、分析经济业务的来龙去脉，不便于查对账目。

3. 科目汇总表核算形式的适用范围

一般适用于规模较大、经济业务较多的企业。

项目小结

会计核算形式又称账务处理程序，是指在企业的会计核算中，把会计凭证组织、会计账簿组织、会计报表组织、记账程序与方法结合起来的技术组织形式。会计核算形式包括：记账凭证核算形式、汇总记账凭证核算形式、科目汇总核算形式。

选择会计核算形式应遵循三个方面的原则：适应企业交易或事项的特点；满足信息使用者需要；简化核算手续。

记账凭证核算形式的特点是企业的会计人员可以直接根据记账凭证逐笔登记总分类账，反映较详细的会计信息。适用于业务较少、规模较小的企业。

汇总记账凭证核算形式的特点是定期根据记账凭证分类编制汇总收款凭证、汇总付款凭证和汇总转账凭证，然后根据汇总记账凭证登记总分类账。适用范围：经济业务较多、规模较大的企业。

科目汇总表核算形式的特点是企业根据记账凭证定期编制科目汇总表，然后根据科目汇总表登记总分类账。适用范围：经济业务较多、规模较大的企业。

习题与实训

一、思考题

1. 什么是会计核算形式？会计核算形式有哪些种类？

2. 不同会计核算形式的相同点与不同点有哪些？

3. 简述记账凭证核算形式的基本步骤、特点及适用范围。

4. 简述科目汇总表核算形式的主要特点及适用范围。

5. 简述汇总记账凭证核算形式的优点、缺点及适用范围。

二、单项选择题

1. 汇总记账凭证账务处理程序的特点是根据汇总记账凭证逐笔登记（　　）。

    A. 日记账和明细分类账　　　　　　　B. 总分类账和明细分类账

    C. 总分类账　　　　　　　　　　　　D. 明细分类账

2. 科目汇总表账务处理程序的缺点是（　　）。

    A. 科目汇总表的编制和使用较为简便，易学易做

    B. 不能清晰地反映各科目之间的对应关系

    C. 可以大大减少登记总分类账的工作量

    D. 科目汇总表可以起到试算平衡的作用，保证总账登记的正确性

3. 规模较大、经济业务量较多的单位适用的账务处理程序是（　　）。

    A. 记账凭证账务处理程序　　　　　　B. 汇总记账凭证账务处理程序

C. 多栏式日记账账务处理程序　　　D. 日记账账务处理程序

4. 以下关于科目汇总表的描述中，错误的是（　　）。

    A. 根据科目汇总表登记总分类账

    B. 不能反映账户间的对应关系

    C. 能反映各账户一定时期内的借方发生额和贷方发生额，进行试算平衡

    D. 由于科目汇总表的编制手续复杂，所以只适用于小规模、业务少的企业

5. 在科目汇总表核算形式下，记账凭证不可以用来（　　）。

    A. 登记库存现金日记账　　　　　　B. 登记总分类账

    C. 登记明细分类账　　　　　　　　D. 编制科目汇总表

6. 科目汇总表的汇总范围是（　　）。

    A. 全部科目的借、贷方发生额和余额

    B. 全部科目的借、贷方余额

    C. 全部科目的借、贷方发生额

    D. 汇总收款凭证、汇总付款凭证、汇总转账凭证的合计数

7. 下列不属于汇总记账凭证账务处理程序步骤的是（　　）。

    A. 根据原始凭证、汇总原始凭证编制记账凭证

    B. 根据各种记账凭证编制有关汇总记账凭证

    C. 根据记账凭证逐笔登记总分类账

    D. 根据各汇总记账凭证登记总分类账

8. 汇总记账凭证账务处理程序的适用范围是（　　）。

    A. 规模较小、业务较少的单位　　　B. 规模较大、业务较少的单位

    C. 规模较大、业务较多的单位　　　D. 规模较小、业务较多的单位

9. 某工业企业选用记账凭证账务处理程序记账，工作流程涉及如下环节：①根据原始凭证和原始凭证汇总表填制记账凭证；②根据原始凭证或原始凭证汇总表、记账凭证登记明细账；③根据明细账和总分类账编制会计报表；④根据收款凭证、付款凭证登记现金日记账和银行存款日记账；⑤根据记账凭证登记总分类账。下列流程中，顺序正确的是（　　）

    A. ⑤－③－④－①－②　　　　　　B. ①－④－②－⑤－③

    C. ①－②－③－④－⑤　　　　　　D. ①－⑤－③－④－②

10. 下列各项中，属于在汇总记账凭证账务处理程序下应设置凭证的有（　　）。

    A. 汇总收款凭证、汇总付款凭证和汇总转账凭证

    B. 总分类账

    C. 收款凭证、付款凭证和转账凭证

    D. 现金和银行存款日记账

11. 某工业企业采用科目汇总表账务处理程序，下列关于登记原材料总账的各项程序中，正确的是（　　）。

    A. 原始凭证—原始凭证汇总表—编制记账凭证—编制汇总转账凭证表—登记原材料总账借方发生额，登记原材料总账贷方发生额

B.　原始凭证—原始凭证汇总表—编制记账凭证—登记原材料总账借方发生额，登记原材料总账贷方发生额

C.　原始凭证—原始凭证汇总表—编制记账凭证—编制科目汇总表—登记原材料总账借方发生额，登记原材料总账贷方发生额

D.　原始凭证—原始凭证汇总表—编制记账凭证—登记原材料总账借方发生额，登记原材料总账贷方发生额—编制汇总

12.　汇总收款凭证是根据（　　　）汇总编制的。

A.　原始凭证　　　　　　　　　　B.　汇总原始凭证

C.　付款凭证　　　　　　　　　　D.　收款凭证

三、多项选择题

1.　在常见的账务处理程序中，共同的账务处理工作有（　　　）。

A.　均应根据原始凭证编制汇总原始凭证

B.　均应编制记账凭证

C.　均应填制汇总记账凭证

D.　均应设置和登记总账

2.　在记账凭证账务处理程序下，下列说法正确的有（　　　）。

A.　记账凭证不可以采用通用凭证

B.　应该设置现金日记账、银行存款日记账、总分类账和明细分类账

C.　日记账可以采用三栏式

D.　应该根据原始凭证或原始凭证汇总表填制各种记账凭证

3.　下列项目中，属于科学、合理地选择适用于本单位的账务处理程序的意义有（　　　）。

A.　有利于会计工作程序的规范化

B.　有利于增强会计信息可靠性

C.　有利于提高会计信息的质量

D.　有利于保证会计信息的及时性

4.　在科目汇总表账务处理程序下，记账凭证是用来（　　　）的依据。

A.　登记库存现金日记账　　　　　B.　登记总分类账

C.　登记明细分类账　　　　　　　D.　编制科目汇总表

5.　账务处理程序的主要内容包括（　　　）。

A.　会计凭证、会计账簿的种类及格式

B.　会计凭证与账簿之间的联系方法

C.　由原始凭证到编制记账凭证、登记总账和明细账、编制会计报表的工作程序和方法

D.　会计资料立卷归档的程序和方法

6.　对于汇总记账凭证账务处理程序，下列说法错误的有（　　　）。

A.　登记总账的工作量大

B.　不能体现账户之间的对应关系

C.　有利于会计核算日常分工

D. 当转账凭证较多时，汇总转账凭证的编制工作量较大

7. 下列各项中，属于我国常用账务处理程序的有（　　）。

  A. 总账账务处理程序   B. 汇总记账凭证账务处理程序

  C. 科目汇总表账务处理程序   D. 记账凭证账务处理程序

8. 下列各项中，属于记账凭证账务处理程序的特点的是（　　）。

  A. 具有试算平衡的作用，有利于保证总账登记的正确性

  B. 记账程序简单明了、易于理解

  C. 登记总分类账的工作量小

  D. 总分类站可以较详细地反映经济业务的发生状况

9. 在汇总记账凭证账务处理程序下，应设置（　　）。

  A. 收款凭证及付款凭证   B. 汇总收款凭证、汇总付款凭证

  C. 转账凭证及汇总转账凭证   D. 现金日记账和银行存款日记账

10. 由于汇总转账凭证是按每一贷方科目设置的，为了便于汇总，编制转账的记账凭证可以是（　　）。

  A. "一借一贷" 的会计分录   B. "一贷多借" 的会计分录

  C. "一借多贷" 的会计分录   D. "多借多贷" 的会计分录

11. 下列各项中，属于汇总记账凭证账务处理程序缺点的有（　　）。

  A. 编制汇总记账凭证的程序比较烦琐

  B. 总分类账中无法清晰地反映科目之间的对应关系

  C. 当转账凭证较多时，编制汇总转账凭证的工作量较大

  D. 登记总分类账的工作量较大

12. 下列表述中，不正确的有（　　）。

  A. 汇总记账凭证账务处理程序按每一贷方科目编制汇总转账凭证，有利于会计核算的日常分工

  B. 汇总记账凭证账务处理程序在转账凭证较多时，编制汇总转账凭证的工作量较大

  C. 科目汇总表账务处理程序可以在总分类账中清晰地反映科目之间的对应关系

  D. 记账凭证账务处理程序登记总分类账的工作量较小

四、判断题

1. 汇总记账凭证账务处理程序和科目汇总表账务处理程序都适用于经济业务较多的单位。（　　）

2. 各种账务处理程序的不同之处在于登记明细账的直接依据不同。（　　）

3. 采用记账凭证账务处理程序时，总分类账是根据记账凭证逐笔登记的。（　　）

4. 科目汇总表不仅可以起到试算平衡的作用，还可以反映账户之间的对应关系。（　　）

5. 现金日记账和银行存款日记账不论在何种会计核算形式下，都是根据收款凭证和付款凭证逐日逐笔顺序登记的。（　　）

6. 科目汇总表账务处理程序的记账凭证必须采用单科目的记账凭证。（　　）

7. 汇总收款凭证是按贷方科目设置，按借方科目归类，定期汇总，按月编制的。
（　　）

8. 记账凭证账务处理程序是其他账务处理程序的基础。（　　）

9. 汇总记账凭证必须按月编制，每月填写一次。（　　）

10. 将汇总记账凭证和相应的总分类账结合起来，可以清晰地了解各类经济业务的来龙去脉。
（　　）

五、实训题

到附近一些企业进行实地考察，调查企业一般采用哪种会计核算形式，比较各种会计核算形式的不同之处。假如这些企业中已经实现了会计电算化，则这些会计核算形式还用吗？为什么？试撰写一份调查报告。

认识会计工作组织

学习目标

认识会计工作组织的概念、会计工作组织作用和会计工作组织的设置要求；
熟悉会计档案的保管期限与交接工作；
掌握会计法律法规的构成体系，理解会计机构的设置，熟悉会计人员的职责与权限。

引 例

会计新手小王找"组织"

小王，名牌大学会计专业毕业，初入职场时，也遇到很多问题。有一次，财务经理请小王找一份会计工作组织的材料，用来规范本单位的会计工作。小王一听，一头雾水，做会计工作还要有组织，我去哪里找会计组织？以前只听说过入党有组织，党员的组织就叫党组织，难道会计也有组织，会计人员的组织叫会计组织？小王百思不得其解。你知道吗？

任务一 认识会计工作组织的内涵

一、会计工作组织的概述

（一）会计工作组织的概念

会计工作组织，是指通过一定的组织和规范，借助一定的方法安排、协调、管理好企业的会计工作的总称。在会计工作组织中，会计机构与会计人员是会计工作运行的必要条件，没有会计机构与会计人员，会计工作就无法开展，一系列会计原理和会计方法就得不到实际运用；会计法律、法规、制度是保障会计工作正常运行的必要的约束条件，没有《会计法》和其他相法规、制度的规范，会计工作就无法有序开展。

（二）会计工作组织的内容

会计工作组织的内容主要包括以下七个方面：

（1）设置会计机构。

（2）配备会计人员。

（3）明确会计人员的职责与权限。

（4）制定会计工作的规范。

（5）制定会计法规与制度。

（6）会计档案的保管。

（7）会计工作的电算化。

（三）会计工作组织原则

会计工作组织原则，是指企业在组织会计工作中应遵守的各种约束性条件和组织程序的总称。企业组织会计工作应当遵循以下三个方面的原则：

1. 符合法律、法规、制度原则

企业在组织会计工作中受到相关法律、法规和制度的约束，如《会计法》《总会计师条例》《会计基础工作规范》《会计档案管理办法》《会计电算化管理办法》等。因此，企业组织会计工作必须符合相关法律法规的规定，统一口径，提供统一的会计信息，便于信息使用者使用。

2. 实用原则

不同行业的企业、不同规模的企业，其业务的繁简和特点均不相同，其核算要求也不一样。因此，企业应当根据其生产经营管理的需要来组织会计工作，确定本企业的会计制度，对会计机构的设置和会计人员的配备做出切合实际的安排，避免盲目性和不实用性，切实地为企业服务，满足实用原则。

3. 成本效益原则

在设置会计工作组织中，首要的是保障会计工作的质量，保障会计信息的真实可靠。企业在保证会计工作质量的前提下，要求讲求工作效率，节约工作时间和费用，如会计机构的设置和人员的配备，应力求精简、合理，并且有利于工作效率的提高；对会计核算形式和手续的规定，要结合实际情况，避免烦琐。另外，会计工作还要与时俱进，充分吸收新科技成果，转化为会计工作的手段和方法。新科技成果的应用既可以提高会计信息的质量，又可节约时间和人力资本。因此，企业在会计工作组织中，应当注意方式方法，考虑投入的时间、工作量和成本费用，在满足质量的条件下，尽可能提高工作效率、节约时间，控制耗费、降低成本。

（四）会计工作组织的作用

1. 有助于提高会计工作的效率，保障会计信息质量

会计工作有不同环节，会计组织可以促进各环节协调一致，互相配合，互相牵制，保证会计工作质量，通过科学合理的方法和手段，利用新技术新方法，提高会计工作效率。企业应根据自身经济业务的情况，合理安排会计人员，分工协作，避免忙闲不均，提高工作效率。

2. 有助于会计工作与其他工作协调发展

会计工作与其他工作有着密切的联系。在企业的会计工作中，需要与其他部门相互配合，既分工又合作，共同发展，完成企业相关工作。科学合理地组织会计工作，使会计部门与企业内部的生产经营、市场营销、计划统计等部门互相配合，有助于部门之间协同发展。

3. 有助于明确企业内部的经济责任、提高效益

会计部门提供的真实可靠的数据，是企业进行科学的经济预测、正确的经济决策、经营过程的控制、经营业绩的考核评价的重要依据。科学合理地组织会计工作，可以明确企业内部各部门的职责与权限，促使各部门在权限范围内开展工作，不滥用职权，不以权谋私，强化内部责任制。通过明确企业内部门的职责权限，促使各部门用好、管好资金，节约资金，提高经济效益。

4. 有助于会计机构、会计人员与时俱进

经济不断发展，市场经济条件不断变化，经济政策不断更新，法律、法规、制度不断颁布和更新，这些对企业的会计工作提出了更高的要求。企业应根据实际需要来科学地组织会计工作，使会计工作适应不断变化的客观需要，促进会计机构、会计人员与时俱进。

二、会计工作组织的形式

由于企业会计工作的组织形式不同，企业会计机构的具体工作范围也不一样。企业会计工作的组织形式主要包括：独立核算和非独立核算、集中核算和非集中核算。

（一）独立核算和非独立核算

1. 独立核算

独立核算，是指对单位的经营活动的过程及结果进行全面的、系统的、连续的会计核算。实行独立核算的单位称为独立核算单位，它的特点是具有一定的资金，在银行单独开户，独立经营、计算盈亏，具有完整的账簿系统，定期编制报表。一般地，执行独立核算的单位应当单独设置会计机构，配备会计人员。

2. 非独立核算

非独立核算，是指单位从其上级单位领取一定数额的物资、款项从事经营活动，不独立核算盈亏，把日常发生的经济活动资料报给其上级，集中进行会计核算。实行非独立核算的单位称为报账单位，它的特点是由上级拨给一定的物资和款项，平时进行原始凭证的填制和整理，以及备用金账和实物账的登记，定期将收入、支出向上级报销，由上级汇总，它本身不独立计算盈亏，也不编制报表。一般地，非独立核算单位不设置专门的会计机构，但需配备专职会计人员，负责处理日常的会计事务。

（二）集中核算与非集中核算

实行独立核算的单位，其记账工作的组织形式可以分为集中核算和非集中核算两种。

1. 集中核算

集中核算，是指实行独立核算的单位将其主要会计工作都集中在会计机构内进行，由会计机构统一负责和完成。单位内部的各部门一般不进行单独核算，只是对所发生的经济业务进行原始记录，办理原始凭证的取得、填制、审核和汇总工作，并定期将这些资料报送单位会计部门，进行总分类核算和明细分类核算。实行集中核算，可以减少核算层次，精简会计人员，但是单位内部各部门不便于及时利用核算资料进行日常的考核和分析。

2. 非集中核算

非集中核算，是指进行独立核算的单位其内部各部门要对本身所发生的经济业务进行比较全面的会计核算。如在工业企业里，车间设置成本明细账，登记本车间发生的生产成本并计算出所完成产品的车间成本，厂部会计部门只根据车间报送的资料进行产品成本的总分类核算。又如在商业企业里，把库存商品的明细核算和某些费用的核算等分散在各业务部门进行，至于会计报表的编制以及不宜分散核算的工作，如物资供销、现金收支、银行存款收支、对外往来结算等，仍由企业会计部门集中办理。实行非集中核算，使企业内部各部门、各单位能够及时了解本部门、本单位的经济活动情况，有利于及时分析、解决问题，但这种组织形式会增加核算手续和核算层次，增加管理成本。

【例11-1】企业组织会计工作应遵循（　　　）原则。

A. 符合法律、法规、制度   B. 实用

C. 成本效益   D. 领导安排

任务二　认识会计法律、法规、制度体系

会计法律、法规、制度体系是规范会计工作的依据和标准，是组织会计工作必须遵循的法律、法规，以及协调、统一处理会计过程中对不同处理方法做出合理选择的假设、原则、制度等的综合，是会计行为的标准。我国的会计法律、法规、制度体系由会计法、会计准则和会计制度构成。

一、会计法

《会计法》是指导会计工作的基本法律，属于会计法律、法规、制度体系的第一个层次。我国实施的《会计法》最早于1985年1月由第六届全国人民代表大会常务委员会通过，于1993年12月进行修订；随着我国市场经济的发展，该法在1999年10月再次修订通过，并于2007年1月1日起施行。现行《会计法》包括了总则，会计核算，公司、企业会计核算的特别规定，会计监督，会计机构与会计人员，法律责任和附则等内容。

会计法的具体内容有：

（一）总则

总则的内容包含8个部分：①为了规范会计行为，保证会计资料真实、完整，加强经济管理和财务管理，提高经济效益，维护社会主义市场经济秩序，制定本法；②国家机关、社会团体、公司、企业、事业单位和其他组织（以下统称单位）必须依照本法办理会计事务；③各单位必须依法设置会计账簿，并保证其真实、完整；④单位负责人对本单位的会计工作和会计资料的真实性、完整性负责；⑤会计机构、会计人员依照本法规定进行会计核算，实行会计监督；⑥对认真执行本法，忠于职守，坚持原则，做出显著成绩的会计人员，给予精神的或者物质的奖励；⑦国务院财政部门主管全国的会计工作；⑧国家实行统一的会计制度。

（二）会计核算

会计核算的内容包含15个部分：第一部分是各单位必须根据实际发生的经济业务事项进行会计核算，填制会计凭证，登记会计账簿，编制财务会计报告；第二部分是款项和有价证券的收付，财物的收发、增减和使用，债权债务的发生和结算，资本、基金的增减，收入、支出、费用、成本的计算，财务成果的计算和处理，需要办理会计手续、进行会计核算的其他事项，以上项目应当办理会计手续，进行会计核算；第三部分是会计年度自公历1月1日起至12月31日止；第四部分是会计核算以人民币为记账本位币；第五部分是会计凭

证、会计账簿、财务会计报告和其他会计资料，必须符合国家统一的会计制度的规定；第六部分是会计凭证包括原始凭证和记账凭证；第七部分是会计账簿登记，必须以经过审核的会计凭证为依据，并符合有关法律、行政法规和国家统一的会计制度的规定；第八部分是各单位发生的各项经济业务事项应当在依法设置的会计账簿上统一登记、核算，不得违反本法和国家统一的会计制度的规定，私设会计账簿进行登记、核算；第九部分是各单位应当定期将会计账簿记录与实物、款项及有关资料相互核对，保证会计账簿记录与实物及款项的实有数额相符、会计账簿记录与会计凭证的有关内容相符、会计账簿之间相对应的记录相符、会计账簿记录与会计报表的有关内容相符；第十部分是各单位采用的会计处理方法，前后各期应当一致，不得随意变更，确有必要变更的，应当按照国家统一的会计制度的规定变更，并将变更的原因、情况及影响在财务会计报告中说明；第十一部分是单位提供的担保、未决诉讼等或有事项，应当按照国家统一的会计制度的规定，在财务会计报告中予以说明；第十二部分是财务会计报告应当根据经过审核的会计账簿记录和有关资料编制，并符合本法和国家统一的会计制度关于财务会计报告的编制要求、提供对象和提供期限的规定，其他法律、行政法规另有规定的，从其规定；第十三部分是财务会计报告应当由单位负责人和主管会计工作的负责人、会计机构负责人（会计主管人员）签名并盖章，设置总会计师的单位，还须由总会计师签名并盖章；第十四部分是会计记录的文字应当使用中文；第十五部分是各单位对会计凭证、会计账簿、财务会计报告和其他会计资料应当建立档案，妥善保管，会计档案的保管期限和销毁办法，由国务院财政部门会同有关部门制定。

（三）公司、企业会计核算的特别规定

公司、企业会计核算的特别规定包含三个部分：第一部分是公司、企业进行会计核算，除应当遵守本法第二部分会计核算的规定外，还应当遵守本章规定。第二部分是公司、企业必须根据实际发生的经济业务事项，按照国家统一的会计制度的规定确认、计量和记录资产、负债、所有者权益、收入、费用、成本和利润。第三部分是公司、企业进行会计核算不得有以下行为：随意改变资产、负债、所有者权益的确认标准或者计量方法，虚列、多列、不列或者少列资产、负债、所有者权益；虚列或者隐瞒收入，推迟或者提前确认收入；随意改变费用、成本的确认标准或者计量方法，虚列、多列、不列或者少列费用、成本；随意调整利润的计算、分配方法，编造虚假利润或者隐瞒利润；违反国家统一的会计制度规定的其他行为。

（四）会计监督

会计监督的内容包含九个部分：第一部分是各单位应当建立、健全本单位内部会计监督制度。第二部分是单位负责人应当保证会计机构、会计人员依法履行职责，不得授意、指使、强令会计机构、会计人员违法办理会计事项。第三部分是会计机构、会计人员发现会计账簿记录与实物、款项及有关资料不相符的，按照国家统一的会计制度的规定有权自行处理的，应当及时处理；无权处理的，应当立即向单位负责人报告，请求查明原因，做出处理。第四部分是任何单位和个人对违反本法和国家统一的会计制度规定的行为，有权检举。第五部分是有关法律、行政法规规定，须经注册会计师进行审计的单位，应当向受委托的会计师事务所如实提供会计凭证、会计账簿、财务会计报告和其他会计资料以及有关情况。第六部分是财政部门对各单位是否依法设置会计账簿；会计凭证、会计账簿、财务会计报告和其他会计资料是否真实、完整；会计核算是否符合本法和国家统一的会计制度的规定；从事会计工作的人员是否具备从业资格进行监督。第七部分是财政、审计、税务、人民银行、证券监管、保险监管等部门应当依照有关法律、行政法规规定的职责，对有关单位的会计资料实施监督检查。第八部分是依法对有关单位的会计资料实施监督检查的部门及其工作人员对在监督检查中知悉的国家秘密和商业秘密负有保密义务。第九部分是各单位必须依照有关法律、行政法规的规定，接受有关监督检查部门依法实施的监督检查，如实提供会计凭证、会计账簿、财务会计报告和其他会计资料以及有关情况，不得拒绝、隐匿、谎报。

（五）会计机构和会计人员

会计机构和会计人员的内容包含十四个部分：第一部分是各单位应当根据会计业务的需要，设置会计机构，或者在有关机构中设置会计人员并指定会计主管人员；不具备设置条件的，应当委托经批准设立从事会计代理记账业务的中介机构代理记账。第二部分是会计机构内部应当建立稽核制度。第三部分是从事会计工作的人员，必须取得会计从业资格证书。第四部分是会计人员应当遵守职业道德，提高业务素质。第五部分是因有提供虚假财务会计报告，做假账，隐匿或者故意销毁会计凭证、会计账簿、财务会计报告，贪污，挪用公款，职务侵占等与会计职务有关的违法行为被依法追究刑事责任的人员，不得取得或者重新取得会计从业资格证书。第六部分是会计人员调动工作或者离职，必须与接管人员办清交接手续。第七部分是违反本法规定，不依法设置会计账簿的，私设会计账簿的，以未经审核的会计凭证为依据登记会计账簿或者登记会计账簿不符合规定的，随意变更会计处理方法，未按照规定使用会计记录文字或者记账本位币的，未按照规定保管会计资料，致使会计资料毁损、灭失的，未按照规定建立并实施单位内部会计监督制度或者拒绝依法实施的监督或者不如实提供有关会计资料及有关情况的，任用会计人员不符合本法规定的，由县级以上人民政府财政部门责令限期改正，可以对单位并处 3 000 元以上 50 000 元以下的罚款；对其直接负责的主管人员和其他直接责任人员，可以处 2 000 元以上 20 000 元以下的罚款；属于国家工作人员的，还应当由其所在单位或者有关单位依法给予行政处分。第八部分是伪造、变造会计凭证、会计账簿，编制虚假财务会计报告，构成犯罪的，依法追究刑事责任。第九部分是隐匿或者故意销毁依法应当保存的会计凭证、会计账簿、财务会计报告，构成犯罪的，依法追究刑事责任。第十部分是授意、指使、强令会计机构、会计人员及其他人员伪造、变造会计凭证、会计账簿，编制虚假财务会计报告或者隐匿、故意销毁依法应当保存的会计凭证、会计账簿、财务会计报告，构成犯罪的，依法追究刑事责任；尚不构成犯罪的，可以处 5 000 元以上 50 000 元以下的罚款；属于国家工作人员的，还应当由其所在单位或者有关单位依法给予降级、撤职、开除的行政处分。第十一部分是单位负责人对依法履行职责、抵制违反本法规定行为的会计人员以降级、撤职、调离工作岗位、解聘或者开除等方式实行打击报复，构成犯罪的，依法追究刑事责任；尚不构成犯罪的，由其所在单位或者有关单位依法给予行政处分；对受打击报复的会计人员，应当恢复其名誉和原有职务、级别。第十二部分是财政部门及有关行政部门的工作人员在实施监督管理中滥用职权、玩忽职守、徇私舞弊或者泄露国家秘密、商业秘密，构成犯罪的，依法追究刑事责任；尚不构成犯罪的，依法给予行政处分。第十三部分是违反本法第三十条规定，将检举人姓名和检举材料转给被检举单位和被检举人个人的，由所在单位或者有关单位依法给予行政处分。第十四部分是违反本法规定，同时违反其他法律规定的，由有关部门在各自职权范围内依法进行处罚。

（七）附则

附则的内容包含三个部分：第一部分，本法中的单位负责人，具体是指单位法定代表人或者法律、行政法规规定代表单位行使职权的主要负责人；国家统一的会计制度，是指国务院财政部门根据本法制定的关于会计核算、会计监督、会计机构和会计人员以及会计工作管理的制度。第二部分是个体工商户会计管理的具体办法，由国务院财政部门根据本法的原则另行规定。第三部分是本法自 2000 年 7 月 1 日起施行。

二、会计准则

会计准则是会计人员从事会计工作的规则和指南。按其使用单位的经营性质，会计准则可分为营利组织的会计准则和非营利组织的会计准则。

会计准则具有以下四个方面的特点：

1. 规范性

不同的企业的经济业务是不同的，需要有统一的标准进行规范。有了会计准则，会计人员在进行会计核算时就有了一个共同遵循的标准，各行各业的会计工作可在同一标准的基础上进行，从而使会计行为达到规范化，使得会计人员提供的会计信息具有广泛的一致性和可比性，大大提高了会计信息的质量。

2. 权威性

会计准则的制定、发布和实施要通过一定的权威机构，这些权威机构可以是国家的立法或行政部门，也可以是由其授权的会计职业团体。会计准则之所以能够作为会计核算工作必须遵守的规范和处理会计业务的准绳，关键因素之一就是它的权威性。

3. 发展性

会计准则是在一定的社会经济环境下，人们对会计实践进行理论上的概括而形成的。会计准则具有相对稳定性，但随着社会经济环境的发展变化，它也会发生变化，我们应对其进行相应的修改、充实和淘汰。

4. 理论与实践相融合性

会计准则是指导会计实践的理论依据，同时会计准则又是会计理论与会计实践相结合的产物。会计准则的内容，有的来自于理论演绎，有的来自于实践归纳，还有一部分来自于国家有关会计工作的方针政策，但这些都要经过实践的检验。没有会计理论的指导，准则就没有科学性；没有实践的检验，准则就没有针对性。

为了适应社会主义市场经济的发展和对外开放的需要，1992 年 11 月，我国颁布了第一部《企业会计准则》，于 1993 年 7 月 1 日起施行。到目前为止，我国颁布的会计准则包括一项基本准则和 41 项具体准则。

（一）基本准则

基本准则在整个企业会计准则体系中起着驾驭作用，其内容规范了包括财务报告目标、会计基本假设、会计信息质量要求、会计要素的定义及其确认、计量原则、财务报告等在内的基本问题，是会计准则制定的出发点，是制定具体准则的基础。基本准则在会计准则体系中具有重要地位，主要表现为两个方面：一是驾驭具体准则的制定；二是为会计实务中出现的、具体准则尚未规范的新问题提供会计处理依据。

基本准则的主要内容包括：

第一部分是总则，总则主要包括十一项内容：

第一项内容是：为了规范企业会计确认、计量和报告行为，保证会计信息质量，根据《会计法》和其他有关法律、行政法规，制定本准则；第二项内容是：本准则适用于在中华人民共和国境内设立的企业（包括公司，下同）；第三项内容是：企业会计准则包括基本准则和具体准则，具体准则的制定应当遵循本准则；第四项内容是：企业应当编制财务会计报告；第五项内容是：企业应当对其本身发生的交易或者事项进行会计确认、计量和报告；第六项内容是：企业会计确认、计量和报告应当以持续经营为前提；第七项内容是：企业应当划分会计期间，分期结算账目和编制财务会计报告；第八项内容是：企业会计应当以货币计量；第九项内容是：企业应当以权责发生制为基础进行会计确认、计量和报告；第十项内容是：企业应当按照交易或者事项的经济特征确定会计要素，会计要素包括资产、负债、所有者权益、收入、费用和利润；第十一项内容是：企业应当采用借贷记账法记账。

第二部分是会计信息质量要求，会计信息质量要求主要包括八项内容：

第一项内容是：企业应当以实际发生的交易或者事项为依据进行会计确认、计量和报告，如实反映符合确认和计量要求的各项会计要素及其他相关信息，保证会计信息真实可靠、内容完整；第二项内容是：企业提供的会计信息应当与财务会计报告使用者的经济决策需要相关，有助于财务会计报告使用者对企业过去、现在或者未来的情况作出评价或者预测；第三项内容是：企业提供的会计信息应当清晰明了，便于财务会计报告使用者理解和使用；第四项内容是：企业提供的会计信息应当具有可比性；第五项内容是：企业应当按照交易或者事项的经济实质进行会计确认、计量和报告，不应仅以交易或者事项的法律形式为依据；第六项内容是：企业提供的会计信息应当反映与企业财务状况、经营成果和现金流量等有关的所有重要交易或者事项；第七项内容是：企业对交易或者事项进行会计确认、计量和报告应当保持应有的谨慎，不应高估资产或者收益、低估负债或者费用；第八项内容是：企业对于已经发生的交易或者事项，应当及时进行会计确认、计量和报告，不得提前或者延后。

第三部分是资产，资产主要包括三项内容：

第一项内容是：资产是指企业过去的交易或者事项形成的、由企业拥有或者控制的、预期会给企业带来经济利益的资源。第二项内容是：符合资产定义的同时还应当满足与该资源有关的经济利益很可能流入企业、该资源的成本或者价值能够可靠地计量。第三项内容是：符合资产定义和资产确认条件的项目，应当列入资产负债表；符合资产定义，但不符合资产确认条件的项目，不应当列入资产负债表。

第四部分是负债，负债主要包括三项内容：

第一项内容是：负债是指企业过去的交易或者事项形成的、预期会导致经济利益流出企业的现时义务。第二项内容是：符合负债定义的同时，还应当满足与该义务有关的经济利益很可能流出企业，未来流出的经济利益的金额能够可靠地计量。第三项内容是：符合负债定义和负债确认条件的项目，应当列入资产负债表；符合负债定义，但不符合负债确认条件的项目，不应当列入资产负债表。

第五部分是所有者权益，所有者权益主要包括四项内容：

第一项内容是：所有者权益是指企业资产扣除负债后由所有者享有的剩余权益；第二项内容是：所有者权益的来源包括所有者投入的资本、直接计入所有者权益的利得和损失、留存收益等；第三项内容是：所有者权益金额取决于资产和负债的计量；第四项内容是：所有者权益项目应当列入资产负债表。

第六部分是收入，收入主要包括三项内容：

第一项内容是：收入是指企业在日常活动中形成的、会导致所有者权益增加的、与所有者投入资本无关的经济利益的总流入；第二项内容是：收入只有在经济利益很可能流入从而导致企业资产增加或者负债减少且经济利益的流入额能够可靠计量时才能予以确认；第三项内容是：符合收入定义和收入确认条件的项目，应当列入利润表。

第七部分是费用，费用主要包括四项内容：

第一项内容是：费用是指企业在日常活动中发生的、会导致所有者权益减少的、与向所有者分配利润无关的经济利益的总流出；第二项内容是：费用只有在经济利益很可能流出从而导致企业资产减少或者负债增加且经济利益的流出额能够可靠计量时才能予以确认；第三项内容是：企业为生产产品、提供劳务等发生的可归属于产品成本、劳务成本等的费用，应当在确认产品销售收入、劳务收入等时，将已销售产品、已提供劳务的成本等计入当期损益；第四项内容是：符合费用定义和费用确认条件的项目，应当列入利润表。

第八部分是利润，利润主要包括四项内容：

第一项内容是：利润是指企业在一定会计期间的经营成果，利润包括收入减去费用后的净额、直接计入当期利润的利得和损失等。第二项内容是：直接计入当期利润的利得和损失，是指应当计入当期损益，会导致所有者权益发生增减变动的、与所有者投入资本或者向所有者分配利润无关的利得或者损失；第三项内容是：利润金额取决于收入和费用、直接计入当期利润的利得和损失金额的计量；第四项内容是：利润项目应当列入利润表。

第九部分是会计计量，会计计量主要包括两项内容：

第一项内容是：企业在将符合确认条件的会计要素登记入账并列报于会计报表及其附注（又称财务报表，下同）时，应当按照规定的会计计量属性进行计量，确定其金额；第二项内容是：会计计量属性主要包括：历史成本、重置成本、可变现净值、现值、公允价值。

第十部分是财务会计报告，财务会计报告主要包括五项内容：

第一项内容是：财务会计报告是指企业对外提供的反映企业某一特定日期的财务状况和某一会计期间的经营成果、现金流量等会计信息的文件；第二项内容是：资产负债表是指反映企业在某一特定日期的财务状况的会计报表；第三项内容是：利润表是指反映企业在一定会计期间的经营成果的会计报表；第四项内容是：现金流量表是指反映企业在一定会计期间的现金和现金等价物流入和流出的会计报表；第五项内容是：附注是指对在会计报表中列示项目所做的进一步说明，以及对未能在这些报表中列示项目的说明等。

第十一部分是附则，附则主要包括两部分：

第一项内容是：本准则由财政部负责解释；第二项内容是：本准则自 2007 年 1 月 1 日起施行。

（二）具体准则

具体准则是根据基本准则，用以具体规定各项会计要素确认、计量和报告的原则，并对交易或事项的会计处理程序做出具体规定，是对基本准则的进一步细化。为了适应我国市场经济的发展，满足经济全球化过程中商业信息交流的需要，到目前为止，我国财政部颁布施行了 41 项企业会计准则，具体是：第 1 号——存货、第 2 号——长期股权投资、第 3 号——投资性房地产；第 4 号——固定资产、第 5 号——生物资产、第 6 号——无形资产、第 7 号——非货币性资产交换、第 8 号——资产减值、第 9 号——职工薪酬、第 10 号——企业年金基金、第 11 号——股份支付、第 12 号——债务重组、第 13 号——或有事项、第 14 号——收入、第 15 号——建造合同、第 16 号——政府补助、第 17 号——借款费用、第 19 号——外币折算、第 20 号——企业合并、第 21 号——租赁、第 22 号——金融工具确认和计量、第 23 号——金融资产转移、第 24 号——套期保值、第 25 号——原保险合同、第

26 号——再保险合同、第 27 号——石油天然气开采、第 28 号——会计政策、会计估计变更和差错更正、第 29 号——资产负债表日后事项、第 30 号——财务报表列报、第 31 号——现金流量表、第 32 号——中期财务报告、第 33 号——合并财务报表、第 34 号——每股收益、第 35 号——分部报告、第 36 号——关联方披露、第 37 号——金融工具列报、第 38 号——首次执行企业会计准则、第 39 号——公允价值计量、第 40 号——合营安排、第 41 号——在其他主体中权益的披露。

三、会计制度

会计制度，是各种处理会计事务的规则、程序和方法的统称，也是企业进行会计确认、计量和报告的重要规范。一般而言，会计制度包含两层含义，其一是指宏观范围所应用的会计制度；其二是指具体企业所应用的会计制度。我国现行的《企业会计制度》由财政部于 2000 年 12 月制定并颁布，主要包含以下三个方面的内容：

（1）对企业会计制度原则的规定，包括企业会计制度的制定依据、会计制度的实施范围、会计基本前提、会计信息质量要求、会计要素、主要经济事项的确认等。

（2）对会计核算的具体规定，包括会计科目的设置和使用说明、财务报表的格式和编制说明、会计核算方法的具体说明等。

（3）附录，主要是会计事项的分录举例和其他相关会计法规的介绍等。

【例 11－2】在法律、法规、制度体系中，地位最高的是（　　　）。

A. 会计法　　　　　　　　　　　B. 企业会计准则

C. 企业会计制度　　　　　　　　D. 单位内部管理规定

任务三　会计机构与会计人员

会计机构和会计人员是会计工作的主要承担者，是会计工作有序开展的前提，合理设置会计机构和安排会计人员的权限，有助于会计工作的顺利进行。

一、会计机构

会计机构，是指企业内部所设置的、专门办理会计事项的机构，是直接从事会计工作的职能部门。建立和健全会计机构，是发挥会计职能、完成会计任务、加强会计工作和保证会计工作顺利进行的重要条件。

严格来说，会计工作和财务工作是有区分的，会计工作主要负责日常经济业务的核算和监督，为信息使用者提供会计信息；财务工作是在会计工作提供信息的基础上负责财务数据的分析、投资、筹资、运营、分配活动，属于综合性的管理工作。在欠发达的地区和规模较小的企业，会计工作和财务工作没有分开，都是一套人马负责两项工作；在发达地区和规模大、实力强的企业，会计工作和财务工作是分开的，各司其职。

各单位的会计工作受政府监督管理。我国财政部会计司，是全国会计工作的最高管理机构，负责全国会计工作的监督、管理；省、自治区、直辖市和大中城市的财政厅的财务会计处或财务科，是本地区会计的最高管理机构，负责本地区会计工作的监督、管理。企业的会计部门负责本企业的会计工作，在经理或总会计师的领导下，办理本企业的会计工作。

规模较小的单位，不满足设置会计机构条件的，可以不设置会计机构，但应当指定专人负责会计工作，履行会计职责，完成会计工作。

二、会计人员

设置了会计机构，就需要配备相应的会计人员。会计人员是从事会计工作，处理会计业务，完成会计任务的人员。任何企业、事业单位都应根据实际需要配备具有一定专业技术水平的会计人员，并赋予必要的工作职权。

（一）会计人员职责

1. 会计核算

按照会计法律法规，做好记账、算账、报账工作，做到手续完备、内容真实、数字确凿、账目清楚、账实相符、日清月结。按照法律法规编制会计报告，为企业经营决策提供可靠的会计信息。这是会计人员最基本的职责。

2. 会计监督

会计人员必须通过日常会计工作对经济活动的合法性、合理性进行监督。对于违返现金管理条例和费用开支标准的，会计人员有权拒绝受理，并向本单位领导报告，提请处理；对于弄虚作假、营私舞弊、欺骗上级等违法乱纪行为应及时制止、反映和揭露。会计人员还要对本单位的预算或财务计划的执行进行监督，以促使企业提高经济效益。

（二）会计人员权限

为了保障会计人员能够顺利地履行自己的职责，国家赋予会计人员必要的工作权限，主要有三个方面：一是会计人员有权要求本单位有关部门认真执行国家批准的计划、预算，遵守国家的财经纪律和财务会计反面的法律、政策。如有违反，会计人员有权拒绝付款、报销和拒绝执行，并向单位领导人报告。对弄虚作假、营私舞弊、欺骗上级等违法乱纪行为，会计人员必须坚决拒绝执行，并向本单位领导或上级机关、财政部门报告。二是会计人员有权参与本单位编制计划，制定定额，签订经济合同，参加有关的生产、经营管理会议，有权要求本单位有关部门、人员提供与财务会计工作有关的情况和资料。三是会计人员有权监督、检查本单位有关部门的财务收支、财产保管、收发、计量、检验等情况，有关部门要如实反映情况。

为了保障会计人员正确行使工作权限，国务院在《会计人员职权条例》中明确规定：各级领导和有关人员要支持会计人员行使工作权限。本单位领导人、上级机关和财政部门对会计人员反映的有关损害国家利益、违反财经纪律等问题，要认真、及时地进行处理。如果反映的情况属实，不及时采取措施加以纠正，由领导人和上级机关负责。如果有人对会计人员坚持原则、反映情况进行刁难、阻击或打击报复，上级机关要查明情况，严肃处理；情节严重的，要给以党纪国法制裁。这一规定，就是从法律上保护并鼓励会计人员为维护国家利益而坚持原则，履行自己的职责。

（三）会计人员职业道德

会计人员职业道德，是指会计人员的职业品质、工作作风和工作纪律的统一。会计人员职业道德是会计人员在会计工作中应当遵循的与其特定职业活动相适应的行为规范。

会计人员的职业道德具体包括 8 个方面的内容：

1. 爱岗敬业

爱岗敬业要求会计人员一方面热爱本职工作，安心本职岗位，为做好本职工作尽职尽责；另一方面对从事的会计职业有正确认识和恭敬态度，并用这种严肃恭敬的态度，认真地对待本职工作，将身心与本职工作融为一体。

2. 诚实守信

诚实守信要求会计人员谨慎，信誉至上，不为利益所诱惑，不做假账，如实反映单位经济业务事项。同时，还应当保守本单位的商业秘密，除法律规定和单位领导人同意外，不得私自向外界提供或者泄露本单位的会计信息。

3. 廉洁自律

廉洁自律要求会计人员必须树立正确的人生观和价值观，严格划分公私界限，做到不贪不占，遵纪守法，清正廉洁。要正确处理会计职业权利与职业义务的关系，增强抵制行业不正之风的能力。

4. 客观公正

客观是指会计人员开展会计工作时，要端正态度，依法办事，实事求是，以客观事实为依据，如实地记录和反映实际经济业务事项，会计核算要准确，记录要可靠，凭证要合法。公正是指会计人员在履行会计职能时，要做到公平公正，不偏不倚，保持应有的独立性，以维护会计主体和社会公众的利益。

5. 坚持准则

坚持准则要求会计人员熟悉财经法律、法规和国家统一的会计制度，在处理经济业务过程中，不为主观或他人意志左右，始终坚持按照会计法律、法规和国家统一的会计制度的要求进行会计核算，实施会计监督，确保所提供的会计信息真实、完整，维护国家利益、社会公众利益和正常的经济秩序。

6. 提高技能

提高技能要求会计人员通过学习、培训和实践等途径，不断提高会计理论水平、会计实务能力、职业判断能力、自动更新知识的能力，提高会计信息能力、沟通交流能力以及职业经验。运用所掌握的知识、技能和经验，开展会计工作，履行会计职责，以适应会计深化改革和会计国际化的需要。

7. 参与管理

参与管理要求会计人员在做好本职工作的同时，树立参与管理的意识，努力钻研相关业务，全面熟悉本单位经营活动和业务流程，主动向领导反映经营管理活动中的情况和存在的问题，主动提出合理化建议，协助领导决策，参与经营管理活动，做好领导的参谋。

8. 强化服务

强化服务要求会计人员应具有强烈的服务意识、文明的服务态度和优良的服务质量。会计人员必须端正服务态度，做到讲文明、讲礼貌、讲信誉、讲诚实，坚持准则，真实、客观地核算单位的经济业务，努力维护和提升会计职业的良好社会形象。

【例 11 – 3】企业会计人员的基本职责包括（　　　）。

A. 会计核算　　　　B. 会计监督　　　　C. 预测经济前景　　D. 评价经营业绩

任务四　会　计　档　案

一、会计档案的概述

（一）会计档案的概念

会计档案是指经过归档的会计凭证、会计账簿和财务会计报告等会计核算专业材料，它是记录和反映经济业务的重要史料和证据。各单位必须做好会计档案管理工作，建立会计档案的立卷、归档、保管、交接和销毁等管理制度，保证会计档案妥善保管、存放有序、查阅方便，严防损毁、散失和涉密。

（二）会计档案的内容

会计档案一般包括会计凭证、会计账簿、会计报表以及其他会计核算资料等四个部分。

（1）会计凭证类。包括原始凭证、记账凭证、汇总凭证和其他会计凭证。

（2）会计账簿类。包括总账、明细账、日记账、固定资产卡片、辅助账簿（备查簿）和其他会计账簿。

（3）财务会计报告类。包括中期财务报告、年度财务会计报告。财务会计报告包括会计报表、附表、报表附注及相关文字说明、其他财务报告。

（4）其他类。包括银行存款余额调节表、银行对账单、其他应当保存的会计核算专业资料、会计档案移交清册、会计档案保管清册、会计档案销毁清册。

（三）会计档案的作用

会计档案是国家档案的重要组成部分，也是各单位的重要档案，它是一个单位经济活动的记录和反映。利用会计档案，可以知晓每项经济业务的来龙去脉；可以检查一个单位是否遵守财经法规，在财务会计资料中有无违法乱纪、弄虚作假等行为；会计档案还可以为国家、单位提供详尽的经济资料，为国家制定宏观经济政策及单位制定经营决策提供参考。

二、会计档案的管理

各企业、事业和行政单位必须加强对会计档案管理工作的领导，建立和健全会计档案的立卷、归档、保管、调阅、交接、保管期限和销毁等管理制度。

（一）立卷

各单位每年形成的会计档案，应当由会计机构按照管理要求，定期整理立卷，装订成册，并加具封面、编号，编制会计档案保管清册。

（二）归档

根据《会计档案管理办法》的规定，各单位当年形成的会计档案，会计年度终了，可暂由本单位会计部门保管一年。期满后，由会计部门编制会计档案移交清册，移交本单位的档案部门保管；未设立档案部门的，应当在会计部门内部指定专人负责保管，但是，出纳人员不得兼管会计档案。

移交本单位档案机构保管的会计档案，原则上应当保持原卷册的封装。特殊情况需要拆封重新整理的，档案机构应会同会计机构有关人员和经办人员共同拆封整理，以分清责任。

（三）保管

各单位形成的会计档案，应当采用科学的管理办法，采用一定的手段，做好保管工作。对会计档案的保管既要确保会计档案的安全完整，又要有序存放，便于查询和使用。

（四）查阅

各单位保管的会计档案，不得外借，如有特殊情况需要查阅，应当由单位负责人同意方可查阅，并做好查阅的备案工作，明确责任。相关人员查阅会计档案时，不得在案卷中乱涂乱写、不得改变原封装；相关人员查阅会计档案时，原则上不得将会计档案带出档案室，如果特殊情况需要携带档案办事，必须经过单位负责人批准；相关人员需要复制会计档案的，必须经单位负责人批准后方可复制。

（五）移交

合并、撤销单位的财务会计档案，应当随同单位的其他档案移交给指定单位，并按规定办理好移交手续。移交单位应当编制会计档案移交清册，列明应移交的会计档案名称、卷号、册数、起止年度和档案编号、保管期限等内容。移交会计档案时，交接双方应当按照会计档案移交清册所列内容逐项交接，并由交接双方的单位负责人监督并签名盖章。

（六）保管期限

根据会计档案的特点，其期限分为定期和永久两种。根据会计档案管理制度规定，企业会计凭证保管30年，会计账簿保存30年，中期会计报告保存10年，但是年度会计报告永久保存。企业和其他组织会计档案保管期限如表11-1所示。

表11-1 企业和其他组织会计档案保管期限

序号	档案名称	保管期限	备注
一	会计凭证		
1	原始凭证	30年	
2	记账凭证	30年	
二	会计账簿		
3	总账	30年	
4	明细账	30年	
5	日记账	30年	
6	固定资产卡片		固定资产报废清理后保管5年
7	其他辅助性账簿	30年	
三	财务会计报告		
8	月度、季度、半年度财务会计报告	10年	
9	年度财务会计报告	永久	
四	其他会计资料		
10	银行存款余额调节表	10年	
11	银行对账单	10年	
12	纳税申报表	10年	
13	会计档案移交清册	30年	
14	会计档案保管清册	永久	
15	会计档案销毁清册	永久	
16	会计档案鉴定意见书	永久	

财政总预算、行政单位、事业单位和税收会计档案保管期限如表11-2所示。

表 11-2　财政总预算、行政单位、事业单位和税收会计档案保管期限

序号	档案名称	保管期限			备注
		财政总预算	行政单位事业单位	税收会计	
一	会计凭证				
1	国家金库编送的各种报表及缴库退库凭证	10 年		10 年	
2	各收入机关编送的报表	10 年			
3	行政单位和事业单位的各种会计凭证		30 年		包括：原始凭证、记账凭证和传票汇总表
4	财政总预算拨款凭证和其他会计凭证	30 年			包括：拨款凭证和其他会计凭证
二	会计账簿				
5	日记账		30 年	30 年	
6	总账	30 年	30 年	30 年	
7	税收日记账（总账）			30 年	
8	明细分类、分户账或登记簿	30 年	30 年	30 年	
9	行政单位和事业单位固定资产卡片				固定资产报废清理后保管 5 年
三	财务会计报告				
10	政府综合财务报告	永久			下级财政、本级部门和单位报送的保管 2 年
11	部门财务报告		永久		所属单位报送的保管 2 年
12	财政总决算	永久			下级财政、本级部门和单位报送的保管 2 年
13	部门决算		永久		所属单位报送的保管 2 年
14	税收年报（决算）			永久	
15	国家金库年报（决算）	10 年			
16	基本建设拨、贷款年报（决算）	10 年			
17	行政单位和事业单位会计月、季度报表		10 年		所属单位报送的保管 2 年
18	税收会计报表			10 年	所属税务机关报送的保管 2 年
四	其他会计资料				
19	银行存款余额调节表	10 年	10 年		

续表

序号	档案名称	保管期限			备注
		财政总预算	行政单位事业单位	税收会计	
20	银行对账单	10 年	10 年	10 年	
21	会计档案移交清册	30 年	30 年	30 年	
22	会计档案保管清册	永久	永久	永久	
23	会计档案销毁清册	永久	永久	永久	
24	会计档案鉴定意见书	永久	永久	永久	

（七）销毁

会计档案是重要的证明资料，应当按照国家《会计档案管理办法》规定的期限保管，期满前不得随意销毁。保管期满的会计档案，由本单位档案部门会同会计部门提出销毁意见，编制会计档案销毁清册，列明销毁会计档案的名称、卷号等内容，由单位负责人签署同意销毁意见后才能销毁。销毁会计档案时，应当由档案部门和会计部门共同派人监销，国家机关销毁会计档案时，应当由同级财政部门、审计部门派人监销。具体应注意以下四个方面：

1. 销毁档案前，单位负责人签字盖章

销毁档案之前，由本单位档案机构会同会计机构提出销毁意见，编制会计档案销毁清册，单位负责人应当在会计档案销毁清册上签署意见。

2. 销毁档案时，派人监销

销毁档案时，应由单位档案机构和会计机构共同派人监销。国家机关销毁会计档案时，应当由同级财政部门、审计部门派人监销。财政部门销毁会计档案时，应当由同级审计部门派人参加监销。

3. 销毁后，相关人员签名盖章

销毁档案后，监销人应当在销毁清册上签名盖章，并将监销情况报告本单位负责人。

4. 期满前不得销毁档案

保管期满但未结清的债权债务和涉及其他未了事项的原始凭证，不得销毁，应单独抽出立卷，由档案部门保管到未了事项完结时为止。单独抽出立卷的会计档案应当在会计档案销毁清册和会计档案保管清册中列明。

【例 11 −4】企业的现金日记账应当保管（　　　）年。

A. 30　　　　　　　　B. 15　　　　　　　　C. 10　　　　　　　　D. 3

项目小结 ⟩⟩

会计工作组织，是指通过一定的组织和规范，借助一定的方法安排、协调、管理好企业的会计工作的总称。会计工作组织的内容有：设置会计机构、配备会计人员、明确会计人员的职责与权限、制定会计工作的规范、制定会计法规与制度、会计档案的保管、会计工作的电算化。

会计工作组织原则包括：符合法律、法规、制度原则，实用原则，成本效益原则。

企业会计工作组织形式主要包括：独立核算和非独立核算、集中核算和非集中核算。

会计法律、法规、制度体系是规范会计工作的依据和标准，是组织会计工作必须遵循的法律、法规，以及协调、统一处理会计过程中对不同处理方法做出合理选择的假设、原则、制度等的综合，是会计行为的标准。我国的会计法律、法规、制度体系由会计法、会计准则和会计制度构成。其中，会计法是规范会计工作的最高法律规范。

会计机构和会计人员是会计工作的主要承担者，是会计工作有序开展的前提，合理设置会计机构和安排会计人员的权限，有助于会计工作的顺利进行。其中，会计人员的主要职责是执行会计核算和会计监督。

会计人员的职业道德包括：爱岗敬业、诚实守信、廉洁自律、客观公正、坚持准则、提高技能、参与管理、强化服务。

会计档案是指经过归档的会计凭证、会计账簿和财务会计报告等会计核算专业材料，它是记录和反映经济业务的重要史料和证据。各单位必须做好会计档案管理工作，建立会计档案的立卷、归档、保管、交接和销毁等管理制度。

习题与实训

一、思考题

1. 什么是会计工作组织？会计工作的组织要有哪些内容？
2. 会计工作规范体系包括哪些内容？如何规范会计工作？
3. 什么是集中核算？什么是非集中核算？
4. 会计人员的职业道德包括哪些内容？
5. 会计档案的保管有哪些要求？

二、单项选择题

1. 会计法规的内容包括（　　　　）。
   A. 会计法、会计制度、会计准则
   B. 会计法、会计准则、会计制度和有关其他法规
   C. 会计法、会计制度、会计准则和公司法
   D. 会计法、会计准则、会计制度和税法

2. 企业会计机构的具体名称一般视（　　）而定。
   A. 企业的行业特性　　　　　　　　B. 企业的规模大小
   C. 企业的组织形式　　　　　　　　D. 企业对财会工作的重视程度

3. 根据档案管理制度规定，应当永久保管的会计档案是（　　　）。
   A. 年度会计报告　　　　　　　　　B. 季度、月度会计报表
   C. 会计凭证　　　　　　　　　　　D. 会计账簿

4. 采用集中核算，整个企业的会计工作主要集中在（　　　）进行。
   A. 企业的会计部门　　　　　　　　B. 企业内部的各职能部门
   C. 上级主管部门　　　　　　　　　D. 以上三种情况都有可能

5. 企业年度财务报表的保管年限是（　　　　）。
   A. 30 年　　　　　　B. 15 年　　　　　　C. 10 年　　　　　　D. 永久

6. 不属于企业会计档案的保管期限是（　　）。

    A. 30 年　　　　　　B. 5 年　　　　　　C. 15 年　　　　　　D. 20 年

7. 原则上，每个企业都要（　　）。

    A. 配备专职的会计人员　　　　　　B. 设置会计机构

    C. 与其他机构合并设置会计机构　　D. 指定专人办理会计工作

8. 会计人员专业技术职称主要包括（　　）。

    A. 高级会计师、总会计师、会计师和助理会计师

    B. 总会计师、高级会计师、注册会计师、会计师

    C. 高级会计师、会计师、助理会计师、会计员

    D. 注册会计师、高级会计师、会计师、会计员

9. 会计工作组织形式一般分为（　　）。

    A. 集中核算和分散核算　　　　　　B. 专家核算和非专家核算

    C. 集权管理和分权管理　　　　　　D. 统一管理和分散管理

10. 规范会计工作最高层次的是（　　）。

    A. 会计法　　　　　　　　　　　　B. 会计准则

    C. 会计制度　　　　　　　　　　　D. 会计管理规范文件

三、多项选择题

1. 会计工作组织的内容包括（　　）。

    A. 会计机构的设置　　　　　　　　B. 会计人员的配备

    C. 会计规范的制订与执行　　　　　D. 会计档案的保管

2. 会计法规定会计人员的主要职责是（　　）。

    A. 进行会计核算　　　　　　　　　B. 会计监督

    C. 经营决策　　　　　　　　　　　D. 商务谈判

3. 下列属于会计人员的违法行为的有（　　）。

    A. 伪造、变造、编制虚假会计资料

    B. 隐匿或故意销毁依法应当保存的会计资料

    C. 不依法进行会计管理、核算和监督

    D. 随意丢失会计档案

4. 根据《会计法》的规定，出纳人员不得兼管（　　）。

    A. 稽核　　　　　　　　　　　　　B. 备查簿的登记

    C. 会计档案的保管　　　　　　　　D. 债权债务账目的登记

5. 属于企业会计档案的保管期限是（　　）。

    A. 永久　　　　　　B. 5 年　　　　　　C. 10 年　　　　　　D. 30 年

6. 企业和其他组织的下列会计档案中，需要永久保存的有（　　）。

    A. 会计档案保管清册　　　　　　　B. 会计档案销毁清册

    C. 会计移交清册　　　　　　　　　D. 年度财务报告

7. 属于会计人员职业道德的有（　　）。

    A. 爱岗敬业、诚实守信　　　　　　B. 廉洁自律、客观公正

    C. 坚持准则、强化服务　　　　　　D. 提高技能、参与管理

8. 企业会计工作的组织形式主要包括（　　　）。

　　A. 独立核算　　　B. 非独立核算　　　C. 集中核算　　　D. 非集中核算

四、判断题

1. 企业会计工作的组织形式是统一领导、分级管理。（　　　）

2. 我国的会计法规制度体系由会计法、会计准则、会计制度构成。（　　　）

3. 目前，在我国取得注册会计师资格的唯一途径和前提是通过全国统一的注册会计师考试。（　　　）

4. 为了便于查阅历史证据，各种会计资料应永久保存。（　　　）

5. 各单位应根据会计业务的需要设置会计机构，配备专职会计人员。（　　　）

6. 企业会计制度规定，既要以会计准则为依据，又要适应各个行业的条件。（　　　）

7. 记账凭证的保管期限是 20 年。（　　　）

8. 出纳人员不得兼管会计档案。（　　　）

9. 会计人员岗位只能一人一岗，不可以一人多岗。（　　　）

10. 基本会计准则是制定具体会计准则的依据。（　　　）

11. 无论企业规模大小都必须设置总会计师。（　　　）

12.《会计法》是我国会计法规体系中最高层次的法律规范。（　　　）

五、实训题

利用互联网工具、云平台等查阅关于企业会计工作组织的文献资料，查阅上市公司关于会计工作组织的资料，写一份学习心得。

参 考 文 献

[1] 程淮中. 基础会计 ［M］. 北京：高等教育出版社，2012.

[2] 贵州省从业考试辅导教材编写组. 会计基础 ［M］. 北京：人民出版社，2014.

[3] 贵州省从业考试辅导教材编写组. 会计基础 ［M］. 北京：光明日报出版社，2016.

[4] 杨明海，夏喆. 基础会计学 ［M］. 南京：南京大学出版社，2014.

[5] 熊义成. 基础会计 ［M］. 长沙：湖南师范大学出版社，2017.

[6] 郝振平. 会计学原理 ［M］. 北京：清华大学出版社，2013.

[7] 申仁柏. 会计学基础 ［M］. 成都：西南交通大学出版社，2015.